报关员资格全国统一考试辅导必备系列

商品归类重点提示及强化训练

SHANGPIN GUILEI ZHONGDIAN TISHI JI QIANGHUA XUNLIAN

张慧如 ◎ 编著

暨南大學出版社
JINAN UNIVERSITY PRESS
中国·广州

图书在版编目（CIP）数据

商品归类重点提示及强化训练/张慧如编著．—广州：暨南大学出版社，2012.12
（报关员资格全国统一考试辅导必备系列）
ISBN 978-7-5668-0224-8

Ⅰ.①商…　Ⅱ.①张…　Ⅲ.①商品—分类—工作人员—资格考试—自学参考资料
Ⅳ.①F760.2

中国版本图书馆 CIP 数据核字（2012）第 112485 号

出版发行：暨南大学出版社

地　址：中国广州暨南大学
电　话：总编室（8620）85221601
营销部（8620）85225284　85228291　85228292（邮购）
传　真：（8620）85221583（办公室）　85223774（营销部）
邮　编：510630
网　址：http：//www.jnupress.com　http：//press.jnu.edu.cn

排　版：广州市天河星辰文化发展部照排中心
印　刷：湛江日报社印刷厂

开　本：787mm×1092mm　1/16
印　张：18
字　数：445 千
版　次：2012 年 12 月第 1 版
印　次：2012 年 12 月第 1 次

定　价：33.00 元

前 言

自实行报关员资格全国统一考试以来，商品归类被列为考试的其中一项内容。综观历届报关员资格全国统一考试的安排，商品归类考题在试卷中所占分值均在20%以上。若总分以200分计，该类题型所占分数不会少于40分，试题分值较高。而由于商品归类具有一定的技术性和专业性，商品归类的得分率总体偏低。对此，要做到正确归类，除了对所归类的商品要了解和掌握之外，还要熟悉《进出口商品名称与编码》的结构及综合运用归类总规则。而这些均需在参加授课的同时，通过大量的练习，才能熟悉《进出口商品名称与编码》的结构，才能提高查找编码的速度和准确性，才能在考试中运用自如。

为了帮助应考人员顺利地通过考试，提高应试和实际操控能力，编者结合多年的海关工作实践及对历届报关员的授课经验，编写了2012年版《商品归类重点提示及强化训练》。

本书编写时注重与最新版《报关员资格全国统一考试教材》的归类重点相结合，围绕最新版《报关员资格全国统一考试大纲》的要求，有针对性地编写题目并附答案及解析，以方便学员自学，达到无师自通的效果。同时也把在《进出口商品名称与编码》每一章中涉及的历届考题，以及历届考题答案与目前2012年版《进出口商品名称与编码》不同的地方都一一列出，使学员通过以往的考题及其分布情况来掌握各章重点及考试思路。

本书的编写得到海关管理干部学院办公室主任刘经治教授、海关学会吕建行老师等专家学者的支持和帮助，在此表示衷心的感谢。

由于编者学识水平和能力有限，加之编写时间仓促，书中的谬误及疏忽之处在所难免，敬请读者批评指正。

编 者

2012年12月

编写说明

商品编码的查找步骤

（1）需对所归类的商品有所了解，即根据《商品名称及编码协调制度》（下文简称为《协调制度》）的分类结构，了解其相关的构成、材料属性、成分组成、特性、用途和功能等。

（2）查找商品在税则中似可归入的类、章、品目，即：①确定该商品所属的类；②查找类下面所属的章（商品编码第1~2位数）；③查找章下面所属的品目（商品编码第3~4位数）；④确定子目（商品编码第5~8位数）。

（3）将考虑采用的类、章及品目进行比较，筛选出最为合适的品目。在比较、筛选时，要看有关的注释，看该商品是否受有关的子目注释、章注、类位所限定。

（4）通过上述方法也难以确定归类的商品，则应运用归类总规则的有关条款来确定其品目。

例如："未锻轧的青铜"的商品编码查找步骤：

（1）了解该商品。"青铜"属于一种贱金属。

（2）查找类、章标题及品目。"青铜"应按"贱金属"归入第十五类，按"铜金属"归入第七十四章，根据其加工程度（未锻轧）应归入品目74.03。

（3）看有关的注释。对于"青铜"的归类，注释有着明确的规定，在第七十四章子目注释二中，《协调制度》对"青铜"下了定义，《协调制度》与工业上所称的"青铜"是不同的，《协调制度》中的青铜专指以锡为主要合金元素的铜基合金（锡青铜），在工业上则习惯地把以锡、铅、硅、铝等为主要合金元素的铜基合金称为锡青铜、铅青铜、硅青铜、铝青铜等。因此，在《协调制度》中除锡青铜属于青铜范围的商品外，其余青铜都应按其他铜合金归类，该"未锻轧的青铜"应归入商品编码7403.2200。

目　录

第一部分
归类总规则综合训练

归类总规则一的条文及练习

一、规则一条文

类、章及分章的标题，仅为查找方便而设；具有法律效力的归类，应按品目条文和有关类注或章注确定，如品目、类注或章注无其他规定，按以下规则确定（编者注：以下规则指归类总规则二至六）。

二、规则一练习

（一）查找8位数商品编码

1. 由80%铁、2%金、3%银、15%铜制成的合金条（非货币用）

【答案】7108.1300

【解析】根据归类总规则一的规定，具有法律效力的归类，应按品目条文和有关类注或章注确定，如品目、类注或章注无其他规定，则按规则一以外的其他规则来确定。本题商品是由铁、金、银和铜多种金属元素组成的合金。归类时若品目或注释没有相关的规定，合金的归类则应按总规则一以外的其他规则来确定归类。但第十五类注释一（五）已对合金的归类作了相关的规定，“第十五类的贱金属不包括第七十一章的贵金属合金”，即这些合金的归类应按第七十一章注释四和注释五来确定。因此，本题商品应根据注释按贵金属的金合金进行归类。

本题商品应按“贵金属”归入第七十一章，并按“金合金”归入品目71.08，根据其用途（非货币用）、加工程度（半制成）而归入商品编码7108.1300。

2. 专用于工业上纺织品清洗机器的离心水泵（转速1000转/分）

【答案】8413.7099

【解析】离心水泵是指运用离心力的原理输送液体的机器。归类时应按“机器”归入第八十四章。查阅品目，离心水泵的归类涉及有两个品目：品目84.13的液体泵和品目

84.51 的纺织品的洗涤机器。根据第八十四章注释二规定，“如果某种机器既符合品目 84.01 至 84.24 中一个或几个品目的规定，又符合品目 84.25 至 84.80 中一个或几个品目的规定，则应归入品目 84.01 至 84.24 中的相应品目，而不归入品目 84.25 至 88.0 中的有关品目”。由于章注已对本题商品有具体规定，因此，根据归类总规则一的具有法律效力的归类应按品目条文和有关类注或章注确定的归类规定，本题商品应根据章注归入品目 84.13，并归入商品编码 8413.7099。

3. 冻猪胃

【答案】0504.0029

【解析】猪胃是猪的消化系统，属于猪的杂碎。归类时似应按“食用杂碎”归入第二章，但根据第二章章注二规定，“第二章不包括动物的肠、膀胱、胃（品目 05.04）”，因此，尽管猪胃属于杂碎，由于具有法律效力的依据是注释，而不是标题，故根据归类总规则一的规定（具有法律效力的归类，应按品目条文和有关类注或章注确定），本题冻猪胃不能按标题作依据归入第二章，而应按章注作依据归入第五章。

本题商品应归入商品编码 0504.0029。

4. 涤纶制针织紧身胸衣

【答案】6212.3010

【解析】本题商品为针织布制的紧身胸衣，由于紧身胸衣属于衣着附件，因此，归类时似应按“针织衣着附件”归入第六十一章。但根据第六十一章章注二（一）和第六十二章章注一的规定，“第六十一章不包括品目 62.12 的商品”。尽管针织紧身胸衣属针织衣着附件，由于具有法律效力的依据是注释，而不是标题，因此，根据归类总规则一的规定（具有法律效力的归类，应按品目条文和有关类注或章注确定），针织紧身胸衣不能按标题（针织衣着附件）作依据归入第六十一章，而应按章注（机织衣着附件）作依据归入第六十二章。

本题商品应按“机织衣着附件”归入第六十二章，并归入商品编码 6212.3010。

5. 化学纯丙烷

【答案】2711.1200

【解析】丙烷是一种存在于天然气和石油热解气体中的低级烷烃，是无色、能液化的气体。一般来说“丙烷”属于有机化学品，归类时应按“有机化学品”归入第二十九章，但由于第二十九章章注二（三）对丙烷作了规定，“丙烷应归入第二十七章”。因此，尽管“丙烷”属有机化学品，由于具有法律效力的依据是注释，而不是标题，故根据归类总规则一的规定（具有法律效力的归类，应按品目条文和有关类注或章注确定），“丙烷”不能按标题作依据归入第二十九章，而应按章注作依据归入第二十七章。

本题商品应按章注规定归入商品编码 2711.1200。

（二）选择题

1. 归类总规则一的正确含义是：

   A. 类、章及分章的标题，仅为查找方便而设

   B. 具有法律效力的归类，应是品目条文

   C. 类、章及分章的标题可作为商品归类的法律依据

D. 具有法律效力的归类，应按有关类注或章注确定

【答案】A

【解析】规则一有3层含义：类、章及分章的标题，仅为查找方便而设；具有法律效力的归类，应按品目条文和有关类注或章注确定；如品目、类注或章注无其他规定，按规则一以外的其他规则来确定。

2. 类注、章注的作用在于限定商品的准确范围，在《协调制度》中常用的限定方法有：

A. 定义法　　B. 列举法　　C. 详列法　　D. 排他法

【答案】ABCD

【解析】在《协调制度》中常用的限定方法有：①定义法；②列举法；③详列法；④排他法。

（三）判断题

1. 依据归类总规则一规定：具有法律效力的商品归类应是：①类、章及分章的标题；②品目条文；③有关类注或章注确定归类。

【答案】错

【解析】类、章及分章的标题，仅为查找方便而设。具有法律效力的归类，应按品目条文和有关类注或章注确定。

2. 归类总规则一的含义是：①类、章及分章的标题，仅为查找方便而设；②具有法律效力的归类，应按有关类注或章注确定；③如品目、类注或章注无其他规定，按品目条文确定。

【答案】错

【解析】①类、章及分章的标题，仅为查找方便而设；②具有法律效力的归类，应按品目条文和有关类注或章注确定；③如品目、类注或章注无其他规定，按规则二至六确定。

归类总规则二的条文及练习

一、规则二条文

（1）品目所列货品，应视为包括该项货品的不完整品或未制成品，只要在进口或出口时该项不完整品或未制成品具有完整品或制成品的基本特征；还应视为包括该项货品的完整品或制成品（或按本款可作为完整品或制成品归类的货品）在进口或出口时的未组装件或拆散件。

（2）品目中所列材料或物质，应视为包括该种材料或物质与其他材料或物质混合或组合的物品。品目所列某种材料或物质构成的货品，应视为包括全部或部分由该种材料或物质构成的货品。由一种以上材料或物质构成的货品，应按规则三归类。

二、规则二练习

（一）查找8位数商品编码

1. 为便于运输而未组装的20套山地自行车散件，其中无车座装于一木箱中，另有单独包装的40个车座

【答案】8712.0030和8714.9500

【解析】本题商品为自行车的散装件，由于为不完整品，因此归类时似可按“自行车零件”归入品目87.14，也可按“自行车的整机”归入品目87.12。根据归类总规则二（一）的规定，“只要在进口或出口时的未组装件或拆散件具有完整品或制成品的基本特征，则应按完整品或制成品进行归类”。本题商品中由于其中20套山地自行车散件和20个车座进口后只需经过简单的加工便可装配起来，即已具有自行车完整品的基本特征。因此，归类时应将20套山地自行车散件和20个车座视为20辆完整的自行车归入商品编码8712.0030，剩下的20个车座则视为自行车零件归入商品编码8714.9500。

2. 一套散装的带时钟收音机

【答案】8527.9200

【解析】本题商品为一套散装的带时钟收音机，是进口后只需经过简单的加工便可装配起来的未组装件。由于其已具有收音机完整品的基本特征，因此，根据归类总规则二（一）的规定，“只要在进口或出口时的未组装件或拆散件具有完整品或制成品的基本特征，则应按完整品或制成品进行归类”。

本题商品应视为完整的带时钟收音机归入商品编码8527.9200。

3. 尚未车缝领子的棉质机织女衬衫

【答案】6206.3000

【解析】本题商品属于服装的不完整品，其虽尚未车缝领子，但已具有衬衫完整品的基本特征。根据归类总规则二（一）的规定，“只要在进口或出口时的不完整品或未制成品具有完整品或制成品的基本特征，则应按完整品或制成品进行归类”。

本题商品应按“完整的机织女衬衫”归入商品编码6206.3000。

4. 含20%柑橘皮的绿茶（每包净重6千克）

【答案】0902.2090

【解析】含20%柑橘皮的绿茶属于由柑橘皮和绿茶组成的混合物，虽含有20%的柑橘皮，但由于其基本特征还是茶，而非柑橘皮，因此，根据归类总规则二（二）的归类规定，“品目中所列的材料，应包括全部或部分由该种材料构成的货品”。

本题商品应按“绿茶”归入商品编码0902.2090。

5. 涂有石蜡的软木塞

【答案】4503.1000

【解析】涂有石蜡的软木塞是一种由石蜡和软木构成的组合货品，尽管它不完全由软木构成，还含有石蜡，但由于该涂塑材料未改变软木的基本特征，根据归类总规则二（二）的基本特征归类规定，“品目中所列的材料，应包括全部或部分由该种材料构成的货品”。

本题商品仍应按“软木塞子”归入第四十五章，并按“天然软木制品”归入品目45.03。

本题商品应归入商品编码4503.1000。

（二）选择题

1. 归类总规则二（一）的正确含义是：

A. 品目所列商品包括其不完整品或未制成品

B. 品目所列商品包括具有完整品或制成品基本特征的不完整品或未制成品

C. 品目所列商品包括运输、包装等原因进出口时的未组装件及拆散件

D. 品目所列商品包括完整品或制成品在运输、包装等原因进出口时的未组装件或拆散件

【答案】BD

【解析】归类总规则二（一）有两层意思：第一层意思是，品目所列商品包括其不完整品或未制成品，只要具有完整品或制成品的基本特征，就应包括在内；第二层意思是，品目所列商品还应包括该项货品的完整品或制成品在进口或出口时的未组装件或拆散件。

2. 归类总规则二（二）的正确含义是：

A. 品目所列商品包括以某种材料为主，兼有或混有其他材料或物质的商品

B. 品目所列商品包括所兼有或混有的材料和物质并不改变原有商品的特征或性质为条件的

C. 如果所添加的材料或物质已改变了原商品的特征或性质，则应按规则三进行归类

D. 如果所添加的材料或物质已改变了原商品的特征或性质，而且根据混合物或组合物所含材料或物质可以归入两个及两个以上品目时，则应按规则三进行归类

【答案】ABD

【解析】归类总规则二（二）有两层意思：第一，品目中所列某种材料包括了该种材料的混合物或组合物，也是对扩大品目商品范围的规定；第二，其适用条件是加进去的东西或组合起来的东西不能失去原品目所列商品的特征，并不是要无限扩大品目的范围。

（三）判断题

1. 根据归类总规则二规定，不完整品是指一个物品主要的部分都有了，但缺少一些部分。

【答案】错

【解析】不完整品是指一个物品主要的部分都有了，但缺少一些非关键部分，例如汽车缺一个车门。

2. 根据归类总规则二规定，未制成品虽还不能直接使用，但只需经进一步加工即可使用的货品，即可按制成品归类。

【答案】错

【解析】未制成品指已具备了成品的形状特征，但还不能直接使用，需经进一步加工才能使用的货品，可按制成品归类。

归类总规则三的条文及练习

一、规则三条文

当货品按规则二（二）或由于其他原因看起来可归入两个或两个以上品目时，应按以下规则归类：

（1）列名比较具体的品目，优先于列名一般的品目。但是，如果两个或两个以上品目都仅述及混合或组合货品所含的某部分材料或物质，或零售的成套货品中的某些货品，即使其中某个品目对该货品描述得更为全面、详细，这些货品在有关品目的列名应视为同样具体。

（2）混合物、不同材料构成或不同部件组成的组合物以及零售的成套货品，如果不能按照规则三（一）归类时，在本款可适用的条件下，应按构成货品基本特征的材料或部件归类。

（3）货品不能按照规则三（一）或（二）归类时，应按号列顺序归入其可归入的最末一个品目。

二、规则三练习

（一）查找8位数商品编码

1. 飞机用钢化玻璃

【答案】7007.1110

【解析】飞机用钢化玻璃是飞机的一个零附件。归类时似可按“飞机的零附件”归入第八十八章的品目88.03，又可按“钢化玻璃”归入第七十章的品目70.07。但由于品目70.07已有该商品的列名，因此，根据归类总规则三（一）列名比较具体的品目优于列名一般的归类原则，本商品应按“钢化玻璃”的具体列名归入品目70.07，而不应按“飞机零件”归入88.03。

本题商品应归入商品编码7007.1110。

2. 一套由一个带钥匙环的笔型手电筒和一支圆珠笔组成的供零售用物品

【答案】圆珠笔归入商品编码9608.1000；手电筒归入商品编码8513.1010

【解析】本题商品为零售的、由手电筒和圆珠笔组成的成套货品。根据归类总规则三（二）的零售成套货品的归类规定：“零售的成套货品，必须同时符合下列三个条件：①零售包装；②由归入不同品目的物品构成；③用途上是相互补充、配合使用的。”由于本套货品不符合第三个条件的规定，即用途上不是相互补充、配合使用，因此，不能按零售成套货品的主要特征进行归类，而应分别归类。

本题圆珠笔应归入商品编码9608.1000；手电筒应归入商品编码8513.1010。

3. 由50%大麦、30%大米、20%燕麦组成的混合物

【答案】1003.9000

【解析】本题商品为混合物，其中大麦属于品目10.03的商品，玉米属于品目10.05的商品，燕麦属于品目10.04的商品。由于大麦的含量最高，已构成该混合物的主要特征，因此，根据归类总规则三（二）的基本特征归类原则，本题商品应按主要特征的大麦归入商品编码1003.9000。

4. 八宝粥罐头（内装有八宝粥并附有一塑料小勺）

【答案】2106.9090

【解析】本题商品为零售的、由八宝粥和一塑料小勺组成的成套货品。根据归类总规则三（二）的零售成套货品的归类规定："零售的成套货品，必须同时符合下列三个条件：①零售包装；②由归入不同品目的物品构成；③用途上是相互补充、配合使用的。"由于本套货品符合零售成套货品的规定，其中的八宝粥构成了这个零售成套货品的基本特征，因此，本题商品应按"八宝粥食品"归入商品编码2106.9090。

5. 由50%牛肉与50%鱼肉混合而成的饺子馅

【答案】1604.2099

【解析】本题商品为肉类的混合食品。归类时应按"肉制食品"归入第十六章，其中牛肉属于品目16.02的商品，鱼肉属于品目16.04的商品。由于两者含量相等，无法根据归类总规则三（二）确定其基本特征，因此，根据归类总规则三（三）的从后归类原则，本题商品应按从后品目（16.04的"鱼肉"）归入商品编码1604.2099。

（二）选择题

1. 归类总规则三的3款归类规定是：

A. 具体列名　　B. 半成品按成品归类

C. 基本特征　　D. 从后归类

【答案】ACD

【解析】规则三有3条归类规定是：①具体列名；②基本特征；③从后归类。

2. "零售成套货品"需同时符合的条件是：

A. 至少由两种看起来可归入不同品目的物品构成

B. 包装内的物品不论在使用上是否存在必然联系

C. 为了适应某种需要而将几件产品或物品包装在一起

D. 其包装形式适于直接销售给用户而货物无需重新包装

【答案】ACD

【解析】"零售的成套货品"是指同时符合以下3个条件的货品：①至少由两种看起来可归入不同品目的物品构成；②为了适应某种需要而将几件产品或物品包装在一起；③其包装形式适于直接销售给用户而货物无需重新包装。

（三）判断题

1. 规则三（二）适用的条件是：①混合物；②不同材料的组合货品；③不同部件的组合货品；④零售的成套货品。

【答案】对

【解析】规则三（二）适用的条件：①混合物；②不同材料的组合货品；③不同部件的组合货品；④零售的成套货品。

2. 规则三只有在不能按照规则三（一）和（二）两款归类时，才能运用规则三（三）。因此，它们优先权的次序为：①基本特征；②具体列名；③从后归类。

【答案】错

【解析】规则三只有在不能按照规则三（一）和（二）两款归类时，才能运用规则三（三）。因此，它们优先权的次序为：①具体列名；②基本特征；③从后归类。

归类总规则四的条文及练习

一、规则四条文

根据上述规则无法归类的货品，应归入与其最相类似的货品的品目。

二、规则四练习

一般来说，这条规则不常使用，尤其在《协调制度》中每个品目都设有“其他”子目，不少章单独列出“未列名货品”的品目（如品目 84.79、85.43）来收容未考虑到的商品。因此，规则四实际很少使用。我们可以不记。

归类总规则五的条文及练习

一、规则五条文

除上述规则外，本规则运用于下列货品的归类：

（1）制成特殊形状仅适用于盛装某个或某套物品并适合长期使用的照相机套、乐器盒、枪套、绘图仪器盒、项链盒及类似容器，如果与所装物品同时进口或出口，并通常与所装物品一同出售的，应与所装物品一并归类。但本款不适用于本身构成整个货品基本特征的容器。

（2）除规则五（一）规定的以外，与所装货品同时进口或出口的包装材料或包装容器，如果通常是用来包装这类货品的，应与所装货品一并归类。但明显可重复使用的包装材料和包装容器可不受本款限制。

二、规则五练习

（一）查找8位数商品编码

1. 特殊形状的塑料盒，盒内装有一块指针式石英铜表

【答案】9102.1100

【解析】本题商品为装有石英铜表的塑料盒。根据归类总规则五（一）的规定，适合于供长期使用的包装容器必须符合5个条件：①制成特定形状或形式；②适合长期使用；③与所装物品一同报验；④与所装物品一同出售；⑤不构成整个物品的基本特征。本题商品符合上述5个条件，属于适合供长期使用的包装容器，塑料盒本身只是物品的包装物，无论是从价值或是从作用来看，不构成整个物品的基本特征。因此，该塑料盒应与手表一并归类，本题商品应归入商品编码9102.1100。

2. 带塞子的玻璃陶瓷瓶，内装有已消毒的棉球

【答案】带塞子的玻璃陶瓷瓶归入商品编码7013.1000；消毒的棉球归入商品编码3005.9010

【解析】带塞子的玻璃陶瓷瓶不是通常用于包装消毒棉球的容器，对此运用归类总规则五的包装容器的归类规定不适用。因此，根据归类总规则一的归类规定，玻璃瓶和棉球应分别归类，带塞子的玻璃陶瓷瓶应归入商品编码7013.1000，消毒的棉球应归入商品编码3005.9010。

3. 长方形香皂装在长方形塑料肥皂盒内（每盒一块），该肥皂盒有底有盖并适合长期使用

【答案】3401.1100

【解析】根据归类总规则五（一）的规定，适合于供长期使用的包装容器必须符合下列的要求：①制成特定形状或形式；②适合长期使用；③与所装物品一同报验；④与所装物品一同出售；⑤不构成整个物品的基本特征。本题商品符合上述规定，属于适合于供长期使用的包装容器，由于肥皂盒本身只是物品的包装物，无论从价值或从作用来看，不构成整个物品的基本特征，因此，该容器应与物品一起归类，肥皂和盒子应一并归入商品编码3401.1100。

4. 装有绿茶的银制罐子（包装重2千克）

【答案】绿茶归入商品编码0902.1090；银罐子应归入商品编码7114.1100

【解析】本题绿茶银罐子相对于绿茶来说比较贵重，无论是从价值或是从作用来看，已构成了整个货品的基本特征，因此，根据归类总规则五（一）的规定，不能与绿茶一并归类。根据归类总规则一，银罐子应与绿茶分别归类：绿茶应归入商品编码0902.1090；银罐子应归入商品编码7114.1100。

5. 装着玻璃高脚杯的纸板箱

【答案】7013.2800

【解析】装着玻璃高脚杯的纸板箱属于明显不能重复使用的包装容器。这些容器都是货物的一次性包装物，在向海关报验时，它们必须是包装着货物的。当货物开拆后，包装材料或容器一般不能够再作原用途使用了。由于该纸板箱具有明显不可重复使用的特性，

所以纸板箱应与玻璃杯一并归类，本题商品应按“高脚杯”归入商品编码 7013.2800。

（二）选择题

1. 适合供长期使用的包装容器，必须符合下列 5 个方面的要求，应与所装的物品一同归类：

A. 制成特定形状或形式
B. 适合长期使用
C. 与所装物品一同报验
D. 与所装物品一同出售
E. 不构成整个物品的基本特征

【答案】ABCDE

【解析】适合供长期使用的包装容器，这些容器必须符合 5 个方面的要求：①制成特定形状或形式；②适合长期使用；③与所装物品一同报验；④与所装物品一同出售；⑤不构成整个物品的基本特征。容器本身只是物品的包装物，无论是从价值或是从作用来看，它们都是附属于物品的。

2. 归类总规则五（二）的正确含义是：

A. 除规则五（一）规定的以外，与所装货品同时进口或出口的包装材料或包装容器，如果通常是用来包装这类货品的，应与所装货品一并归类
B. 与所装货品同时进口或出口的包装材料或包装容器，如果通常是用来包装这类货品的，应与所装货品一并归类
C. 明显可重复使用的包装材料和包装容器可不受本款限制
D. 明显可重复使用的包装材料和包装容器则受本款限制

【答案】AC

【解析】归类总规则五（二）的正确含义是：除规则五（一）规定的以外，与所装货品同时进口或出口的包装材料或包装容器，如果通常是用来包装这类货品的，应与所装货品一并归类。但明显可重复使用的包装材料和包装容器可不受本款限制。

（三）判断题

1. 归类总规则五（一）的总体意思是：主要适用于供长期使用的包装容器，只要它们符合规则五（一）所提的条件，包装容器没构成整个物品的基本特征，应随物品一并归类，当包装容器构成整个容器的基本特征，应不随物品一并归类。

【答案】对

【解析】制成特殊形状、仅适用于盛装某个或某套物品并适合长期使用的照相机套、乐器盒、枪套、绘图仪器盒、项链盒及类似容器，如果与所装物品同时进口或出口，并通常与所装物品一同出售的，应与所装物品一并归类。但本款不适用于本身构成整个货品基本特征的容器。

2. 归类总规则五（二）的总体意思是：当包装容器明显不能重复使用时，就应与物品一起归类；当包装容器明显能重复使用的，就不应与物品一起归类。

【答案】对

【解析】根据归类总规则五（二）规定：“除规则五（一）规定的以外，与所装货品同时进口或出口的包装材料或包装容器，如果通常是用来包装这类货品的，应与所装货品一并归类。但明显可重复使用的包装材料和包装容器可不受本款限制。”

归类总规则六的条文及练习

一、规则六条文

货品在某一品目项下各子目的法定归类，应按子目条文或有关的子目注释以及以上各条规则来确定，但子目的比较只能在同一数级上进行。除本税则目录条文另有规定的以外，有关的类注、章注也运用于本规则。

二、规则六练习

（一）查找8位数商品编码

1. 氧化铅含量为20%的铅晶质玻璃花瓶

【答案】7013.9900

【解析】铅晶质玻璃花瓶属于玻璃制品，归类时应按“玻璃及其制品”归入第七十章，并按“室内装饰用的玻璃器皿”归入品目70.13。本题商品似可按具体列名归入子目7013.9100，也可按“其他玻璃制品”归入子目7013.9900，根据第七十章子目注释规定，“子目号7013.91所称‘铅晶质玻璃’，仅指按重量计氧化铅含量不低于24%的玻璃”。由于归类总规则六规定，子目的法定归类，应按子目条文或有关的子目注释等来确定，因此，本题商品应按子目注释归入商品编码7013.9900。

2. 网球拍

【答案】9506.5900

【解析】网球拍属于体育用品，归类时应按“运动用品”归入第九十五章，并按“体育或户外游戏用品”归入品目95.06。根据归类总规则六的规定，子目的法定归类，应按子目条文或有关的子目注释等来确定，因此，网球拍应归入子目9506.5900。

（二）选择题

1. 下列有关归类总规则六的正确表述是：

A. 货品在某一品目项下各子目的法定归类，应按子目条文来确定

B. 货品在某一品目项下各子目的法定归类，应按有关的子目注释来确定

C. 货品在某一品目项下各子目的法定归类，应按总规则的各条规则来确定

D. 货品在某一品目项下各子目的法定归类，应按子目条文或有关的子目注释以及以上各条规则来确定

【答案】D

【解析】根据归类总规则六规定："货品在某一品目项下各子目的法定归类，应按子目条文或有关的子目注释以及以上各条规则来确定，但子目的比较只能在同一数级上进行。"除本税则目录条文另有规定的以外，有关的类注、章注也运用于本规则。

2. 下列有关归类总规则六的正确表述是：

A. 子目的比较只能在同一数级上进行

B. 子目的比较可不在同一数级上进行

C. 一级子目只能与一级子目比较

D. 一级子目可与二级子目比较

【答案】AC

【解析】根据归类总规则六规定："子目的比较只能在同一数级上进行。"

（三）判断题

1. 所有的商品名称在《协调制度》中分为两大类，一类为品目，另一类为子目。总规则六是专门为商品在《协调制度》中子目的归类而制定的。

【答案】对

【解析】所有的商品名称在《协调制度》中分为两大类，一类为品目（即编码前四位数）；另一类为子目（即子目号后五或六位数）。总规则六是专门为商品在《协调制度》中子目的归类而制定的。

2. 总规则六规定商品在子目上归类的法律依据是子目条文和子目注释，在子目条文或子目注释没有规定的情况下，可按类注或章注的规定办理。

【答案】对

【解析】根据归类总规则六规定，"货品在某一品目项下各子目的法定归类，应按子目条文或有关的子目注释以及以上各条规则来确定，但子目的比较只能在同一数级上进行"。除本税则目录条文另有规定的以外，有关的类注、章注也运用于本规则。

第一部分
商品归类综合训练

第一类　活动物；动物产品

本类商品由5章（第一至五章）构成，除极少数特例外，包括了所有种类的活动物以及经过有限度的简单加工的动物产品。本类的动物产品可分为3部分：活动物（第一、三章）；食用动物产品（第二、四章）；非食用动物产品（第五章）。

归入本类的动物产品与归入其他类的动物产品，主要是根据加工程度来区分的，而各章对不同动物产品的加工程度，都有不同的标准，因此，对动物产品进行归类时，应根据有关各章的注释和品目条文的规定来确定。

第一章　活动物

一、本章商品范围概述

本章商品范围包括各种活动物，但不包括以下3类商品：鱼、甲壳动物、软体动物和其他水生无脊椎动物；培养微生物；流动马戏团和动物园用的动物。

二、本章归类注意要点

（1）在运输途中死亡的动物不归入本章，而应按其鲜度是否适合供人食用分别归入第二章或第五章。

（2）水生哺乳动物鲸、海豚、海豹、海狮、海象等，以及其他水生动物龟、甲鱼、水蛭、蛙等不作为鱼类动物归入第三章，而应归入本章。

三、商品归类练习

1．流动动物园巡回展出用猪（重量60千克/只）

【答案】9508.1000

【解析】“猪”是哺乳纲猪科动物。归类时参照其属性似应按“活动物”归入第一章，但根据第一章章注三规定，“本章商品范围包括各种活动物，但不包括流动马戏团、动物园及其他类似巡回展出用的活动物（品目95.08）”。因此，根据其实际用途，本题商品不能归入第一章，而应归入第九十五章。

查阅品目，由于品目95.08已有“流动马戏团及流动动物园”相关商品的列名，因此，本题商品应按相关列名归入品目95.08，并归入子目9508.1000。

2. 供食用的活甲鱼

【答案】0106.2020

【解析】“甲鱼”又称鳖（俗称水鱼），是一种水陆两栖爬行动物。归类时参照其鱼的名称似应按“鱼类动物”归入第三章，但根据第一章章注一规定，“本章商品范围包括各种活动物，但不包括鱼、甲壳动物、软体动物及其他水生无脊椎动物（应归入品目03.01、03.06或03.07）”。甲鱼虽名为鱼，但由于不属鱼类动物，而是一种爬行动物，因此，不能按“鱼类动物”归入第三章，而应按“爬行动物”归入第一章。

查阅品目，由于品目没有爬行动物的相关列名，因此，本题商品只能按“其他活动物”归入品目01.06，并归入子目0106.2020。

（提示：有一些名为鱼，但实际不属于鱼类的动物也不归入第三章，例如，水生哺乳动物鲸、海豚、海豹、海狮、海象等，以及其他水生动物龟、水蛭、蛙等，均应归入品目01.06。）

3. 不供食用的冻甲鱼

【答案】0511.9990

【解析】“甲鱼”又称鳖（俗称水鱼），是一种水陆两栖爬行动物。归类时似可按“肉及食用杂碎”归入第二章，但由于本题商品为不供人食用的动物，因此，不能归入第二章，而应考虑归入第五章。

查阅品目，由于品目没有甲鱼的相关列名，因此，本题商品只能按“其他品目未列名的动物产品”归入品目05.11，并应归入子目0511.9990。

（提示：对于在运输途中死亡的动物，应根据其鲜度是否适合供人食用来确定其归类，可食用的应归入第二章，不可食用的归入第五章。）

4. 改良种用野生水牛

【答案】0102.3100

【解析】“野牛”属于反刍动物，为非家养的牲畜。归类时应按“活动物”归入第一章。

查阅品目，由于归入第一章的活动物，除品目01.05仅包括家禽以外，其余各品目所列出的活动物均包括畜养或野生的。因此，本题商品应按“牛”归入品目01.02。

再查阅子目，本题商品应归入子目0102.3100。

（提示：“改良种用动物”，是指由本国主管部门认定为“纯种”的种用动物。凡进口改良种用的动物，须经省一级以上有关部门出具证明，才能归入本章有关的子目，若没有证明，则不论其实际用途如何，一律不作为改良种用动物归类。因此，只有题目给出“改良种用”才能考虑“改良种用”相关编码。）

5. 改良种用野鸭（重量2千克/只）

【答案】0106.3910

【解析】“野鸭”属鸟纲鸭科，狭义的指绿头鸭，广义的包括多种鸭科鸟类，为非家养的禽类。归类时应按“活动物”归入第一章。

查阅品目，由于归入第一章的活动物，除品目 01. 05 仅包括家禽以外，其余各品目所列出的活动物均包括畜养或野生的。因此，本题商品“野鸭”不属于家禽，不能归入品目 01. 05，而只能归入品目 01. 06。

再查阅子目，本题商品应归入子目 0106. 3910。

四、历届报关员考试中的本章归类考题

供食用的活珍珠鸡（重量大于 2 千克）（2002 年考题）

【答案】0105. 9993

【解析】“鸡”是鸟纲鸡形目雉科原鸡属动物，珍珠鸡是鸡品种的一种。归类时应按“活动物”归入第一章。

查阅品目，由于品目 01. 05 已有“珍珠鸡”的具体列名，因此，本题商品应按具体列名归入品目 01. 05。

再查阅子目，根据其重量（大于 2 千克），本题商品应归入子目 0105. 9993。

第二章　肉及食用杂碎

一、本章商品范围概述

本章主要包括可供人食用的第一章所列动物的肉及食用杂碎，所谓“杂碎”是指动物不完整的部分，如动物的头、脚、尾、心等。本章还包括未炼制的肥猪肉、猪脂肪及家禽脂肪。这些脂肪不论是否供人食用均归入本章。

二、本章归类注意要点

本章动物产品的加工程度仅限于鲜、冷、冻、盐腌、盐渍、干制、熏制或在上面撒糖或糖水的。若进一步加工，如经煮、蒸、烤、炸、炒等，一般就归入第十六章。但是，供人食用的肉及食用杂碎的细粉或粗粉，不论是否经过烹煮均归入本章。

三、商品归类练习

1. 供人食用的冻牛肝

【答案】0206. 2200

【解析】“肝”即肝脏，是分泌胆汁、储藏体内淀粉和解毒等的主要器官。第二章的动物杂碎是指专供人食用的动物头、脚、尾等。本题“牛肝”属于动物杂碎。归类时参照其属性应按“肉及食用杂碎”归入第二章。

查阅品目，由于品目 02. 06 已有“冻牛食用杂碎”的相关产品列名，因此，本题商品应按相关产品列名归入品目 02. 06。

再查阅子目，根据保藏程度（冻）及种类（牛肝），本题商品应归入子目 0206. 2200。

2. 不供人食用的冻牛肝

【答案】0511.9990

【解析】"肝"即肝脏，是分泌胆汁、储藏体内淀粉和解毒等的主要器官。第二章的动物杂碎是指专供人食用的动物头、脚、尾等。本题"牛肝"属于动物杂碎。归类时似应按"肉及食用杂碎"归入第二章，但由于第二章章注一对不供人食用的杂碎作了规定，"本章不包括品目02.01至02.08或02.10的不适合供人食用的产品"，即第二章的肉及杂碎是专供人食用的，不供人食用的不能归入第二章。因此，本题商品不属于第二章的商品范畴。本题商品应按"通常不供人食用的其他动物产品"归入第五章。

查阅品目，由于第五章品目未列有"牛肝"，因此，本题商品只能按"其他品目未列名的动物产品"归入品目05.11。

再查阅子目，本题商品应归入子目0511.9990。

3. 供人食用的鲜牛胃

【答案】0504.0029

【解析】"牛"属于反刍动物。反刍动物（如牛、羊等）的胃一般可分瘤胃、网胃、瓣胃和皱胃四部分；牛胃的俗称有牛草肚、牛百叶、牛金钱肚，是牛的消化器官，属于动物杂碎。归类时似应按"肉及食用杂碎"归入第二章，但根据第二章章注二的规定，"本章不包括动物的胃、肠、膀胱（品目05.04）"，即不论是否可供人食用的动物胃、肠、膀胱和动物血均不能归入第二章，而应归入第五章。

查阅品目，由于品目05.04已有"膀胱及胃"的相关列名，因此，本题商品应归入品目05.04。

再查阅子目，本题商品应归入子目0504.0029。

4. 未炼制的猪脂肪

【答案】0209.1000

【解析】"脂肪"是甘油和脂肪酸所构成的酯，是生物体的储能物质，也是食油的主要成分。猪脂肪属于动物杂碎。归类时参照其属性应按"肉及食用杂碎"归入第二章。

查阅品目，由于品目02.09已有"未炼制猪脂肪"的具体列名，因此，本题商品应按具体列名归入品目02.09。

再查阅子目，本题商品应归入子目0209.1000。

5. 未炼制的牛脂肪

【答案】1502.1000

【解析】"脂肪"是甘油和脂肪酸所构成的酯，是生物体的储能物质，也是食油的主要成分。牛脂肪属于动物杂碎，归类时似应按"肉及食用杂碎"归入第二章，但根据第二章章注三的规定，"本章不包括品目02.09所列产品以外的动物脂肪（第十五章）"。因此，本题商品不能按"动物杂碎"归入第二章，而应按"油、脂及其分解产品"归入第十五章。

查阅品目，品目15.02已有"牛羊脂肪"的相关列名，因此，本题商品应按相关列名归入品目15.02。

再查阅子目，本题商品应按"未炼制的牛羊脂肪"归入子目1502.1000。

四、历届报关员考试中的本章归类考题

1. 冻整鸡（1998 年下半年考题）

【答案】0207.1200

【解析】“冻整鸡”是指用冷藏方法使鸡冷却至冰点以下并全部冻结的整鸡，本题商品为供食用的肉，归类时应按“肉及食用杂碎”归入第二章。

查阅品目，由于鸡属于家禽，因此，应按“品目 01.05 所列家禽的鲜、冷、冻肉及食用杂碎”归入品目 02.07。

根据其整只的、冻的条件，本题商品应归入子目 0207.1200。

2. 鲜的整头乳猪肉（重量不足 10 千克）（2000 年考题）

【答案】0203.1110

【解析】“乳猪”是指初生的小猪，本题商品为初生小猪的肉。归类时应按“肉及食用杂碎”归入第二章。

查阅品目，由于本题商品为鲜的乳猪肉，因此，应按“鲜猪肉”的相关列名归入品目 02.03。

参照其是否整头的状态，本题商品应归入子目 0203.1110。

3. 装入肠衣的熏腌牛肉（未经绞碎、未经调味、供食用）（2001 年考题）

【答案】0210.2000

【解析】本题商品是以未经绞碎、未经调味的熏腌牛肉为原料而制得的肉肠。归类时该牛肉虽已做装入肠衣的加工，但由于其加工程度未超出第二章所规定的鲜、冷、冻、干、熏、盐腌、盐渍等加工范围，因此仍应归入第二章。

查阅品目，由于本题商品已经过熏腌加工，因此，应按“干、熏、盐腌或盐渍的肉及食用杂碎”归入品目 02.10。

参照其牛肉的属性，本题商品应归入子目 0210.2000。

4. 干的猪蹄筋，500 克/袋（2009 年考题）

【答案】0210.9900

【解析】“猪蹄筋”属于猪的食用杂碎。归类时应按“肉及食用杂碎”归入第二章。

查阅品目，由于本题商品已经过干制加工，因此，应按“干、熏、盐腌或盐渍的肉及食用杂碎”归入品目 02.10。

由于猪蹄筋不属于猪肉，因此，本题商品只能按“其他”归入子目 0210.9900。

第三章 鱼、甲壳动物、软体动物及其他水生无脊椎动物

一、本章商品范围概述

本章包括所有活的或死的鱼，甲壳动物（如大螯虾、小虾、对虾、蟹），软体动物（如扇贝、贻贝、牡蛎、章鱼、鱿鱼、墨鱼、蜗牛、螺）和其他水生无脊椎动物（如海胆、海蜇、海参）。这些动物可供直接食用、工业用（制罐头等）、产卵用或观赏用。

二、本章归类注意要点

本章产品允许的加工程度同第二章，即其加工程度仅限于鲜、冷、冻、盐腌、盐渍、干制、熏制或在上面撒糖或糖水的。若进一步加工，如经煮、蒸、烤、炸、炒等，则应归入第十六章。但品目03.05（熏制前或熏制过程中烹煮了的熏鱼）及品目03.06（蒸过或水煮过的带壳甲壳动物）仍归本章。

三、商品归类练习

1. 经烹煮的大麻哈熏鱼

【答案】0305.4120

【解析】“大麻哈鱼”是鲑科麻哈鱼属的鱼种，大麻哈熏鱼是一种先煮后熏的鱼。归类时似应按“鱼”归入第三章，也可按“鱼制品”归入第十六章。根据第三章品目03.05条文，品目03.05包括“熏鱼，不论在熏制前或熏制过程中是否烹煮”。由于本题商品其加工程度符合第三章品目03.05的加工范围，因此，本题商品仍归入第三章。

查阅品目，本题商品应按“熏鱼”的相关列名归入品目03.05，并归入子目0305.4120。

2. 经水煮的对虾虾仁（密封包装）

【答案】1605.2900

【解析】“对虾”属于甲壳类动物，对虾虾仁是指以对虾为原料经盐水煮后晒干去壳而成的熟干品。归类时似应按“甲壳动物”归入第三章，但由于品目03.06仅包括“蒸过或水煮过的带壳甲壳动物”，而本题商品属于水煮过的去壳甲壳动物，其加工程度已超出第三章品目03.06的加工范围，因此，本题商品不能归入第三章，而应归入第十六章。

查阅品目，本题商品应按“制作或保藏的甲壳动物”归入品目16.05，并归入子目1605.2900。

3. 可用于制药的干海龙

【答案】0305.5910

【解析】“海龙”属于鱼类动物，群居在热带到温带的浅海，在海藻繁茂的地方生活，通常用于晒干制药。归类时参照其属性应按“鱼”归入第三章。

查阅品目，由于本题商品已经过干制加工，因此，应按“干、盐腌或盐渍的鱼”归入品目03.05。

本题商品应按“海龙”的具体列名归入子目0305.5910。

四、历届报关员考试中的本章归类考题

1. 冻小龙虾仁（1999年上半年考题）

【答案】0306.1100

【解析】“虾”是甲壳动物，虾仁是指已去壳的甲壳动物。归类时参照其属性应按“甲壳动物”归入第三章。

查阅品目，由于虾仁属于去壳的甲壳动物，因此，本题商品应按“带壳或去壳的甲壳动物”归入品目03.06。

根据其保藏方式（冻的）、虾的种类（小虾），本题商品应归入子目 0306. 1100。

2. 冷大麻哈鱼（1999 年下半年考题）

【答案】0302. 1300

【解析】"大麻哈鱼"是鲑科麻哈鱼属的鱼种。归类时参照其属性应按"鱼"归入第三章。

查阅品目，由于本题商品是处于冷保藏，因此本题商品应按"冷鱼"归入品目 03. 02。

再查阅子目，本题商品应按"大麻哈鱼"的具体列名归入子目 0302. 1300。

（提示：原 1999 年版子目答案为 0302. 1200，转换为 2012 年版子目答案应为 0302. 1300。）

3. 冷藏的中华绒螯蟹（2005 年考题）

【答案】0306. 2491

【解析】"中华绒螯蟹"是甲壳纲十足目短尾亚目动物中的一种，属于甲壳动物。归类时参照其属性应按"甲壳动物"归入第三章。

查阅品目，由于中华绒螯蟹属于甲壳动物，且其处于冷保藏，因此本题商品应按"带壳或去壳的甲壳动物，活、鲜、冷、冻、干、盐腌或盐渍的"而归入品目 03. 06。

根据其保藏程度（冷藏）和蟹的品种（中华绒螯蟹），本题商品应归入子目 0306. 2491。

4. 活的淡水小龙虾（2006 年考题）

【答案】0306. 2990

【解析】"龙虾"是甲壳纲龙虾科动物，体粗壮，圆柱形而略扁平，长 30 厘米以上，色鲜艳，常有美丽斑纹，是名贵的经济虾类。本题商品属于活的甲壳动物。归类时参照其属性应按"甲壳动物"归入第三章。

查阅品目，由于小龙虾属于甲壳动物，且其为鲜活状态，因此本题商品应按"带壳或去壳的甲壳动物，活、鲜、冷、冻、干、盐腌或盐渍的"而归入品目 03. 06。

再查阅子目，本题商品应归入子目 0306. 2990。

5. 活的海参（2010 年考题）

【答案】0307. 9190

【解析】"海参"属于水生无脊椎动物。归类时参照其属性应按"水生无脊椎动物"归入第三章。

查阅品目，品目 03. 07 已有"水生无脊椎动物"的相关列名，因此本题商品应按"水生无脊椎动物"归入品目 03. 07。

再查阅子目，本题商品应归入子目 0307. 9190。

第四章　乳品；蛋品；天然蜂蜜；其他食用动物产品

一、本章商品范围概述

本章商品范围包括乳品、蛋品、天然蜂蜜及其他品目未列名的食用动物产品。归入本章的商品，其加工程度不得超出各品目所列范围。若超出各品目所列范围（即以乳品为原料制成的食品）一般归入第十九章或第二十一章。

二、本章归类注意要点

本章的蛋品包括禽蛋及蛋黄，可以是鲜、干、蒸煮、模制成型、冰冻或用其他方法保藏的。本章不包括：①以乳品为原料制得的食品（第十九章或第二十一章）；②分离蛋品（卵清蛋白）（品目35.02）；③天然蜂蜜与人造蜜的混合物（品目17.02）及加蜂王浆的天然蜂蜜（品目21.06）。

三、商品归类练习

1. 脱脂奶粉

【答案】0402.1000

【解析】“奶粉”是以鲜乳为原料，经预处理及真空浓缩，然后喷雾干燥而制成的粉末状食品。归类时参照其属性应按“乳品”归入第四章。

查阅品目，品目04.01“未浓缩乳”是指未脱水（液状）的乳品；品目04.02“浓缩乳”是指已脱水（粉状）的乳品。由于本题商品属于“浓缩乳”，因此，应归入品目04.02。

再查阅子目，子目0402.1000“含脂量不超1.5%”是指脱脂或半脱脂的乳粉；子目0402.2000“含脂量超1.5%”是指未脱脂的乳粉。由于本题商品属于脱脂奶粉，因此，应归入子目0402.1000。

2. 天然蜂蜜与人造蜜的混合制品（其中天然蜂蜜60%、人造蜜40%）

【答案】1702.9000

【解析】“天然蜂蜜”是植物的花蜜经蜜蜂采集、酿制而成的含有多种成分的过饱和糖液。归类时似应按“天然蜂蜜”归入第四章，但由于第十七章品目17.02已有相关列名（人造蜜，不论是否掺有天然蜂蜜），因此，根据归类总规则三（一）的“具体列名优先于列名一般”的归类原则，天然蜂蜜与人造蜜的混合制品不能归入第四章的品目04.09，而应归入第十七章的品目17.02。

本题商品应归入子目1702.9000。

3. 加有蜂王浆的天然蜂蜜

【答案】2106.9030

【解析】“天然蜂蜜”是植物的花蜜经蜜蜂采集、酿制而成的含有多种成分的过饱和糖液。归类时似应按“天然蜂蜜”归入第四章，但由于第二十一章的品目21.06已有蜂王浆制剂列名，因此，根据归类总规则三（一）的“具体列名优先于列名一般”的归类原则，加有蜂王浆的天然蜂蜜制品不能归入第四章的品目04.09，而应归入第二十一章的品目21.06。

本题商品应归入子目2106.9030。

4. 用乳为原料制得的冰淇淋

【答案】2105.0000

【解析】“冰淇淋”是英文ice-cream的意译（冰）和音译（淇淋），是用乳及蔗糖为主要原料，再加入蛋、稳定剂（如明胶、琼脂等）、香料等，经严密的消毒、乳化、凝冻而制成。归类时查阅章，含有天然成分的乳似应按“乳品”归入第四章，但由于本题商品是以乳为原料再添加其他物质所制得的食品，其加工程度就超出第四章“天然乳”的加工范围，因此，不能按“乳品”归入第四章，而应按“乳品制的食品”归入第十九章或第二十一章。

查阅品目，由于品目21.05已有“冰淇淋食品”的具体列名，因此，本题商品应按具体列名归入品目21.05。

再查阅子目，本题商品应归入子目2105.0000。

5. 海龟蛋

【答案】0410.0090

【解析】“海龟蛋”是指海龟所生产的蛋。归类时参照其属性应按“蛋品”归入第四章。

查阅品目，由于海龟不属于禽类，因此，不能按“禽蛋”归入品目04.07或04.08，而只能按“未列名的食用动物产品”归入品目04.10。

再查阅子目，由于子目没有相关的列名，因此本题商品只能按“其他”归入子目0410.0090。

四、历届报关员考试中的本章归类考题

1. “达能”草莓果粒酸奶，125克/瓶（2007年考题）

【答案】0403.1000

【解析】“酸奶”是一种经酸化处理的乳。归类时参照其属性应按“乳品”归入第四章。

查阅品目，由于品目04.03已有“酸奶”的具体列名，因此，本题商品应按具体列名归入品目04.03。

再查阅子目，本题商品应归入子目0403.1000。

2. 全脂奶粉（脂肪含量23%），未加糖，450克/袋（2008年考题）

【答案】0402.2100

【解析】“奶粉”是由动物的液态乳经浓缩而成。归类时参照其属性应按“乳品”归入第四章。

查阅品目，由于奶粉属于浓缩乳，因此本题商品应按“浓缩乳”归入品目04.02。

再查阅子目，由于“脂肪含量23%”属于重量计脂肪含量超过1.5%的子目范畴，因此，本题商品应按“未加糖的浓缩乳”归入子目0402.2100。

第五章　其他动物产品

一、本章商品范围概述

本章包括各种未加工或仅经简单加工的各种未列名的动物产品，通常不作为食品（某些动物肠、膀胱、胃及动物血除外），而且目录的其他章也不包括它们。归入本章的

产品有：未加工的人发、猪鬃、马毛、骨、角、蹄、爪、壳及供配药用的动物产品等。

二、本章归类注意要点

第五章不包括：①食用动物产品（本章列名的除外）（第二、四章）；②马毛及废马毛以外的动物纺织原料（第十一类）；③供制帚、刷用的成束、成簇的材料（品目96.03）；④第四十一、四十三章的生皮及毛皮。

三、商品归类练习

1. 未按发根和发梢整理的人发

【答案】0501.0000

【解析】“未按发根和发梢整理的人发”是指未按发根和发梢整理的平行排放的人发。归类时查阅章，由于没有相关的章列名，因此只能按“其他动物产品”归入第五章。

查阅品目，根据第五章章注二规定：“仅按长度而未按发根和发梢整理的人发，视为未加工品，应归入品目05.01。”因此，本题商品应归入品目05.01。

再查阅子目，本题商品应归入子目0501.0000。

2. 制刷用马毛（非成束）

【答案】0511.9940

【解析】“马毛”属于动物产品。归类时查阅章，由于没有相关的章列名，因此只能按“其他动物产品”归入第五章。

查阅品目，由于品目没有马毛相关产品的列名，因此只能按“其他未列名的动物产品”归入品目05.11。

再查阅子目，根据第五章章注一（四）的规定，本题商品应归入子目0511.9940。

3. 制刷用马毛（成束）

【答案】9603.9090

【解析】“马毛”属于动物产品。归类时查阅章，由于没有相关的章列名，因此似应按“其他动物产品”归入第五章，但根据第五章章注一（四）的规定，“本章不包括供制帚、刷用的成束、成簇的材料（品目96.03）”。因此，成束的制刷用马毛不能按“马毛”归入第五章，而只能按“马毛制品”归入第九十六章。

查阅品目，本题商品应按“供制帚、刷用的成束或成簇的材料”归入品目96.03。

再查阅子目，由于没有该相关子目的列名，故本题商品应按“其他”归入子目9603.9090。

4. 纺织原料用马毛（未梳）

【答案】0511.9940

【解析】“马毛”属于动物产品。归类时查阅章，由于没有相关的章列名，因此似应按“其他动物产品”归入第五章，但根据第五章章注一（三）的规定，“本章不包括马毛及废马毛以外的动物纺织原料（第十一类）”。因此，纺织原料用马毛不能按“纺织原料”归入第十一类的第五十一章，而应按“动物产品”归入第五章。

查阅品目，由于品目没有相关产品的列名，因此，应按“其他未列名的动物产品”归入品目05.11。

再查阅子目，本题商品应按“马毛”的具体列名归入子目0511.9940。

5. 马宝

【答案】0510.0010

【解析】“马宝”是指马胃内的结石。对于动物体内的结石（例如牛黄、马宝、猴枣）统称为“黄药”，黄药一般用作中药。归类时查阅章，由于没有相关的章列名，因此只能按“其他动物产品”归入第五章。

查阅品目，由于马宝属于黄药，因此，本题商品应按“黄药”归入品目05.10。

再查阅子目，本题商品应归入子目0510.0010。

四、历届报关员考试中的本章归类考题

猴枣（2001年考题）

【答案】0510.0010

【解析】“猴枣”是指猴子体内的结石，通常与牛黄、马宝等作为中药用的动物体内结石被称为“黄药”。归类时查阅章，由于没有相关的章列名，因此只能按“其他动物产品”归入第五章。

查阅品目，由于猴枣属于黄药，因此，本题商品应按“黄药”归入品目05.10。

再查阅子目，本题商品应归入子目0510.0010。

第二类　植物产品

本类商品由9章（第六至十四章）构成，包括绝大多数未加工或仅做了有限加工的植物产品。本类的植物产品可分为3部分：活植物（第六章）；食用植物产品（第七至十二章）；非食用植物产品（第十三、十四章）。

归入本类的植物产品与归入其他类的植物产品，主要也是根据加工程度来区分的。

第六章　活树及其他活植物；鳞茎、根及类似品；插花及装饰用簇叶

一、本章商品范围概述

本章包括通常由苗圃或花店供应、为种植或装饰用的各种活植物，以及菊苣植物及其根。上述植物包括乔木、灌木、植物幼苗以及药用植物，还包括插花、花束、花圈、花篮及类似的花店制品。

二、本章归类注意要点

（1）第六章章注一规定：对于专用于作蔬菜的鳞茎、块茎、根茎等植物（如马铃薯、

洋葱、大蒜等），我们就不能考虑归入本章，而应考虑归入第七章。

（2）第六章章注二规定：由这两个品目所列货品制成的花束、花篮、花圈及类似品，不论是否有其他材料制成的附件，仍归入 06.03、06.04 这两个品目。

三、商品归类练习

1. 种用马铃薯

【答案】0701.1000

【解析】“马铃薯”又名土豆，是茄科茄属一年生草本，块茎可供食用，是重要的粮食和蔬菜兼用的作物。归类时似应按“活植物”归入第六章，并按“块茎植物”归入品目 06.01，但根据章注一的归类规定，“本品目不包括马铃薯、洋葱、大蒜等第七章蔬菜类的植物”。因此，本题商品不能按“观赏类块茎植物”归入第六章，而只能按“蔬菜类块茎植物”归入第七章。

查阅品目，由于品目 07.01 已有“马铃薯”的列名，因此，本题商品应按具体列名归入品目 07.01。

参照其“种用”的条件，本题商品应归入子目 0701.1000。

2. 出芽 1 厘米的水仙花头

【答案】0601.2000

【解析】“水仙花”是石蒜科多年生草本，属于观赏类鳞茎植物。归类时应按观赏类的“活植物”归入第六章。

查阅品目，由于水仙花属于观赏类植物，符合第六章章注一的规定，因此，本题商品应归入品目 06.01。

根据其生长的特征（已出芽 1 厘米），本题商品应按“非休眠植物”归入子目 0601.2000。

3. 用纸带系捆的鲜玫瑰花束

【答案】0603.1100

【解析】本题商品由纸带和花束组成。归类时似可按“纸带”归入第四十八章，也可按“玫瑰花”归入第六章。根据第六章章注二的归类规定，“品目 06.03、06.04 包括全部或部分由这两个品目所列货品制成的花束、花篮、花圈及类似品，不论是否有其他材料制成的附件”。因此，本题商品应按“观赏植物”归入第六章。

查阅品目，由于玫瑰花束属于插花及花蕾，因此本题商品应按“制花束或装饰用的插花及花蕾”归入品目 06.03。

本题商品应按“鲜玫瑰”的具体列名归入子目 0603.1100。

4. 装有鲜菊花的花篮

【答案】0603.1400

【解析】本题商品由菊花和花篮组成。归类时似可按“菊花”归入第六章，也可按“花篮”归入第四十六章。根据第六章章注二的归类规定：“品目 06.03、06.04 包括全部或部分由这两个品目所列货品制成的花束、花篮、花圈及类似品，不论是否有其他材料制成的附件。”因此，本题商品应按“观赏植物”归入第六章。

查阅品目，由于鲜菊花属于插花及花蕾，因此，本题商品应按“制花束或装饰用的插花及花蕾”归入品目06.03。

本题商品应按“鲜菊花”的具体列名归入子目0603.1400。

5．茶树种苗

【答案】0602.9091

【解析】“种苗”是指用于繁殖或种植而需进行栽培的树苗。茶树为活植物，归类时应按种植用“活植物”归入第六章。

查阅品目，由于茶树没有相关的品目列名，因此，本题商品只能按“其他活植物”归入品目06.02。

本题商品应归入子目0602.9091。

四、历届报关员考试中的本章归类考题

天然圣诞树（未经装饰）（2002年考题）

【答案】0604.9090

【解析】“圣诞树”是圣诞节用装饰品。归类时似可按“天然植物”归入第六章的品目06.04，也可按“圣诞用品”归入第九十五章的品目95.05。由于本商品未经装饰，不具有明显节日装饰品特征，因此不能归入第九十五章的品目95.05，而应归入第六章的品目06.04。

本题商品应归入子目0604.9090。

（提示：原2002年版子目答案为0604.9100，转换为2012年版子目答案应为0604.9090。）

第七章　食用蔬菜、根及块茎

一、本章商品范围概述

本章包括食用蔬菜（例如马铃薯、番茄、洋葱、卷心菜、莴苣、胡萝卜、黄瓜、蘑菇及豆类蔬菜）。这些蔬菜可以是鲜、冷、冻、经临时保藏处理或干制的。但做进一步加工的则应归入第二十章。

本章包括的蔬菜可以加工成各种形状，如整的、切块、切片、破碎或制成粉的。

二、本章归类注意要点

（1）第七章章注三规定：“品目07.12的干制蔬菜不包括：①作蔬菜用的脱荚干豆（品目07.13）；②品目11.02至11.04所列形状的甜玉米；③马铃薯细粉、粗粉、粉末、粉片、颗粒及团粒（品目11.05）；④用品目07.13的干豆制成的细粉、粗粉及粉末（品目11.06）。”

（2）第七章章注四规定：“本章不包括辣椒干及辣椒粉（品目09.04）。”

三、商品归类练习

1. 浸泡在亚硫酸水中的油橄榄

【答案】0711.2000

【解析】“油橄榄”又名齐墩果，是木犀科木犀榄属常绿乔木，以其果实能产油而形状又似橄榄得名。油橄榄属于蔬菜类植物。归类时参照其属性应按“蔬菜”归入第七章。

查阅品目，由于该油橄榄经过亚硫酸浸泡加工，因此根据其保藏方法，本题商品应按“临时保藏的蔬菜”归入品目07.11。

再查阅子目，本题商品应按“油橄榄”的具体列名归入子目0711.2000。

2. 金针菜

【答案】0712.9030

【解析】“金针菜”是由萱草、黄花菜、红萱等百合科草本植物的花蕾经蒸熟晒干而得，因其花蕾黄色、形似金针而得名。本题商品属于干蔬菜。归类时参照其属性应按“蔬菜”归入第七章。

查阅品目，由于金针菜一般为干制的，因此，根据其保藏程度，本题商品应按“干蔬菜”归入品目07.12。

再查阅子目，本题商品应按“金针菜”的具体列名归入子目0712.9030。

3. 脱荚绿豆

【答案】0713.3190

【解析】“绿豆”是豆科一年生草本植物。脱荚绿豆属于干蔬菜。归类时参照其属性应按“蔬菜”归入第七章。

查阅品目，似应按“干蔬菜”归入品目07.12，但根据第七章章注三（一）的规定，“脱荚干绿豆应归入品目07.13”。因此，本题商品不能归入品目07.12，而应归入品目07.13。

再查阅子目，本题商品应归入子目0713.3190。

4. 鲜辣椒

【答案】0709.6000

【解析】“辣椒”又名番椒，是茄科辣椒属一年生草本，在热带可为多年生灌木，以果实供食用。本题商品属于蔬菜。归类时参照其属性应按“蔬菜”归入第七章。

查阅品目，由于品目没有“鲜辣椒”的相关列名，因此，根据其保藏方法（鲜的），本题商品只能按“鲜的其他蔬菜”归入品目07.09。

再查阅子目，本题商品应按具体列名归入子目0709.6000。

5. 辣椒干

【答案】0904.2100

【解析】辣椒属于蔬菜。归类时参照其属性似应按“蔬菜”归入第七章，但根据第七章章注四的规定，“本章不包括辣椒干及辣椒粉（品目09.04）”，因此，本题商品不能按“蔬菜”归入第七章，而是按“调味料”归入第九章。

查阅品目，应按“辣椒干”的具体列名而归入品目09.04。

再查阅子目，本题商品应按“辣椒干”的具体列名归入子目0904.2100。

四、历届报关员考试中的本章归类考题

1. 冷冻的煮熟甜玉米粒，塑料袋装（2001 年考题）

【答案】0710. 4000

【解析】“甜玉米”是一种糖分含量高、营养丰富的蔬菜型玉米。归类时似可按“蔬菜”归入第七章的品目 07. 10，也可按已经加工的“蔬菜制品”归入第二十章的品目 20. 05，由于品目 07. 10 所列的冷冻蔬菜允许蒸、煮的加工程度，因此，本题商品不能归入第二十章的品目 20. 05，仍应归入第七章的品目 07. 10。

本题商品应归入子目 0710. 4000。

2. 500 克袋装干制的小白蘑菇（2004 年考题）

【答案】0712. 3100

【解析】“蘑菇”属于蔬菜，归类时参照其属性应按“蔬菜”归入第七章。

查阅品目，由于该小白蘑菇已经干制加工，因此，根据其保藏程度应按“干蔬菜”归入品目 07. 12。

又由于小白蘑菇属于“伞菌属蘑菇”，因此，本题商品应按“伞菌属蘑菇”归入子目 0712. 3100。

3. 绿豆（晒干的，非种用）2 千克/袋（2010 年考题）

【答案】0713. 3190

【解析】“绿豆”为豆科草本植物绿豆的成熟种子，属于一种豆类蔬菜。归类时参照其属性应按“蔬菜”归入第七章。

查阅品目，由于该绿豆已晒干，因此，根据其保藏程度应按“脱荚的干豆”归入品目 07. 13。

参照其非种用的条件，本题商品应归入子目 0713. 3190。

第八章 食用水果及坚果；柑橘属水果或甜瓜的果皮

一、本章商品范围概述

本章包括通常供人食用的水果、坚果及柑橘属果皮或甜瓜皮。它们可以是鲜、冷、经暂时保藏处理或干制的。若做进一步加工则主要归入第二十章。

本章的水果和坚果可以是完整的，也可以切片、切丝、去核、捣浆、磨碎、去皮或去壳。

二、本章归类注意要点

本章不包括：①果粉（品目 11. 06）；②用于榨油而不适于人食用的干椰子肉（品目 12. 03）；③非供食用的坚果或果实。

三、商品归类练习

1. 炒熟的核桃

【答案】2008. 1999

【解析】“核桃”也称胡桃，是胡桃科落叶乔木，树高可达 30 米，核果椭圆形或球形，外果皮肉质，内果皮硬，子仁富含油质。核桃属于坚果。归类时似应按“坚果”归入第八章，但由于本题商品已经过烘炒，其加工程度已超出第八章的加工范围，因此，本题商品不能归入第八章，而应归入第二十章。

查阅品目，由于品目没有该商品的相关列名，因此，本题商品只能按“其他方法制作的其他品目未列名坚果”归入品目 20. 08。

再查阅子目，本题商品应按“其他”归入子目 2008. 1999。

2. 用于烹饪的干椰子丝

【答案】0801. 1100

【解析】“椰子”是棕榈科椰子属多年生常绿乔木，属于坚果类植物。椰子丝为椰子肉经过切削加工而成的丝。归类时本题商品虽是椰子肉经过切削加工而成的丝，但由于第八章的水果及坚果可以是完整的，也可以切片、切碎、切丝、去核等，因此，本题商品仍应按“坚果”归入第八章。

查阅品目，由于品目 08. 01 的椰子包括干椰子丝，因此本题商品应按“椰子”归入品目 08. 01。

再查阅子目，根据其干制的加工程度，本题商品应归入子目 0801. 1100。

3. 干椰子肉（用于榨取椰油且不适于供人食用）

【答案】1203. 0000

【解析】干椰子肉是椰子的干果肉。归类时干椰子肉不能按“坚果”归入第八章，而应按榨油用“含油子仁及果实”归入第十二章。

查阅品目，由于品目 12. 03 已有“干椰子肉”的列名，因此，本题商品应按具体列名归入品目 12. 03。

再查阅子目，本题商品应归入子目 1203. 0000。

4. 冷藏草莓

【答案】0810. 1000

【解析】“草莓”是蔷薇科草莓属多年生常绿草本，属于浆果类水果。归类时参照其属性应按“水果”归入第八章。

查阅品目，根据第八章章注二的规定，“冷藏的水果和坚果应按相应的鲜果品目归类”。因此，本题商品应按“鲜草莓”归入品目 08. 10。

再查阅子目，本题商品应按“草莓”的具体列名归入子目 0810. 1000。

5. 盐水保藏的草莓

【答案】0812. 9000

【解析】“草莓”归类时参照其属性应按“水果”归入第八章。

查阅品目，由于盐水保藏属于暂时保藏的一种，因此本题商品应按“暂时保藏”归入品目 08. 12。

再查阅子目，本题商品应归入子目0812.9000。

四、历届报关员考试中的本章归类考题

1. 泰国产鲜芒果（1998年上半年考题）

【答案】0804.5020

【解析】“芒果”是漆树科芒果属常绿乔木，著名的热带水果。归类时参照其属性应按“水果”归入第八章。

查阅品目，由于品目08.04已有“芒果”的具体列名，因此，本题商品应按具体列名归入品目08.04。

再查阅子目，本题商品应归入子目0804.5020。

（提示：原1998年版子目答案为0804.5000，转换为2012年版子目答案应为0804.5020。）

2. 鲜脐橙（1999年上半年考题）

【答案】0805.1000

【解析】“鲜脐橙”是柑橘属水果。归类时参照其属性应按“水果”归入第八章。

查阅品目，由于脐橙属于柑橘属水果，因此，本题商品应按“柑橘属水果”归入品目08.05。

再查阅子目，本商品应按其具体列名归入子目0805.1000。

3. 鲜水蜜桃（2000年考题）

【答案】0809.3000

【解析】“鲜水蜜桃”属于水果。归类时参照其属性应按“水果”归入第八章。

查阅品目，由于品目08.09已有“桃”的具体列名，因此，本题商品应按具体列名归入品目08.09。

再查阅子目，本商品应按其具体列名归入子目0809.3000。

第九章　咖啡、茶、马黛茶及调味香料

一、本章商品范围概述

本章包括咖啡、含咖啡的咖啡代用品、茶、马黛茶及调味香料。这类产品可以是完整的，也可以捣碎或制成粉末。

二、本章归类注意要点

（1）本章不包括：①芥子（品目12.07）和芥末粉（品目21.03）；②啤酒花（品目12.10）；③虽能作调味香料，但多用于制造香水及药物的产品（品目12.11）；④混合调味品（品目21.03）；⑤咖啡、茶、马黛茶的浓缩精汁，不含咖啡的烘焙咖啡代用品（品目21.01）。

（2）品目09.04至09.10所列调味香料的混合物，应根据第九章章注一的规定进行归类。

三、商品归类练习

1. 绿茶（每包净重60千克）

【答案】0902.2090

【解析】“茶”根据制造方法不同可分红茶、青茶、绿茶、白茶、黄茶、黑茶六大茶类，其中绿茶为未发酵的茶。归类时参照其属性应按“茶”归入第九章。

查阅品目，由于绿茶属于茶属灌木的茶，因此，本题商品应按“茶”归入品目09.02。

根据其包装重（60千克），本题商品应归入子目0902.2090。

2. 含20%柑橘皮的绿茶（每包净重60千克）

【答案】0902.2090

【解析】本题绿茶虽含有20%含量的柑橘皮，但由于其基本特征还是茶，而非柑橘皮，因此，根据归类总规则二（二）的基本特征归类规定，本题商品仍应按“茶”归入第九章。

查阅品目，由于绿茶属于茶属灌木的茶，因此，本题商品应按“茶”归入品目09.02。

根据其包装重（60千克），本题商品应归入子目0902.2090。

3. 由未磨胡椒60%、辣椒粉40%的调味香料组成的混合物

【答案】0904.1100

【解析】“调味香料”是指含精油及芳香素的一组植物产品（包括子仁等），由于其特有的味道，因此主要用作调味品。本题商品中的胡椒和辣椒均属于调味香料。归类时参照其属性应按“调味香料”归入第九章。

查阅品目，本题商品是由子目0904.1100的未磨胡椒和子目0904.2020的辣椒粉混合制得的，根据第九章章注一（一）的规定，“同一品目的两种或两种以上产品的混合物仍归该品目”。因此，本题商品仍应归入品目09.04。

再查阅子目，本题商品应按成分含量大的未磨胡椒归入子目0904.1100。

4. 60%未磨胡椒、20%辣椒粉、20%肉豆蔻衣的混合物

【答案】0910.9100

【解析】“调味香料”是指含精油及芳香素的一组植物产品（包括子仁等），由于其特有的味道，因此主要用作调味品。本题商品中的胡椒、辣椒和肉豆蔻均属于调味香料。归类时参照其属性应按“调味香料”归入第九章。

查阅品目，本题商品由子目0904.1100的未磨胡椒、子目0904.2020的辣椒粉和子目0908.2000的肉豆蔻衣混合制得。根据第九章章注一（二）的规定，不同品目的两种或两种以上产品的混合物应归入品目09.10。因此，本题商品应归入品目09.10。

再查阅子目，本题商品应归入子目0910.9100。

5. 10%未磨胡椒、10%辣椒粉、20%肉豆蔻衣、60%玉米粉的混合物

【答案】2103.9090

【解析】从混合材料看，本题商品由部分调味香料组成。归类时参照其属性应按“调味香料”归入第九章。

查阅品目，根据第九章章注一（二）的规定，品目 09.04 至 09.10 的产品及其混合物，如加添其他物质而改变其基本特性的，则构成混合调味料，应归入品目 21.03。本题商品中的“10% 未磨胡椒、10% 辣椒粉、20% 肉豆蔻衣”属于品目 09.04 至 09.10 的调味香料产品，其成分含量为 40%，由于其他物质“玉米粉”的成分含量为 60%，其所添加的其他物质而改变品目 09.04 至 09.10 的产品及其混合物的基本特性，因此，本题商品应归入品目 21.03。

再查阅子目，本题商品应归入子目 2103.9090。

四、历届报关员考试中的本章归类考题

1. 肉豆蔻（未磨）（1997 年考题）

【答案】0908.1100

【解析】“肉豆蔻”是肉豆蔻植物的果实或种子的仁，可作调味香料用或药用。归类时似可按“调味香料”归入第九章，也可按“药用植物”归入第十二章，由于品目 09.08 对该商品已具体列名，且第十二章章注三（二）明确规定第九章的调味香料不得归入第十二章，因此，本题商品只能归入第九章。

查阅品目，由于品目 09.08 已有肉豆蔻的具体列名，因此，本题商品应按具体列名归入品目 09.08。

再查阅子目，本题商品应按具体列名归入子目 0908.1100。

（提示：原 1997 年版子目答案为 0908.1000，转换为 2012 年版子目答案应为 0908.1100。）

2. 白豆蔻（未磨）（1999 年下半年考题）

【答案】0908.3100

【解析】“白豆蔻”又称豆蔻，是多年生草本植物，外形似芭蕉，其果实及种子如葡萄豆蔻，果内有许多带辛辣味的籽常作调味香料。归类时参照其属性应按“调味香料”归入第九章。

查阅品目，由于白豆蔻属于豆蔻，因此本题商品应按“豆蔻”归入品目 09.08。

再查阅子目，本商品应按具体列名归入子目 0908.3100。

（提示：原 1999 年版子目答案为 0908.3000，转换为 2012 年版子目答案应为 0908.3100。）

3. 生姜（非种用，已磨）（2000 年考题）

【答案】0910.1200

【解析】“生姜”为多年生草本植物，其根茎有辣味，是常用的调味香品。归类时参照其属性应按“调味香料”归入第九章。

查阅品目，由于品目 09.10 已有姜的具体列名，因此，本题商品应按具体列名归入品目 09.10。

再查阅子目，本题商品应列入于目 0910.1200。

（提示：原 2000 年版子目答案为 0910.1000，转换为 2012 年版子目答案应为 0910.1200。）

4.“龙井”绿茶，150克塑料袋装（2005年考题）

【答案】0902.1090

【解析】“绿茶”是一种以茶属灌木的鲜茶叶为原料，经加热、揉捻、干燥等工序所制得的茶。归类时参照其属性应按“茶”归入第九章。

查阅品目，由于绿茶属于茶属灌木的茶，因此，本题商品应按“茶”归入品目09.02。

参照其包装重（150克塑料袋装），本题商品应归入子目0902.1090。

5．普洱茶，净重1千克/包（2007年考题）

【答案】0902.3020

【解析】“普洱茶”是一种以云南大叶种芽叶为原料，经杀青、揉捻、晒干等工序制成的各种嫩度的晒青毛茶，再经整形、熟成、归堆、拼配、杀菌而成的茶。归类时参照其属性应按“茶”归入第九章。

查阅品目，由于普洱茶符合品目09.02的商品范畴，因此，本题商品应按“茶”归入品目09.02。

参照其包装重（1千克/包），本题商品应归入子目0902.3020。

6．一种印度咖喱粉，以丁香、小茴香子、芥末、姜黄粉和辣椒粉等香料调配而成（2010年考题）

【答案】0910.9900

【解析】本题商品为调味香料。归类时参照其属性应按“调味香料”归入第九章。

查阅品目，根据第九章章注一（二）的规定，“不同品目的两种或两种以上产品的调味香料应归入品目09.10”。因此，本题商品应归入品目09.10。

再查阅子目，本题商品应归入子目0910.9900。

第十章　谷　物

一、本章商品范围概述

本章仅包括谷物，不论是否成穗或带杆。除稻谷外，其余谷物的加工程度不能超出脱壳加工的范围，即已去壳或经其他加工的谷物应归入第十一章。但去壳、碾磨、磨光、上光、半熟、改良或破碎的大米仍归入本章。

二、本章归类注意要点

品目10.06规定：“‘稻谷’是指未脱壳的大米；‘籼米’是水稻的一种，米粒细而长；‘糙米’是指经机械脱壳，但仍包有一层米皮的大米，糙米几乎总有少量的稻谷混杂在内；‘半精米’是指部分去皮的大米；‘全精米（白米）’是指通过特殊的锥形滚筒已全部去皮的大米。”

三、商品归类练习

1. 玉米（非种用）

【答案】1005.9000

【解析】“玉米”又名玉蜀黍，俗称苞谷、棒子、珍珠米，是禾本科玉米属一年生草本植物。本题商品属于谷物类植物。归类时参照其属性应按“谷物”归入第十章。

查阅品目，由于品目10.05已有“玉米”的具体列名，因此，本题商品应按具体列名归入品目10.05。

再查阅子目，本题商品应按“非种用玉米”归入子目1005.9000。

2. 去壳燕麦

【答案】1104.2200

【解析】“燕麦”是禾本科燕麦属一年生草本，属于谷物类植物。归类时似应按“谷物”归入第十章，但根据第十章章注一（二）规定，“本章不包括已去壳或经其他加工的谷物”。因此，本题商品不能归入第十章，而应归入第十一章。

查阅品目，由于该燕麦已经去壳加工，因此应按“经其他加工的谷物”而归入品目11.04。

再查阅子目，本题商品应按“经去壳加工的燕麦”归入子目1104.2200。

3. 去壳稻谷（经脱壳处理但仍包有一层米皮、非籼米）

【答案】1006.2090

【解析】本题稻谷经脱壳处理但仍包有一层米皮，属于糙米。归类时参照其属性应按“谷物”归入第十章。

查阅品目，由于稻谷经脱壳处理但仍包有一层米皮的商品属于糙米，因此，本题商品应按“糙米”归入品目10.06。

再查阅子目，本题商品应按具体列名归入子目1006.2090。

四、历届报关员考试中的本章归类考题

1. 硬粒小麦（1999年下半年考题）

【答案】1001.1900

【解析】“小麦”可以分为两个主要品种：普通小麦和硬粒小麦。其中，硬粒小麦是指硬粒小麦属的小麦及与该属具有相同染色体数目（28）的种间杂交所得的小麦。归类时参照其属性应按“谷物”归入第十章。

查阅品目，由于品目10.01已有“小麦”的具体列名，因此本题商品应按“小麦及混合小麦”归入品目10.01。

再查阅子目，本题商品应按“硬粒小麦”的具体列名归入子目1001.1900。

（提示：原1999年版子目答案为1001.1000，转换为2012年版子目答案应为1001.1900。）

2. 食用高粱（非种用，净重50千克）（2000年考题）

【答案】1007.9000

【解析】“高粱”又名蜀黍、秫秫、茭草、茭子、芦粟，是禾本科高粱属一年生草本

植物，也是重要的粮食和饲料作物。食用高粱属于谷物类植物。归类时参照其属性应按“谷物”归入第十章。

查阅品目，由于品目10.07已有“食用高粱”的具体列名，因此本题商品应按具体列名而归入品目10.07。

根据其用途（非种用），本题商品应归入子目1007.9000。

（提示：原2000年版子目答案为1007.0090，转换为2012年版子目答案应为1007.9000。）

第十一章　制粉工业产品；麦芽；淀粉；菊粉；面筋

一、本章商品范围概述

本章包括制粉工业产品，用碾磨或经其他方法加工第十章的谷物及第七章的甜玉米制得的产品（例如：粗粉、细粉、粗粒、团粒以及经去壳、滚压、制片、制成粒状、切片或碾磨加工的谷物）。

二、本章归类注意要点

将第十章的谷物按本章所列方法，如麦芽发芽、提取淀粉或面筋等加工产品，以及其他章的原料（干豆、马铃薯、果实等）用类似上述两种方法加工的细粉、粗粉或粉片。这些产品如果再进一步加工，一般归入第十九章。

三、商品归类练习

1. 马铃薯粉

【答案】1105.1000

【解析】“马铃薯粉”是指将生马铃薯蒸煮并捣碎，然后将薯泥干燥后制成的细粉、粉末或颗粒。本题商品属于制粉工业产品。归类时参照其属性应按“制粉工业产品”归入第十一章。

查阅品目，由于品目11.05已有“马铃薯粉”的具体列名，因此本题商品应按具体列名归入品目11.05。

再查阅子目，本题商品应归入子目1105.1000。

2. 燕麦片

【答案】1104.1200

【解析】“燕麦片”是指对整颗谷粒（不论是否去壳）进行碾压而制得的片状谷物。归类时似应按“谷物”归入第十章，但由于其碾压的加工程度已超出第十章谷粒的加工范围，因此，本题商品不能按“谷物”归入第十章，而应按“谷物粉”归入第十一章。

查阅品目，由于该燕麦已经碾压加工，因此应按“经其他加工的谷物”归入品目11.04。

根据其碾压成片的加工程度，本题商品应归入子目1104.1200。

3. 干面筋

【答案】1109.0000

【解析】“面筋”是用面粉通过简单水分法使其与其他成分（淀粉等）分离而制得的，其实质上是各种蛋白质的混合体。归类时参照其属性应按“面筋”的具体列名归入第十一章。

查阅品目，由于品目11.09已有“面筋”的具体列名，因此本题商品应按具体列名归入品目11.09。

再查阅子目，本题商品应按具体列名归入子目1109.0000。

4. 即食面筋

【答案】1902.3090

【解析】“即食面筋”是指不用处理，直接可食用的面筋，属于谷物粉制品。归类时由于其加工程度已超出第十一章谷物产品的加工范围，因此，不能按“谷物产品”归入第十一章，而应按“谷物制品”归入第十九章。

查阅品目，由于即食面筋属于一种面食，因此，本题商品应按“面食”归入品目19.02。

再查阅子目，由于该产品没有相关的子目列名，因此本题商品只能按“其他”归入子目1902.3090。

四、历届报关员考试中的本章归类考题

1. 经粗碾、破碎后呈不规则形状的薏米粗粒（薏米又称“回回米”、“药玉米”，是植物薏苡的种仁）（1998年上半年考题）

【答案】1104.2990

【解析】“薏米粗粒”是薏苡去壳后得到的子实经粗碾、破碎而得。归类时应按“谷物产品”归入第十一章。

查阅品目，由于该薏米已经破碎加工，因此应按“经其他加工的谷物”归入品目11.04。

参照其粗碾和破碎的加工程度，本题商品应归入子目1104.2990。

（提示：原1998年版子目答案为1104.2900，转换为2012年版子目答案应为1104.2990。）

2. 马铃薯淀粉（1998年下半年考题）

【答案】1108.1300

【解析】“马铃薯淀粉”是指以马铃薯为原料，经浸泡、磨碎，将蛋白质、脂肪、纤维素等非淀粉物质分离出去而得的粉。归类时参照其属性应按“淀粉”归入第十一章。

查阅品目，由于品目11.08已有“淀粉”的具体列名，因此本题商品应按具体列名归入品目11.08。

再查阅子目，本题商品应按“马铃薯淀粉”的具体列名归入子目1108.1300。

第十二章　含油子仁及果实；杂项子仁及果实；工业用或药用植物；稻草、秸秆及饲料

一、本章商品范围概述

本章包括下列有特殊用途的植物产品：榨油用含油子仁及果实；种植用的种子；酿啤酒用的啤酒花及蛇麻腺；榨糖用甜菜及甘蔗；稻草、秸秆及植物性饲料；工业用或药用植物；海草及其他藻类；以及主要供食用的未列名果核、果仁及其他植物产品。

二、本章归类注意要点

本章章注三对品目 12.09 的种植用种子作了规定，并指出一些即使作种子用也不归入品目 12.09 的商品。

三、商品归类练习

1. 种用花生仁

【答案】1202.3000

【解析】“花生”又名长生果、万寿果等，是豆科落花生属一年生草本，地上开花，地下结果，故有落花生、落地参之称。“花生仁”是指已剥壳的花生肉。归类时由于花生通常是用于榨油，因此，参照其属性应按“含油的子仁及果实”归入第十二章。

查阅品目，由于种用花生属于未焙炒或未烹煮的花生，因此，本题商品应按“未焙炒或未烹煮的花生”归入品目 12.02。

再查阅子目，本题商品应归入子目 1202.3000。

2. 花生粉

【答案】1208.9000

【解析】“花生粉”是花生仁碾磨后制得的未脱脂或半脱脂细粉及粗粉。归类时由于花生通常是用于榨油，因此，参照其属性应按“含油子仁及果实”归入第十二章。

查阅品目，由于该花生已加工为粉状，因此应按“含油子仁及果实的细粉及粗粉”归入品目 12.08。

再查阅子目，本题商品应归入子目 1208.9000。

3. 已焙炒花生仁

【答案】2008.1120

【解析】本题商品为已经焙炒加工的花生仁。归类时似可按“花生”归入第十二章的品目 12.02，也可按“花生制品”归入第二十章的品目 20.08，由于本题花生仁已焙炒，其加工程度已超出第十二章的加工范围，因此，本题商品不能归入第十二章，而应归入第二十章。

查阅品目，由于第二十章没有该产品的相关列名，因此，本题商品只能按“用其他方法制作或保藏的其他品目未列名水果、坚果”归入品目 20.08。

再查阅子目，本题商品应归入子目 2008. 1120。

4. 种用西瓜子

【答案】1209. 9900

【解析】“种用西瓜子”属于种植用的种子。归类时参照其属性应按“杂项的子仁及果实”归入第十二章。

查阅品目，根据第十二章章注三规定，“种用西瓜子属于种植用种子”。因此本题商品应按“种植用的种子”归入品目 12. 09。

再查阅子目，本题商品应归入子目 1209. 9900。

5. 豌豆种子

【答案】0713. 1010

【解析】“豌豆种子”属于蔬菜种植用的种子。归类时参照其属性似应按“杂项的子仁及果实”归入第十二章。

查阅品目，似应按“种植用的种子”归入品目 12. 09，但根据第十二章章注三（一）规定，“品目 12. 09 不包括豆类蔬菜的种子（第七章）”。因此，本题商品不能归入品目第十二章 12. 09，而应归入第七章的品目 07. 13。

再查阅子目，本题商品应归入子目 0713. 1010。

四、历届报关员考试中的本章归类考题

1. 黄大豆种子（1999 年上半年考题）

【答案】1201. 1000

【解析】“黄大豆”是一种农作物，可供食用也可用于榨油。归类时由于黄大豆通常是用于榨油，因此，参照其属性应按“含油子仁及果实”归入第十二章。

查阅品目，由于品目 12. 01 已有“大豆”的具体列名，因此，本题商品应按具体列名归入品目 12. 01。

根据其用于种用的用途，本题商品应归入子目 1201. 1000。

（提示：原 1999 年版子目答案为 1201. 0010，转换为 2012 年版子目答案应为 1201. 1000。）

2. 晒干的莲子，500 克袋装（2005 年考题）

【答案】1212. 9994

【解析】“莲子”是水生草本植物“荷”的成熟种子（果实），供食用，中医上可入药。归类时参照其属性应按“杂项子仁及果实”归入第二十一章。

查阅品目，由于第二十一章品目没有该相关产品的列名，因此，晒干的莲子只能按“主要供人食用的其他品目未列名的果仁”而归入品目 12. 12。

再查阅子目，本题商品应按“莲子”的具体列名归入子目 1212. 9994。

3. “长寿”牌西洋参片，干的，50 克/盒（2006 年考题）

【答案】1211. 2010

【解析】“西洋参”是五加科多年生草本植物西洋参的干燥根，其经切片加工后即为西洋参片。归类时参照其属性应按“药用植物”归入第十二章。

查阅品目，由于西洋参属于药用植物，因此本题商品应按“用作药料的植物”归入

品目12.11。

再查阅子目，由于品目12.11项下的西洋参也包括片，因此本题商品应按“西洋参”的具体列名归入子目1211.2010。

第十三章　虫胶；树胶、树脂及其他植物液、汁

一、本章商品范围概述

本章包括虫胶、天然树胶、树胶脂、含油树脂、香树脂和其他植物液汁、浸膏、果胶等，以及从植物产品制得的琼脂及其他胶液和增稠剂。

二、本章归类注意要点

“虫胶”是由一种与胭脂虫同科的昆虫（紫胶虫）在几种热带树上分泌的树脂物质；“天然树胶、树脂、树胶脂及油树脂”都是植物分泌液，它们遇空气会固化，而且名称经常相互混用；“植物液汁”通常为自然渗出、从切口流出或用溶剂提取的植物产品；“浸膏”是指通过酒精、水等介质而提取的植物物质。

三、商品归类练习

1. 阿拉伯树胶

【答案】1301.2000

【解析】“阿拉伯树胶”也称尼罗河胶、亚丁胶、塞内加尔胶，得自于金合欢植物，是一种植物分泌液。归类时参照其属性应按“树胶”归入第十三章。

查阅品目，由于阿拉伯树胶属于天然树脂，因此本题商品应按“天然树脂”归入品目13.01。

再查阅子目，本题商品应按“阿拉伯树胶”的具体列名归入子目1301.2000。

2. 除虫菊浸膏

【答案】1302.1930

【解析】“除虫菊浸膏”是一种以各种除虫菊植物（例如白花除虫菊）为原料，通过用有机溶剂从花中提取而得到的植物物质。本题商品属于植物提取物。归类时参照其属性应按“其他植物液汁”归入第十三章。

查阅品目，由于品目13.02已有“浸膏”的相关列名，因此，本题商品应按相关列名归入品目13.02。

再查阅子目，本题商品应归入子目1302.1930。

3. 苹果果胶

【答案】1302.2000

【解析】“果胶”是多糖，其基本构造为多半乳糖醛酸，存在于天然植物，特别是水果及蔬菜的细胞中。本题商品是从苹果的余渣中提取而得，属于植物提取物。归类时参照其属性应按“其他植物液汁”归入第十三章。

查阅品目，由于品目13.02已有“果胶”的具体列名，因此，本题商品应按相关列

名归入品目 13.02。

再查阅子目，本题商品应归入子目 1302.2000。

4. 琼脂

【答案】1302.3100

【解析】“琼脂”主要从生长于印度洋及太平洋的某些海藻中提制而成。琼脂属于植物的提取物。归类时参照其属性应按植物提取物“其他植物液汁”归入第十三章。

查阅品目，由于品目 13.02 已有“琼脂”的具体列名，因此，本题商品应按相关列名归入品目 13.02。

再查阅子目，本题商品应按“琼脂”的具体列名归入子目 1302.3100。

5. 从角叉菜提制而成的角叉胶

【答案】1302.3990

【解析】从角叉菜提制而成的角叉胶是一种植物的提取物。归类时参照其属性应按植物提取物“其他植物液汁”归入第十三章。

查阅品目，由于第十三章没有该产品的相关品目列名，因此本题商品只能按“从植物产品制得的其他胶液”归入品目 13.02。

再查阅子目，本题商品应按“其他植物提取物”归入子目 1302.3990。

四、历届报关员考试中的本章归类考题

1. 中国产生漆（1998 年下半年考题）

【答案】1302.1910

【解析】“生漆”是指切割漆树韧皮流出来的黏稠液体。归类时参照其属性应按“植物液汁”归入第十三章。

查阅品目，由于生漆属于植物液汁，因此本题商品应按“植物液汁”归入品目 13.02。

再查阅子目，本题商品应按“生漆”的具体列名归入子目 1302.1910。

2. 没药（1999 年下半年考题）

【答案】1301.9020

【解析】“没药”是没药树的树脂，块状或颗粒状，赤褐色或黄褐色，是具有活血、散瘀、消肿、止痛等作用的中药材。归类时参照其属性应按“树脂”归入第十三章。

查阅品目，由于没药属于树脂，因此本题商品应按“树脂”归入品目 13.01。

再查阅子目，本商品应按“没药”的具体列名归入子目 1301.9020。

第十四章　编结用植物材料；其他植物产品

一、本章商品范围概述

本章包括各种非供食用的植物产品。主要用于编结、制帚、制刷或作填塞、衬垫用的未加工或简单加工的植物材料；供雕刻、制扣及制其他花哨小商品用的子、核、壳、果；棉短绒及未列名的其他植物产品。

二、本章归类注意要点

本章不包括：①主要供纺织用的植物材料和植物纤维（第十一类）；②供制帚、制刷用成束、成簇的植物材料（品目96.03）。

三、商品归类练习

1. 成捆的制帚用高粱

【答案】1404.9090

【解析】“成捆的制帚用高粱”属于制帚用植物材料。归类时由于该商品没有相关的章列名，因此只能按“其他植物产品”归入第十四章。

查阅品目，由于品目没有相关商品的列名，因此，本题商品只能按“其他品目未列名植物产品”归入品目14.04，并归入子目1404.9090。

2. 成束的制帚用高粱

【答案】9603.1000

【解析】“成束的制帚用高粱”属于制帚用植物材料。归类时似应按“其他植物产品”归入第十四章，但根据第十四章章注三的规定，“品目14.04不包括不用分拆（或仅需简单加工）即可配装于帚或刷之上的制好的纤维束或簇（品目96.03）”。由于本题商品包装状态为成束状，不符合第十四章章注三的规定，因此，不能归入第十四章，而应归入第九十六章。

查阅品目，本题商品应按“供制帚用的成束材料”归入品目96.03，并归入子目9603.1000。

3. 供纺织用的高粱（生的）

【答案】5305.0099

【解析】本题商品是供纺织用的植物材料。归类时似应按“其他植物产品”归入第十四章，但根据第十四章章注一的规定，“本章不包括主要供纺织用的植物材料和植物纤维（第十一类）”。因此，本题商品不能归入第十四章，而应按纺织用的植物材料归入第五十三章。

查阅品目，由于品目没有相关商品的列名，因此，本题商品只能按“其他品目未列名的纺织用植物纤维”归入品目53.05，并按“其他”归入子目5305.0099。

4. 用于雕刻的象牙果

【答案】1404.9090

【解析】“象牙果”是主要生长于南美洲的几种棕榈树的种子（“坚果”），其纹理、硬度、颜色与象牙相似，因而俗称为“植物象牙”。本题商品属于植物产品。归类时由于该商品没有相关的章列名，因此只能按“其他植物产品”归入第十四章。

查阅品目，由于品目没有相关商品的列名，因此，本题商品只能按“其他品目未列名的植物产品”归入品目14.04，并按“其他”归入子目1404.9090。

四、历届报关员考试中的本章归类考题

木棉（1997 年考题）

【答案】1404. 9090

【解析】“木棉”是木棉科植物各种树的种子外面包裹的淡黄色或浅棕色绒毛，其纤维长度在 15 ~ 30 毫米之间不等。归类时由于该商品没有相关的章列名，因此只能按“其他植物产品”归入第十四章。

查阅品目，由于品目没有该商品的相关列名，因此，本题商品只能按“其他品目未列名的植物产品”归入品目 14. 04，并按“其他”归入子目 1404. 9090。

（提示：原 1997 年版子目答案为 1402. 1000，转换为 2012 年版子目答案应为 1404. 9090。）

第三类 动、植物油、脂及其分解产品；精制的食用油脂；动、植物蜡

本类商品仅由 1 章（第十五章）构成，包括以第一、二类的动物和植物为原料加工得到的动物、植物油脂；油脂的分解产品；混合食用油脂；动物、植物蜡；处理油脂或蜡所剩的残渣。

第十五章 动、植物油、脂及其分解产品；精制的食用油脂；动、植物蜡

一、本章商品范围概述

本章是第三类商品的唯一一章，其包括以第一、二类的动物和植物为原料加工得到的动物、植物油脂；油脂的分解产品；混合食用油脂；动物、植物蜡；处理油脂或蜡所剩的残渣。

二、本章归类注意要点

本章商品主要是根据油脂的不同加工方式和加工程度来判断归类。

三、商品归类练习

1. 氢化的菜油

【答案】1516. 2000

【解析】“氢化”是指在适当的温度和压力下，并在催化剂（通常为细小镍粒）的存

在下使油、脂与纯氢接触，以提高脂的熔点及增加油的稠度，使不饱和甘油酯成为高熔点的饱和甘油酯。“菜油”是一种可食用的植物油。归类时应按“油、脂及其分解产品”归入第十五章。

查阅品目，根据其氢化的加工程度，本题商品应归入品目 15. 16，并归入子目 1516. 2000。

2. 氧化的菜油

【答案】1518. 0000

【解析】“氧化油”是通过加热（通常加入少量氧化剂）而制得的。“菜油”是一种可食用的植物油。归类时应按“油、脂及其分解产品”归入第十五章。

查阅品目，根据其氧化的加工程度，本题商品应归入品目 15. 18，并归入子目 1518. 0000。

3. 零售的初榨油橄榄油

【答案】1509. 1000

【解析】“初榨油橄榄油”是指在防止其变质的状态下（主要是在加热的状态下）仅用机械或其他物理方法（如压榨）处理油橄榄制得的。“橄榄油”是一种可食用的植物油。归类时应按“油、脂及其分解产品”归入第十五章。

查阅品目，根据其初榨的加工程度，本题商品应归入品目 15. 09，并归入子目 1509. 1000。

4. 由氢化棕榈油 25%、氧化花生油 30%、初榨豆油 45% 组成的混合食品油

【答案】1517. 9090

【解析】本题商品为混合食品油。归类时应按“油、脂及其分解产品”归入第十五章。

查阅品目，本题商品为混合油，但不能因为其是混合物，且豆油含量最大，而构成基本特征，从而运用规则三（二）的基本特征归类原则，按“豆油”归入品目 15. 07；而是应该首先运用规则一，由于品目 15. 17 已具体列名包括混合油，因此，本题商品应按“混合油”归入品目 15. 17，并归入子目 1517. 9090。

5. 粗甘油

【答案】1520. 0000

【解析】“甘油”学名“丙三醇”，为无色、无臭、有甜味的黏性液体。“粗甘油”是一种纯度在 95% 以下（以干燥产品的重量计）的产品，它可从油、脂分解或丙烯合成制得，也可用油、脂和其他醇相互酯化制得。归类时应按“油、脂及其分解产品”归入第十五章。

查阅品目，由于品目 15. 20 已有“粗甘油”的具体列名，因此，本题商品应按具体列名归入品目 15. 20。

本题商品应归入子目 1520. 0000。

[提示：本题商品若为纯度在 95% 以上的（精）甘油，则应归入子目 2905. 4500。]

四、历届报关员考试中的本章归类考题

1. 由多种食用植物油调制而成的王牌超级烹调油（1998 年上半年考题）

【答案】1517.9090

【解析】“烹调油”是一种由多种食用植物油制得的食用油。归类时应按“油、脂及其分解产品”归入第十五章。

查阅品目，由于本题商品是一种混合油，因此应按“混合油”归入品目15.17。

本题商品应归入子目1517.9090。

2. 未经过化学改性的精制豆油（1999年下半年考题）

【答案】1507.9000

【解析】“豆油”是一种可食用的植物油。归类时应按“油、脂及其分解产品”归入第十五章。

查阅品目，根据其加工程度（未经化学改性、精制），本题商品应归入品目15.07，并归入子目1507.9000。

3. 亚麻子油（未经化学改性）（2000年考题）

【答案】商品品目：15.15

【解析】“亚麻子油”为亚麻种子碾碎压榨得到的干性油。归类时应按“油、脂及其分解产品”归入第十五章。

查阅品目，由于第十五章未见以“亚麻子油”具体列名的品目，因此，本题商品只能按“其他植物油脂”归入品目15.15。

（提示：2000年考题是以选择形式出题，因此本题答案仅选择品目，详见附录“历届商品归类考试试题”。）

4. 精制玉米油（2004年考题）

【答案】1515.2900

【解析】“玉米油”属于植物油。归类时应按“油、脂及其分解产品”归入第十五章。

查阅品目，由于玉米油在品目15.07至15.14没有列名，因此只能按“其他植物油脂”归入品目15.15。

根据其加工程度（精制的），本题商品应归入子目1515.2900。

第四类　食品；饮料、酒及醋；烟草、烟草及烟草代用品的制品

本类商品由9章（第十六至二十四章）构成，包括加工程度超过第一类和第二类允许的范围、通常供人食用的动物或植物产品，本类还包括动、植物原料制饲料以及烟草及烟草代用品的制品。

第十六章　肉、鱼、甲壳动物、软体动物及其他水生无脊椎动物的制品

一、本章商品范围概述

本章包括肉、食用杂碎、血、鱼、甲壳动物、软体动物及其他水生无脊椎动物的制品，是采用超出第二章、第三章及品目05.04所列加工方法（如蒸、煎、烤、炸、炒、均化、混合、加调味料等）而进一步加工制作或保藏的产品。

二、本章归类注意要点

（1）本章章注二的归类规定："本章的食品按重量计，必须含有20%以上的香肠、肉、食用杂碎、动物血、鱼、甲壳动物、软体动物或其他水生无脊椎动物及其混合物（品目19.02的包馅食品和品目21.03及21.04的食品除外）。"

（2）子目注释一的归类规定："子目号1602.10的'均化食品'，是指用肉、食用杂碎或动物血经精细均化制成供婴幼儿食用或营养用的零售包装食品（每件净重不超过250克）。为了调味、保藏或其他目的，均化食品中可以加入少量其他配料，还可以含有少量可见的肉粒或食用杂碎粒。该子目优先于品目16.02的其他子目。"

三、商品归类练习

1. 猪肉松罐头

【答案】1602.4910

【解析】"猪肉松罐头"是指将处理后的猪肉松装入马口铁罐，经过排气、密封、杀菌等工序而制得的食品。归类时，由于本题商品已经过一系列的精制加工，其加工程度已超过第二章的加工范围，因此，应按"肉类制品"归入第十六章。

查阅品目，由于"猪肉松罐头"属于制作或保藏的肉，因此，本题商品应按"其他方法制作或保藏的肉"而归入品目16.02。

根据其猪的属性，本题商品应按"猪的罐头"归入子目1602.4910。

2. 鱼肉含量15%、牛肉含量25%、萝卜含量60%的罐头食品

【答案】1602.5010

【解析】"罐头食品"是指将处理后的食品装入马口铁罐，经过排气、密封、杀菌等工序而制得的食品。本题商品已经过一系列的精制加工，归类时应按"肉类制品"归入第十六章。

查阅品目，该罐头食品由肉和蔬菜两类材料制成，其中肉类（鱼和牛肉）合计为40%，蔬菜类60%。由于肉类超过了20%，因此，根据第十六章章注二的规定，本题商品应按"其他方法制作或保藏的肉"归入品目16.02。

再查阅子目，由于其牛肉含量超过鱼肉，因此本题商品应按"牛的罐头"归入子目1602.5010。

3. 由鱼肉30%、猪肉30%、牛肉40%组成的婴儿食用的食品，制成细腻糊状，零售包装（240克/袋）

【答案】1602.1000

【解析】“均化”是指使流体内物质（如牛奶中的脂肪球）成为分布均匀的极微小颗粒的过程。本题商品已经过均化处理而制成细腻糊状，属于以动物为原料的均化食品。归类时应按“肉类制品”归入第十六章。

查阅品目，对于肉类均化食品的归类，可根据第十六章子目注释一的归类原则进行归类。由于本题商品符合第十六章子目注释一关于“肉类均化食品”的归类规定，因此，本题商品应归入子目1602.1000。

4. 由鱼肉30%、猪肉30%、牛肉40%组成的婴儿食用的食品，制成细腻糊状，零售包装（260克/袋）

【答案】1602.5090

【解析】“均化”是指使流体内物质（如牛奶中的脂肪球）成为分布均匀的极微小颗粒的过程。本题商品已经均化处理而制成细腻糊状，属于以肉类为原料的均化食品。归类时应按“肉类制品”归入第十六章。

查阅品目，对于肉类均化食品的归类，可根据第十六章子目注释一的归类原则进行归类。由于本题商品不符合第十六章子目注释一的归类条件（零售包装每件净重不超过250克），因此，不能作为“均化食品”归入子目1602.1000。

本题商品牛肉含量最高，因此应视为“以牛肉为主要成分的食品”而归入子目1602.5090。

5. 以鱼45%和蔬菜50%为基本配料制成的细腻糊状食品，专供婴儿食用，200克装

【答案】2104.2000

【解析】“均化”是指使流体内物质（如牛奶中的脂肪球）成为分布均匀的极微小颗粒的过程。本题商品已经均化处理而制成细腻糊状，属于含有动物原料和植物原料的均化食品。归类时似可按“动物类均化食品”归入第十六章，也可按“植物类均化食品”归入第二十章。

查阅品目，对于均化食品的归类，需注意的是不能因为动物原料（鱼）超过了20%，就按第十六章章注二的前半段的规定而归入第十六章，还要看清该章注二最后一句的规定。由于本题商品并非动物类均化食品，而是动物类和植物类均化混合食品，因此，本题商品应作为“均化混合食品”归入子目2104.2000。

四、历届报关员考试中的本章归类考题

1. 水煮后经冷冻的去壳对虾（密封包装）（1997年考题）

【答案】1605.2900

【解析】“对虾”属于甲壳动物。归类时对于甲壳动物的归类应视其加工程度考虑归入第三章（甲壳动物）或第十六章（甲壳动物的制品）。第三章（甲壳动物）的加工程度仅限于鲜、冷、冻、盐腌等；若进一步加工（如煮、蒸、烤、炸、炒等）则应归入第十六章。本题商品为水煮后的去壳对虾，由于不符合品目03.06的商品范畴，因此，不能归入第三章，而应考虑归入第十六章。

查阅品目，本题商品应按“制作或保藏的甲壳动物”归入品目16.05，并归入子目1605.2900。

（提示：原1997年版子目答案为1605.2000，转换为2012年版子目答案应为1605.2900。）

2. 密封塑料袋婴儿均化食品，成分含量：30%牛肉（可见小肉块）、65%胡萝卜、5%其他配料，净重500克（2002年考题）

【答案】1602.5090

【解析】本题商品由牛肉和蔬菜混合制成，属于混合均化食品。归类时似应按“混合均化食品”归入第二十一章的品目21.04，但根据第二十一章注释三规定，“品目21.04所称‘均化混合食品’是指两种或两种以上的基本配料，例如，肉、鱼、蔬菜或果实等，经精细均化制成供婴幼儿食用或营养用的零售包装食品（每件净重不超过250克）”。由于本商品净重超过了250克，不符合品目21.04“均化食品”的规定，因此不能归入第二十一章，而应该按“肉制品”归入第十六章。

查阅品目，本题商品应按“制作或保藏的肉”归入品目16.02，并按“牛的食品”归入子目1602.5090。

3. 煮熟的猪肝罐头（2003年考题）

【答案】1602.2000

【解析】“煮熟的猪肝”是肉类的杂碎制品。归类时，由于该商品已煮熟，其加工程度已超出第二章的加工范围，因此不能归入第二章，而应归入第十六章。

查阅品目，由于本题商品属于品目16.02的商品，因此，本题商品应归入品目16.02。并归入子目1602.2000。

4. 一种用微波炉加热的方便快餐食品，净含量250克，其中面条150克、鸡腿块50克、卷心菜30克、鱿鱼丝20克、食品已预先烧制过，装于一次性塑料泡沫盒内（2004年考题）

【答案】1602.3299

【解析】本题商品属于混合食品。归类时根据第十六章章注二的规定，“本章的食品按重量计必须含有20%以上的香肠、肉、食用杂碎、动物血、鱼、甲壳动物、软体动物或其他水生无脊椎动物及其混合物。对于含有两种或两种以上前述产品的食品，则应按其中重量最大的产品归入第十六章的相应品目”。由于本题商品中鸡和鱿鱼的含量超过了20%（鸡块加上鱿鱼丝为70克，占28%），因此，本题商品应归入第十六章。

查阅品目，由于本题商品的肉含量超过20%，因此本题商品应按“制作或保藏的肉”归入品目16.02。

再查阅子目，由于鸡块的重量超过了鱿鱼丝的重量，因此本题商品应按“制作的鸡块”归入子目1602.3299。

（提示：原2004年版子目答案为1602.3290，转换为2012年版子目答案应为1602.3299。）

5. 美味鸭舌，一种风味小吃，真空包装，15克/包（2005年考题）

【答案】1602.3991

【解析】本题商品属于即食食品。归类时应按“动物制品”归入第十六章。

查阅品目，由于本题产品属于肉类食品，因此应按“制作或保藏的肉”归入品目16.02，本题商品应按“家禽类的鸭制品”而归入子目1602.3991。

6.“远洋”牌烤鱿鱼丝，用新鲜的鱿鱼配以白砂糖、盐、味精后烤制而成，125克/袋（2007年考题）

【答案】1605.6900

【解析】“鱿鱼”属于软体动物。归类时似应按“软体动物”归入第三章，由于第三章商品仅限于活鲜冷冻的加工程度，而本题商品已经烤制，其加工程度已超出第三章的加工范围，因此，本题商品不能按“动物产品”归入第三章，而应按“动物制品”归入第十六章。

查阅品目，由于鱿鱼属于软体动物，因此，本题商品应按“制作或保藏的软体动物”归入品目16.05。

再查阅子目，本题商品应归入子目1605.6900。

（提示：原2007年版子目答案为1605.9090，转换为2012年版子目答案应为1605.6900。）

7. 一盒零售食品，内有少量薯条和番茄酱，以及一个牛肉汉堡（上下两层面包片，中间是牛肉，牛肉重量占60%）（2008年考题）

【答案】1602.5090

【解析】本题商品为零售的，由薯条、番茄酱和牛肉汉堡组成的成套货品。归类时根据归类总规则三（二）的零售成套货品的归类规定：“零售的成套货品，必须同时符合下列三个条件：①零售包装；②由归入不同品目的物品构成；③用途上是相互补充、配合使用的。”由于本题商品符合零售成套货品的规定，其中的牛肉汉堡构成了这个零售成套货品的基本特征，因此，本题商品应按“肉制品”归入第十六章。

查阅品目，根据第十六章章注二的规定，“本章的食品按重量计必须含有20%以上的香肠、肉……”，由于该牛肉汉堡中牛肉的重量占60%，已超过了20%，因此应按“制作或保藏的肉”归入品目16.02。

再查阅子目，本题商品应归入子目1602.5090。

8. 大麻哈鱼，经切块加入调料烹煮加工后制成罐头（2009年考题）

【答案】1604.1190

【解析】“大麻哈鱼”为鱼类动物。归类时似可按“鱼”归入第三章，但由于该大麻哈鱼已经烹煮加工，其加工程度已超出了第三章的范围，因此不能按“鱼”归入第三章，而应按“鱼的制品”归入第十六章。

查阅品目，本题商品应按“制作或保藏的鱼”归入品目16.04。

参照其经切块加入的条件，本题商品应归入子目1604.1190。

第十七章　糖及糖食

一、本章商品范围概述

本章包括糖、糖浆、人造蜜、焦糖、提取或精炼糖后所剩下的糖蜜以及糖食。人造蜜和天然蜂蜜的混合物以及化学纯的蔗糖、乳糖、麦芽糖、葡萄糖和果糖也归入本章。

本章固体糖及糖蜜可含添加香料和色料，但加香料或着色剂的糖浆归入品目21.06。

二、本章归类注意要点

本章章注二指出了第十七章与第二十九章的化学纯糖的归类区别。

三、商品归类练习

1. 酒心白巧克力（重量1千克）

【答案】1704.9000

【解析】“白巧克力”是一种由糖、可可脂、奶粉及香料混合制成的食品。本题商品为含有酒的白巧克力。归类时由于白巧克力中的可可脂是可可豆中的脂肪物质，不应将其视为可可，因此，本题商品不应视为“含可可的糖食”归入第十八章，而应视为“不含可可的糖食”归入第十七章。

查阅品目，由于品目17.04已有“白巧克力”的具体列名，因此，本题商品应归入品目17.04，并应归入子目1704.9000。

2. 酒心巧克力（重量1千克）

【答案】1806.3100

【解析】“巧克力”是一种由糖、可可脂、奶粉、香料、可可膏混合制成的食品。本题商品为含有酒的巧克力。归类时似可按“糖食”归入第十七章，也可按“可可制品”归入第十八章，根据第十七章章注一（一）的规定，“第十七章不包括含有可可的糖食（品目18.06）”。由于本题商品中的可可膏属于可可范畴，因此，本题商品应视为含“可可的糖食”归入第十八章。

查阅品目，由于品目18.06已有“巧克力”的具体列名，因此，本题商品应归入品目18.06，并应归入子目1806.3100。

3. 化学纯乳糖（乳糖含量98%）

【答案】1702.1900

【解析】“乳糖”是指由哺乳动物的乳中分出的一种双糖。乳糖属于化学纯糖。归类时参照其属性应按“糖”归入第十七章。

查阅品目，根据第十七章章注二的规定，应按“化学纯乳糖”归入品目17.02，并参照其乳糖含量（98%）归入子目1702.1900。

4. 化学纯山梨糖

【答案】2940.0000

【解析】“山梨糖”是由山梨醇经细菌氧化而制得的一种单糖。山梨糖属于化学纯糖。归类时参照其属性似应按“糖”归入第十七章，但根据第十七章章注二的规定，“本章不包括品目29.40的化学纯糖（蔗糖、乳糖、麦芽糖、葡萄糖及果糖除外）及其他产品”。由于本题商品不属于第十七章所列化学纯糖的商品范畴，因此，本题商品不能归入第十七章，而应归入第二十九章。

查阅品目，本题商品应按“化学纯糖”归入品目29.40，并应归入子目2940.0000。

5. 已加香料或着色剂的糖浆

【答案】2106. 9090

【解析】“糖浆”是由糖溶于水而制得的。本题商品为已加香料或着色剂的糖浆。归类时似应按“糖”归入第十七章，但根据第十七章品目 17. 02 条文，品目 17. 02 仅包括“未加香料或着色剂的糖浆”，显然“已加香料或着色剂的糖浆”已超出了第十七章的加工程度。因此，本题商品不能按“糖”归入第十七章，而应按“杂项食品”归入第二十一章。

查阅品目，由于品目没有该商品的相关列名，因此，本题商品只能按“其他品目未列名的食品”归入品目 21. 06，并归入子目 2106. 9090。

四、历届报关员考试中的本章归类考题

盒装白巧克力（1998 年下半年考题）

【答案】1704. 9000

【解析】本题商品为白巧克力。归类时由于白巧克力一般是用糖、可可脂、奶粉及香料混合制成的，其中可可脂是可可豆中的脂肪物质，因此不应视为可可，不能按“含可可的糖食”归入第十八章，而应按“不含可可的糖食”归入第十七章。

查阅品目，由于品目 17. 04 已有“白巧克力”的具体列名，因此，本题商品应归入品目 17. 04，并应归入子目 1704. 9000。

第十八章　可可及可可制品

一、本章商品范围概述

本章包括各种形态的可可、可可脂、可可油以及任何含量的可可食品。本章不包括由可可脂、糖、香料及奶粉组成的白巧克力（品目 17. 04）。

二、本章归类注意要点

第十八章章注一的归类规定：“本章不包括品目 04. 03、19. 01、19. 04、19. 05、21. 05、22. 02、22. 08、30. 03、30. 04 的制品。”

三、商品归类练习

1. 含有可可的饮料

【答案】2202. 9000

【解析】本题商品为含有可可的饮料。归类时似可按“可可制品”归入第十八章，也可按“饮料”归入第二十二章。根据第十八章章注一的归类规定，本题商品不能按“含可可制品”归入第十八章的品目 18. 06，而应按“饮料”归入第二十二章的品目 22. 02。因此，本题商品应归入子目 2202. 9000。

2. 含有可可的维生素 C 片

【答案】3004. 5000

【解析】本题商品为含有可可的维生素 C 片。归类时似可按“可可制品”归入第十八

章，又可按药品归入第三十章。根据第十八章章注一的归类规定，本题商品不能按“含可可制品”归入第十八章的品目 18.06，而应按“药品”归入第三十章的品目 30.04。因此，本题商品应按“含有维生素的其他药品”归入子目 3004.5000。

3. 含有可可的夹心甜饼干

【答案】1905.3100

【解析】本题商品为含有可可的夹心甜饼干。归类时似可按“可可制品”归入第十八章，也可按“粮食粉制品”归入第十九章。根据第十八章章注一的归类规定，本题商品不能按含“可可制品”归入第十八章的品目 18.06，而应按“粮食粉制品”归入第十九章的品目 19.05。因此，本题商品应按“甜饼干”归入子目 1905.3100。

4. 含有可可的酸奶（可可含量 6% 以下）

【答案】0403.1000

【解析】本题商品为含有可可的酸奶。归类时似可按“可可制品”归入第十八章，也可按“乳品”归入第四章。根据第十八章章注一的归类规定，本题商品不能按“含可可制品”归入第十八章的品目 18.06，而应按“乳品”归入第四章的品目 04.03。因此，本题商品应按“酸奶”归入子目 0403.1000。

四、历届报关员考试中的本章归类考题

蛋形巧克力（内装小玩具）（1999 年上半年考题）

【答案】1806.9000

【解析】本题商品是巧克力和玩具的组合物。归类时似可按“可可制品”归入第十八章，也可按“玩具”归入第九十五章。根据归类总规则三（二）的基本特征归类原则，显然巧克力是该商品的主要特征，玩具仅是一个促销巧克力的赠品，因此，本题商品应按“可可制品”归入第十八章。

查阅品目，由于品目 18.06 已有“巧克力”的具体列名，因此，本题商品应按具体列名归入品目 18.06。

再查阅子目，由于子目没有该商品的相关列名，因此本题商品只能按“其他”归入子目 1806.9000。

第十九章　谷物、粮食粉、淀粉或乳的制品；糕饼点心

一、本章商品范围概述

本章包括通常用谷物、粮食粉、淀粉、果粉等植物质食物粉或乳品调制的食品、糕饼点心以及不论是否蒸熟的面食、包馅面食。

二、本章归类注意要点

第十九章章注一（一）规定：“本章不包括按重量计含香肠、肉、食用杂碎、动物血、鱼、甲壳动物、软体动物、其他水生无脊椎动物及其混合物超过 20% 的食品（第十六章），但品目 19.02 的包馅食品除外。”

三、商品归类练习

1. 含有猪肉馅制成的包子（猪肉含量25%，青菜含量75%）

【答案】1902. 2000

【解析】本题商品是由菜肉馅和面粉制成的面食。归类时似可按“肉制品”归入第十六章，也可按“粮食粉制品”归入第十九章。根据第十九章章注一（一）的规定：“本章不包括按重量计含香肠、肉、食用杂碎、动物血、鱼、甲壳动物、软体动物、其他水生无脊椎动物及其混合物超过20%的食品（第十六章），但品目19. 02的包馅食品除外。”因此，本题商品不应归入第十六章，而应归入第十九章。

查阅品目，由于包子属于面食，因此本题商品应按“面食”归入品目19. 02。

再查阅子目，本题商品应按“包馅食品”归入子目1902. 2000。

2. 加有奶酪、植物油、精盐等调味料的膨化玉米片

【答案】1904. 1000

【解析】“膨化玉米片”属于谷物食品。归类时参照其属性应按“谷物制品”归入第十九章。

查阅品目，由于膨化玉米片属于谷物经膨化所制得的食品，因此，本题商品应归入品目19. 04。

再查阅子目，本题商品应归入子目1904. 1000。

3. 未烘烤的比萨饼（表面放有奶酪、西红柿、油、肉等各种配料）

【答案】1902. 3090

【解析】“比萨饼”是由粮食粉进一步加工而制得的面食。归类时参照其属性应按“粮食粉制品”归入第十九章。

查阅品目，根据其未烘烤的加工程度，本题商品应按“未烘烤的糕饼”归入品目19. 02。

再查阅子目，由于子目没有该商品的相关列名，因此本题商品只能按“其他面食”归入子目1902. 3090。

4. 已烘烤的比萨饼（表面放有奶酪、西红柿、油、肉等各种配料）

【答案】1905. 9000

【解析】“比萨饼”是由粮食粉进一步加工而制得的面食。归类时参照其属性应按“粮食粉制品”归入第十九章。

查阅品目，参照其已烘烤的加工程度，本题商品应按“已烘烤的糕饼”归入品目19. 05。

再查阅子目，由于子目没有该商品的相关列名，因此本题商品只能按“其他”归入子目1905. 9000。

5. 用淀粉浆制糯米纸

【答案】1905. 9000

【解析】“糯米纸”是将细粉浆或淀粉浆烘制或干制成薄片状的产品，一般用于糖果（特别是果仁糖）的包装纸。本题商品属粮食粉或淀粉进一步加工的产品。归类时参照其属性应按“粮食粉制品”归入第十九章。

查阅品目，由于品目 19. 05 已有“糯米纸”的具体列名，因此，本题商品应按具体列名归入品目 19. 05。

再查阅子目，由于子目没有该商品的相关列名，本题商品只能按“其他”归入子目 1905. 9000。

四、历届报关员考试中的本章归类考题

1. 由添加食盐、味精等调味物质的土豆（马铃薯）粉制成的食用生土豆片（1998 年上半年考题）

【答案】1902. 3090

【解析】本题商品是由土豆（马铃薯）粉制成的食品。归类时参照其属性应按“粮食粉制品”归入第十九章。

查阅品目，该章内相关品目分别为品目 19. 01 和 19. 02。根据第十九章章注二的规定，“品目 19. 01 所称‘细粉’及‘粗粉’不含马铃薯的细粉及粗粉”，因此，本题商品不能归入品目 19. 01，而应归入品目 19. 02。

再查阅子目，由于子目没有该商品的相关列名，本题商品只能按“其他”归入子目 1902. 3090。

2. 含脱脂奶粉、豆粉、植物油、矿物质和维生素等多种添加物的“爱儿乐”牌奶粉（1998 年上半年考题）

【答案】1901. 1000

【解析】本题商品为奶粉。归类时参照其属性应按“乳品”归入第四章，但由于归入第四章的乳品除含有天然乳成分外，还可以含有乳品液态运输时为保持其天然浓度而加入的少量稳定剂及少量抗氧剂或乳中一般没有的维生素等。由于本题商品所含有的豆粉、植物油等所添加的成分已超出第四章的规定范围，因此不能归入第四章，只能归入第十九章。

查阅品目，品目 19. 01 专指品目 04. 01 至 04. 04 所列货品制的其他品目未列名的食品。由于该奶粉已超出品目 04. 01 至 04. 04 的商品范畴，因此本题商品应归入品目 19. 01。

再查阅子目，参照其幼儿食用的用途，本题商品应归入子目 1901. 1000。

3. 绿豆粉制的干粉丝（1998 年上半年考题）

【答案】1902. 3020

【解析】“粉丝”可以用绿豆、豌豆、蚕豆、马铃薯等豆类或薯类淀粉为原料制作，但以绿豆淀粉制作的粉丝品质最佳。本题商品为用绿豆淀粉制得的干粉丝。归类时参照其属性应按“粮食粉制品”归入第十九章。

查阅品目，品目 19. 02 所称面食是指植物粉用水混合后，揉成面团制成的未发酵产品。由于干粉丝属于该产品的商品范畴，因此本题商品应归入品目 19. 02。

再查阅子目，本题商品应按“干粉丝”的具体列名归入子目 1902. 3020。

4. 纸箱包装、净重 5 千克的绿豆粉制的干粉丝（1998 年下半年考题）

【答案】1902. 3020

【解析】“粉丝”可以用绿豆、豌豆、蚕豆、马铃薯等豆类或薯类淀粉为原料制作，但以绿豆淀粉制作的粉丝品质最佳。本题商品为用绿豆淀粉制得的干粉丝。归类时参照其

属性应按“粮食粉制品”归入第十九章。

查阅品目，品目 19.02 所称面食是指植物粉用水混合后，揉成面团制成的未发酵产品，由于干粉丝属于该产品的商品范畴，因此本题商品应归入品目 19.02。

再查阅子目，本题商品应按“干粉丝”的具体列名归入子目 1902.3020。

5. 供早餐用的加有少量糖的燕麦片，已经烘炒加工，冲泡后即可食用（2003 年考题）

【答案】1904.1000

【解析】本题商品为已经烘炒加工的即食麦片。归类时参照其属性似应按“制片的谷物”归入第十一章。

查阅品目，由于该燕麦片已经烘炒加工，因此不能按“制片的谷物”归入第十一章的品目 11.04，而应按“烘炒的谷物”归入第十九章的品目 19.04。

再查阅子目，本题商品应归入子目 1904.1000。

6. 日本手卷水果寿司，用紫菜裹以大米饭、少许水果丁和调料后切成小卷（2006 年考题）

【答案】1904.9000

【解析】“日本手卷水果寿司”是一种以大米饭为主要材料，再用少量的紫菜、水果丁和调料加工而成的食品。归类时该寿司虽掺有紫菜和水果，但由于米饭是该寿司的基本特征，因此本题商品仍按“谷物制品”归入第十九章。

查阅品目，由于品目没有相关产品的列名，因此，本题商品只能按“其他品目未列名的经其他方法制作的谷物”归入品目 19.04。

再查阅子目，由于子目没有相关产品的列名，因此，本题商品只能按“其他”归入子目 1904.9000。

7. 韩式大麦茶，由大麦烘炒磨碎制得，每 10 克装于纸袋，食用时连袋一起在热水中浸泡（2006 年考题）

【答案】1904.1000

【解析】本题商品是一种由大麦经烘炒磨碎制得的大麦茶，属于谷物制品。归类时参照其属性应按“谷物制品”归入第十九章。

查阅品目，由于该大麦茶是由大麦烘炒磨碎制得的，因此，本题商品应按“谷物经烘炒制成的食品”归入品目 19.04。

再查阅子目，本题商品应归入子目 1904.1000。

8. 桶装方便面，内有一块面饼、两包调料和一把塑料餐叉（2009 年考题）

【答案】1902.3030

【解析】本题商品为零售包装的即食面食。归类时，根据归类总规则三（二）的基本特征归类原则，“零售成套货品”必须符合三个条件：①可归入不同品目；②用途互补；③零售包装。由于该商品符合“零售成套货品”的规定，因此，应按基本特征归类，该商品的基本特征是面饼，因此，应按“粮食粉制品”归入第十九章。

查阅品目，应按“面食”归入品目 19.02。

再查阅子目，本题商品应按“即食或快熟面条”归入子目 1902.3030。

第二十章　蔬菜、水果、坚果或植物其他部分的制品

一、本章商品范围概述

本章包括蔬菜、水果、坚果或植物其他部分的制品。其制作或保藏方法超过了第七、八、十一章所列的加工范围。

本章所包括的水果汁和蔬菜汁，一般通过压榨新鲜的水果或蔬菜而得。这些液汁可以浓缩，也可以为结晶体或粉末状，但必须保持原有的基本特性。这些液汁在保持原有特征的条件下，可加入糖或甜味剂、保鲜剂等，蔬菜汁还可加入盐、调味料及香料。如果水果汁或蔬菜汁（包括浓缩汁）中加入的水超出复制原天然汁所需的量，则应作为饮料归入第二十二章。

二、本章归类注意要点

按照子目注释一、二的规定，2005.1000（均化蔬菜）和2007.1000（均化食品）是指蔬菜、果实经粉细均化制成，每件净重不超过250克的零售包装婴儿食品。归类时，这两个子目号优先于20.05和20.07的其他编号。

三、商品归类练习

1. 鲜榨菠萝汁（白利糖度值为30）

【答案】2009.4900

【解析】“鲜榨菠萝汁”是一种经压榨新鲜的菠萝而制得的果汁。归类时参照其属性应按“水果制品”归入第二十章。

查阅品目，由于本题商品符合品目20. 09的商品范畴，因此应按“未发酵及未加酒精的水果汁”归入品目20. 09。

参照果汁种类（菠萝）和白利糖度值（30），本题商品应归入子目2009.4900。

2. 掺有80%水的鲜榨菠萝汁（白利糖度值为30）

【答案】2202.9000

【解析】“鲜榨菠萝汁”在归类时，参照其属性似应按“水果制品”归入第二十章，但由于其掺有的80%水已改变了菠萝汁原有的成分特征，因此，不能按“水果汁”归入第二十章的品目20.09，而应按“水果饮料”归入第二十二章的品目22.02。

本题商品应归入子目2202.9000。

3. 浓缩的苹果晶（白利糖度值为30）

【答案】2009.7900

【解析】“苹果晶”是由经压榨新鲜的菠萝而制得的果汁经热处理或冷加工（冻干）而得的结晶体。归类时参照其属性应按“水果制品”归入第二十章。

查阅品目，第二十章所包括的水果汁和蔬菜汁一般是通过压榨新鲜的水果或蔬菜而得，这些液汁可以浓缩，也可以为结晶体或粉末状，但必须保持原有的基本特性。本题商品虽经浓缩加工，但仍保持苹果汁原有的成分特征，因此，仍应按“水果汁”归入品

目20.09。

再查阅子目，参照果汁种类（苹果）和白利糖度值（30），本题商品应归入子目2009.7900。

4. 酿酒葡萄汁（加有酒精、但未加有香料）

【答案】2204.3000

【解析】“葡萄汁”是指由新鲜的葡萄经压榨而得到的果汁。酿酒葡萄汁属于水果汁，归类时参照其属性似应按“水果制品”归入第二十章。

查阅品目，似应按“水果汁”归入品目20.09，但由于本题商品为“含有酒精、已发酵的酿酒葡萄汁”，因此，不符合品目20.09的商品范畴，不能归入品目20.09，只能按“加有酒精的酿酒葡萄汁”归入子目22. 04。

再查阅子目，本题商品应归入子目2204.3000。

5. 土豆30%、甜玉米30%、脱荚菜豆30%、调味料10%的婴儿均化食品，包装净重260克

【答案】2005.8000

【解析】“均化”是指使流体内物质成为分布均匀的极微小颗粒的过程。本题商品属于蔬菜类均化食品。归类时参照其属性应按“蔬菜制品”归入第二十章。

查阅品目，应按“其他未冷冻蔬菜”归入20.05。

再查阅子目，根据第二十章子目注释一的规定，“子目号2005.10所称‘均化蔬菜’，是指蔬菜经精细均化制成供婴幼儿食用或营养用的零售包装食品（每件净重不超过250克）”。由于本题商品包装净重260克，不符合子目注释一对子目号2005.10的归类规定，因此，不能归入子目2005.1000，而只能视其成分含量而归入相关编号。由于该商品成分含量均等，可涉及3个子目，分别为2005.2000、2005.5190、2005.8000，根据归类总规则三（三）的从后归类原则，本题商品应归入子目2005.8000。

四、历届报关员考试中的本章归类考题

1. 糖浆浸泡的桂圆肉（1998年上半年考题）

【答案】2008.9990

【解析】“桂圆”也称龙眼，是无患子科龙眼属常绿果树，为热带和亚热带果树类水果。归类时参照其属性似应按“水果”归入第八章，但由于其经糖浆浸泡，其加工程度已超出第八章的加工范围。因此，本题商品不能按“水果”归入第八章，而应按“水果制品”归入第二十章。

查阅品目，参照其保藏方法，由于没有相关的品目列名，因此只能按“用其他方法制作或保藏的其他品目未列名水果”而归入品目20.05。

再查阅子目，又由于没有相关的子目条文列名，因此本题商品应归入子目2008.9990。

2. 炒熟的夏威夷果，250克袋装（2003年考题）

【答案】2008.1999

【解析】“夏威夷果”又名澳洲坚果、澳洲胡桃、昆士兰栗，是一种原产于澳洲的坚果，属山龙眼科常绿高大乔木，可高达18米。归类时参照其属性似应按“坚果”归入第

八章，但由于本题商品为已炒熟的夏威夷果，其加工程度已超出了第八章的加工范围，因此不能归入第八章，而应归入第二十章。

查阅品目，由于炒熟的夏威夷果未在第二十章品目条文中列名，因此，应按“其他品目未列名的其他食用部分”归入品目20.08。

再查阅子目，又由于没有相关的子目条文列名，因此本题商品应按“其他子仁”归入子目2008.1999。

3. 甜杏仁（1千克，塑料瓶装，已炒熟）（2004年考题）

【答案】2008.1999

【解析】“甜杏仁”是杏的种子，炒熟后可供食用，生者可入药，功能润肺止咳。杏仁属于坚果，归类时参照其属性似应按“杂项子仁及果实”归入第十二章，但由于该甜杏仁已经过炒熟，其加工程度已超出了第十二章商品的加工范围，因此，本题商品不能归入第十二章，而应归入第二十章。

查阅品目，由于炒制的果仁未在第二十章品目条文中列名，因此，本题商品只能按“其他品目未列名的其他食用部分”归入品目20.08。

再查阅子目，由于没有相关的子目条文列名，本题商品应按“其他子仁”归入子目2008.1999。

4. 绿豆汤罐头，由绿豆煮熟并加糖制成，含固形物约35%（2005年考题）

【答案】2005.5119

【解析】“绿豆”是豆科一年生草本，属于蔬菜类植物。归类时似应按“蔬菜产品”归入第七章，但由于归入第七章的蔬菜其加工程度仅限于鲜、冷、冻、经临时保藏处理或干制的，而本题商品由绿豆煮熟并加糖制成，其加工程度已超出了第七章商品的加工范围，因此，本题商品不能归入第七章，而应按“蔬菜制品”归入第二十章。

查阅品目，参照其加工程度应按“其他未冷冻蔬菜，用醋或醋酸以外的其他方法制作或保藏的蔬菜”归入品目20.05。

再查阅子目，本题商品应按“脱荚的菜豆罐头”而归入子目2005.5119。

（提示：原2005年版子目答案为2005.5110，转换为2012年版子目答案应为2005.5119。）

5. 一种韩国泡菜，将大白菜、萝卜先用盐腌制，然后配上由葱、洋葱、蒜、虾酱、糖、辣椒等做成的调料，再经发酵一段时间即成，2千克/坛（2008年考题）

【答案】2005.9999

【解析】“大白菜、萝卜”属于第七章的商品。归类时似应按“蔬菜”归入第七章，但经用盐腌制为韩国泡菜后，由于其加工程度已超出了第七章的商品范围，因此，不能归入第七章，而应按“蔬菜制品”归入第二十章。

查阅品目，参照其加工程度而按“其他未冷冻蔬菜，用醋或醋酸以外的其他方法制作或保藏的蔬菜”归入品目20.05。

再查阅子目，由于品目20.05项下没有该蔬菜品种的列名，因此，本题商品应归入子目2005.9999。

6. 熟芦笋罐头（2010年考题）

【答案】2005.6010

【解析】“芦笋”属于蔬菜。归类时似应按“蔬菜”归入第七章，但由于该蔬菜已经煮熟，其加工程度已超出第七章的商品范畴，因此，不能按“蔬菜”归入第七章，而应按“蔬菜制品”归入第二十章。

查阅品目，应按“未冷冻蔬菜”归入品目20.05。

再查阅子目，本题商品应按“芦笋罐头”的具体列名归入子目2005.6010。

第二十一章 杂项食品

一、本章商品范围概述

本章包括咖啡、茶及马黛茶的浓缩品及其制品；烘焙咖啡代用品（例如烘焙大麦、麦芽、菊苣根）；酵母和发酵粉；调味汁及其制品；混合调味品；芥子粉及其调制品；汤料及其制品；均化混合食品；冰淇淋及其他冰制食品和其他品目未列名的食品。

二、本章归类注意要点

（1）第二十一章章注三规定：“品目21.04所称‘均化混合食品’，是指两种或两种以上的基本配料，例如，肉、鱼、蔬菜或果实等，经精细均化制成供婴幼儿食用或营养用的零售包装食品（每件净重不超过250克）。”

（2）“均化食品”涉及有16.02、20.05、21.04等几个品目号。其中第十六章的“均化混合食品”是以动物（肉）为原料而制得的食品；第二十章的“均化混合食品”是以植物（蔬菜、水果）为原料而制得的食品；第二十一章的“均化混合食品”是以肉与蔬菜、水果为原料混合制得的食品。区别方法主要是依据第十六、二十、二十一章的章注及子目注释。

三、商品归类练习

1. 由土豆30%、猪肉30%、香菜40%组成的婴儿食用的食品，制成细腻糊状，零售包装（240克/袋）

【答案】2104.2000

【解析】“均化”是指使流体内物质成为分布均匀的极微小颗粒的过程。本题商品是以动物类和植物类为原料而制成的混合均化食品。归类时查阅章，根据第二十一章章注三对混合均化食品的归类规定：“品目21.04所称‘均化混合食品’，是指两种或两种以上的基本配料，例如，肉、鱼、蔬菜或果实等，经精细均化制成供婴幼儿食用或营养用的零售包装食品（每件净重不超过250克）”。由于本题商品符合第二十一章章注三的归类规定，因此，应按“杂项食品”归入第二十一章。

查阅品目，由于本题商品属于混合均化食品，因此应按“混合均化食品”归入品目21.04。

再查阅子目，本题商品应归入子目2104.2000。

2. 由土豆30%、猪肉30%、香菜40%组成的婴儿食用的食品，制成细腻糊状，零售包装（260克/袋）

【答案】1602.4990

【解析】如前题，本题商品是以动物类和植物类为原料而制成的混合均化食品。归类时查阅章，根据第二十一章章注三对混合均化食品的归类规定，“品目21.04所称‘均化混合食品’，是指两种或两种以上的基本配料，例如，肉、鱼、蔬菜或果实等，经精细均化制成供婴幼儿食用或营养用的零售包装食品（每件净重不超过250克）”。由于本题商品包装重为260克/袋，不符合第二十一章章注三的归类规定，因此不能作为品目21.04的“混合均化食品”归类，即不能按“混合均化食品”归入第二十一章，只能按一般混合食品归入第十六章。

查阅品目，由于该食品的肉含量大于20%，因此，根据第十六章章注二的规定，本题商品应按“其他方法制作或保藏的肉”归入品目16.02。

再查阅子目，本题商品应参照其肉的属性，按“猪的食品”归入子目1602.4990。

3. 盒装牛奶雪糕

【答案】2105.0000

【解析】“雪糕”也称冰淇淋，是一种通常用乳或奶油做基料而制成的冰制食品。归类时查阅章，对于第四章的产品进一步加工的应考虑第十九章或第二十一章，因此应按“杂项食品”归入第二十一章。

查阅品目，应按“冰淇淋”的具体列名归入品目21.05。

再查阅子目，本题商品应归入子目2105.0000。

4. 用于替代咖啡的烘炒麦芽

【答案】2101.3000

【解析】“烘炒麦芽”是一种咖啡代用品，是用于替代、仿制咖啡（用热水冲开）或用于掺入咖啡内的烘炒产品。归类时由于无列名的章，因此只能按“杂项食品”归入第二十一章。

查阅品目，由于本题商品属于烘焙咖啡代用品，因此应归入品目21.01。

再查阅子目，本题商品应按“烘焙咖啡代用品”归入子目2101.3000。

5. 混有咖啡伴侣的速溶咖啡

【答案】2101.1200

【解析】“速溶咖啡”是咖啡豆经加工而得的浓缩精汁，本题商品混有通常咖啡饮用时所需的咖啡伴侣（糖和乳等）。归类时由于无列名的章，因此只能按“杂项食品”归入第二十一章。

查阅品目，由于本题商品属于以浓缩精汁为基本成分的制品，因此应归入品目21.01。

再查阅子目，本题商品应按“浓缩精汁为基本成分的制品”归入子目2101.1200。

四、历届报关员考试中的本章归类考题

1. 活性酵母（1997年考题）

【答案】2102.1000

【解析】“酵母”是用于酿酒、制酱、发面的一种真菌。归类时由于无列名的章，因此只能按“杂项食品”归入第二十一章。

查阅品目，由于品目 21. 02 已有“酵母”的具体列名，因此，本题商品应按具体列名归入品目 21. 02。

再查阅子目，本题商品应按“活性酵母”的具体列名归入子目 2102. 1000。

2. 由多种精制的植物花粉和乳糖制成的营养保健花粉制品（1998 年上半年考题）

【答案】2106. 9090

【解析】本题商品是一种由花粉和乳糖混合制得的保健食品。归类时由于无列名的章，因此只能按“杂项食品”归入第二十一章。

查阅品目，由于无列名的品目条文，因此只能按“其他品目未列名的食品”归入品目 2106。

再查阅子目，由于无列名的子目条文，只能按“其他食品”归入子目 2106. 9090。

3. 超市出售的复合氨基酸口服液，含多种氨基酸、维生素和微量元素，能保持人体营养平衡，增强机体免疫力，提高健康水平（2009 年考题）

【答案】2106. 9090

【解析】本题商品是一种能保持人体营养平衡，增强机体免疫力的复合氨基酸口服液。归类时查阅章，似可按“保健品”归入第二十一章，也可按“药品”归入第三十章，根据第三十章章注一（一）“本章不包括食品及饮料（例如营养品、糖尿病食品、强化食品、保健食品、滋补饮料及矿泉水）（第四类）”的规定，本题复合氨基酸口服液不是药品，而是一种营养保健品，因此，应归入第二十一章。

查阅品目，由于无列名的品目条文，因此应按“其他品目未列名的食品”归入品目 21. 06。

再查阅子目，由于无列名的子目条文，只能按“其他食品”归入子目 2106. 9090。

第二十二章　饮料、酒及醋

一、本章商品范围概述

本章包括水、其他无酒精饮料及冰；经发酵的酒精饮料（啤酒、葡萄酒、苹果酒等）、经蒸馏制得的酒和酒精饮料（利口酒、烈性酒等）、乙醇、醋及其代用品。

二、本章归类注意要点

根据第二十二章章注一的规定，本章不包括：海水（品目 25. 01）；蒸馏水、导电水及类似的纯净水（即使供食用）（品目 28. 53）；按重量计浓度超过 10% 的醋酸（品目 29. 15）。

三、商品归类练习

1. 加有甜味剂的瓶装矿泉水

【答案】2202. 1000

【解析】“加有甜味剂的瓶装矿泉水”属于饮料。归类时参照其属性应按“饮料”归入第二十二章。

查阅品目，由于该矿泉水加有甜味剂，因此，应按“加味、加糖或其他甜物质的水”而归入品目22.02。

本题商品应归入子目2202.1000。

2．瓶装饮用蒸馏水

【答案】2853.0010

【解析】“瓶装饮用蒸馏水”属于饮料。归类时参照其属性似应按“饮料”归入第二十二章。但根据第二十二章章注一（三）的规定，“第二十二章不包括蒸馏水、导电水及类似的纯净水（品目28.53）”。因此，本题商品不能归入第二十二章，而应归入第二十八章。

查阅品目，根据第二十二章章注一（三）的规定，本题商品应按“其他无机化合物（包括蒸馏水）”归入品目28.53。

再查阅子目，本题商品应归入子目2853.0010。

3．酒精浓度为0.4%的啤酒

【答案】2202.9000

【解析】“啤酒”也称“麦酒”，是一种以大麦芽及啤酒花为主要原料，经酵母发酵而制成的一种含二氧化碳的低浓度酒精饮料。归类时参照其属性应可按“饮料”归入第二十二章。

查阅品目，似应按“啤酒”归入品目22.03。但根据第二十二章章注三的规定，“品目22.02所称‘无酒精饮料’，是指按容量计酒精浓度不超过0.5%的饮料”。由于本题商品的酒精浓度为0.4%，属于无酒精饮料，因此，不能归入品目22.03，而只能归入品目22.02。

再查阅子目，本题商品应归入子目2202.9000。

（提示：本题商品若酒精浓度超过0.5%，则应归入子目2203.0000。）

4．醋代用品（含醋酸11%）

【答案】2915.2190

【解析】“醋”即醋酸（也称乙酸），是一种从任何原料（包括各种糖或淀粉的溶液）经酒精发酵制得的酸性液体。归类时参照其属性似可按“醋”归入第二十二章，但根据第二十二章章注一（四）的规定，“本章不包括按重量计浓度超过10%的醋酸（品目29.15）”，由于本题商品醋酸浓度超过10%，因此，不能归入第二十二章，只能归入第二十九章。

查阅品目，本题商品应按“饱和无环一元羧酸及其酸酐”归入品目22.09，并归入子目2915.2190。

（提示：本题商品若醋酸浓度不超过10%，则应归入子目2209.0000。）

5．“双威”牌白兰地酒

【答案】2208.2000

【解析】“白兰地酒”是葡萄酒经蒸馏后所得的烈性酒。归类时参照其属性应按“酒”归入第二十二章。

查阅品目，由于白兰地酒属于蒸馏酒，因此本题商品应按“蒸馏酒”归入品目22.08。

再查阅子目，本题商品应按“蒸馏葡萄酒制得的烈性酒”归入子目2208.2000。

四、历届报关员考试中的本章归类考题

1. 按容量计浓度为95%的未改性乙醇（瓶装：500毫升）（2000年考题）

【答案】2207.1000

【解析】“乙醇”俗称酒精。归类时参照其属性似可按“饮料”归入第二十二章，也可按“有机化学品”（乙醇）归入第二十九章。但根据第二十九章章注二（二）的规定，第二十九章不包括乙醇。因此，本题商品不能归入第二十九章，只能归入第二十二章。

查阅品目，由于该商品为未改性乙醇，且酒精浓度为95%，因此，本题商品应按“未改性乙醇，按容量计酒精浓度在80%及以上”归入品目22.07。

再查阅子目，本题商品应归入子目2207.1000。

2. 菠萝原汁中加入了20%的水组成的混合物（白利糖度值小于20，供饮用）（2002年考题）

【答案】2202.9000

【解析】“菠萝原汁”是指通过榨取新鲜菠萝而获得的原汁。归类时参照其属性似应按“果汁”归入第二十章，但由于该菠萝原汁加入了20%的水，其量明显不同于天然果汁中各种成分之间正常比例，即该菠萝汁已失去其原有特征。因此不能按“果汁”归入第二十章，而只能按“果汁饮料”归入第二十二章。

查阅品目，应按“加味、加糖或其他甜物质的水”而归入品目22.02。

再查阅子目，本题商品应归入子目2202.9000。

3. “女儿红”牌米酒（酒精浓度15%），用2升的陶罐盛装（2005年考题）

【答案】2206.0090

【解析】“酒”根据其酿造方法的不同，可分为蒸馏酒、发酵酒和配制酒三大类：蒸馏酒是将淀粉或糖类经发酵后蒸馏而成的，酒精浓度可高达60%；发酵酒是用大麦、大米、水果和酒花等原料经发酵而酿成的，酒精含量较低；配制酒的酒精浓度一般为25%~40%，介于蒸馏酒和发酵酒之间。本题商品属于发酵酒。归类时参照其属性应按“酒”归入第二十二章。

查阅品目，由于本题商品为发酵米酒，而品目没有该商品的相关列名，因此，只能按“其他发酵酒”归入品目22.06。

再查阅子目，本题商品应归入子目2206.0090。

4. “王老吉”凉茶，易拉罐装，含有水、白砂糖、仙草、布渣叶、菊花、金银花、夏枯草、甘草等成分，有清热去火的功效（2008年考题）

【答案】2202.1000

【解析】“王老吉”凉茶属于饮料。归类时参照其属性应按“饮料”归入第二十二章。

查阅品目，由于其含有水、白砂糖、仙草等，因此应按“加味、加糖的水”归入品目22.02。

再查阅子目，本题商品应归入子目2202.1000。

第二十三章　食品工业的残渣及废料；配制的动物饲料

一、本章商品范围概述

本章包括食品加工业所剩的残渣及废料，以及配制的动物饲料。这些产品大多数是植物物质的，也有一些动物产品，但已改变了原料的基本特性。主要供饲养动物用，但有的用作其他工业原料。

二、本章归类注意要点

章注对品目23.09的配制的动物饲料作了规定，指出这些饲料是由动、植物原料加工而成的，且已改变了原料的基本物性。

三、商品归类练习

1. 豆油渣饼

【答案】2304.0010

【解析】“豆油渣饼”为大豆经溶剂、挤压或螺杆压提取豆油后所剩的固体残渣。归类时参照其属性应按“食品工业的残渣”归入第二十三章。

查阅品目，由于豆油渣饼是提炼豆油所得，因此，本题商品应按“提炼豆油所得的油渣饼”归入品目23.04。

再查阅子目，本题商品应归入子目2304.0010。

2. 粗酒石

【答案】2307.0000

【解析】“粗酒石”是葡萄汁发酵过程中在酿酒缸中形成的固结物质或在储存葡萄酒的大桶内形成的固结物质，为食品工业的废料。归类时参照其属性应按“食品工业的残渣”归入第二十三章。

查阅品目，由于品目23.07已有“粗酒石”的具体列名，因此，本题商品应按具体列名归入品目23.07。

再查阅子目，本题商品应归入子目2307.0000。

3. 猫用饲料（每袋净重100千克，进口后用于拆分包装）

【答案】2309.9090

【解析】“饲料”是指饲喂动物的天然的或经加工的食料，为动物的日常食品。归类时参照其属性应按“配制的动物饲料”归入第二十三章。

查阅品目，由于本题商品属于“已配制的动物饲料”，因此本题商品应归入品目23.09。

再查阅子目，由于该饲料进口后还需拆分包装，因此不属于零售包装饲料。本题商品应按“其他”（即非零售包装的饲料）而归入子目2309.9090。

四、历届报关员考试中的本章归类考题

1. 颗粒状综合营养性专用狗粮，包装袋印刷精美并标有喂食方法，每袋净重 18 千克（2002 年考题）

【答案】2309.1090

【解析】本题商品为狗粮用食物，属于动物饲料。归类时参照其属性应按“配制的动物饲料”归入第二十三章。

查阅品目，由于本题商品属于“已配制的动物饲料”，因此本题商品应归入品目23.09。

再查阅子目，根据其用途（狗用）、包装状态（印刷精美并标有喂食方法）、每袋净重（18 千克），本题商品应按零售包装饲料归入子目2309.1090。

2. “宝路”牌宠物专用罐头，由精细研磨的牛肉（占60%），蔬菜（30%），和其他营养成分混合而成，400 克每袋（2010 年考题）

【答案】2309.1010

【解析】本题商品是宠物用食物，属于动物饲料。归类时参照其属性应按“配制的动物饲料”归入第二十三章。

查阅品目，由于本题商品属于“已配制的动物饲料”，因此本题商品应归入品目23.09。

再查阅子目，根据“罐头”的条件，本题商品应归入子目2309.1010。

第二十四章　烟草、烟草及烟草代用品的制品

一、本章商品范围概述

本章包括烟草、烟草制品及烟草代用品的制品。

二、本章归类注意要点

本章商品不包括药用卷烟（第三十章），但用专门配制的某些不具药物性质的产品制成的戒烟用卷烟仍归入本章。

三、商品归类练习

1. 药用卷烟（20 根/盒，零售包装）

【答案】3004.9090

【解析】“卷烟”是指用卷烟纸将烟丝卷制成条状的烟制品，又称纸烟、香烟、烟卷。归类时参照其属性似应按“烟草制品”归入第二十四章，但根据第二十四章章注规定，“本章不包括药用卷烟（第三十章）”。由于本题商品为药用卷烟，因此，不能按“烟草制品”归入第二十四章，而应按“药品”归入第三十章。

查阅品目，由于该药用卷烟已是卷状，零售包装，因此应按“已配定剂量或制成零售包装的药”归入30.04。

再查阅子目，本题商品应归入子目 3004. 9090。

2. 由苦丁叶、薄荷叶为原料制得的戒烟用卷烟（不具药物性质）

【答案】2402. 9000

【解析】“烟草代用品的制品”是指用不以烟草为原料而制得的各式雪茄烟及卷烟。本题商品为戒烟用卷烟，属于烟草代用品的制品。归类时参照其属性应按“烟草代用品的制品”归入第二十四章。

查阅品目，由于本题商品符合品目 24. 02“烟草代用品制的卷烟”的范畴，因此，应归入品目 24. 02。

再查阅子目，本题商品应归入子目 2402. 9000。

四、历届报关员考试中的本章归类考题

（无）

第五类　矿产品

本类商品由 3 章（第二十五至二十七章）构成，包括从陆地或海洋里直接提取的原产状态或只经过洗涤、粉碎或机械物理方法精选的矿产品及残渣、废料，而其加工后的制品则归入以后的类章。

第二十五章：盐；硫磺；泥土及石料；石膏料、石灰及水泥（非金属矿产品）。

第二十六章：矿砂、矿渣及矿灰（金属矿砂）。

第二十七章：矿物燃料、矿物油及其蒸馏产品；沥青物质；矿物蜡（矿物燃料）。

第二十五章　盐；硫磺；泥土及石料；石膏料、石灰及水泥

一、本章商品范围概述

本章一般包括天然的或经洗涤（包括用化学品清除杂质而不改变矿物本身结构的）、砸碎、磨碎、研粉、淘洗、细筛、粗筛以及用浮选、磁选或其他机械和物理方法（不包括结晶法）精选的矿产品（冶金用金属矿砂除外）。如果通过再结晶使矿产品提纯、制作成形或雕刻等其他方法加工的上述产品一般归入以后有关章内（如第二十八章、第六十八章等）。

二、本章归类注意要点

（1）第二十五章中矿的加工范围主要由该章章注一来确定，由此可以看出，归入第二十五章的矿只能进行有限度的简单加工，但要注意品目条文、章注、类注中有例外情况。

（2）本章不包括的货品主要有：升华硫磺、沉淀硫磺及胶态硫磺（品目 28. 02）；宝

石或半宝石（品目71.02、71.03）；台球用粉块（品目95.04）。

三、商品归类练习

1. 煅烧过的菱锶矿

【答案】2530.9099

【解析】“菱锶矿”属于矿产品。归类时应按“矿产品”归入第二十五章。第二十五章中矿砂的加工范围主要由该章章注一来确定，由此可以看出，归入二十五章的矿产品只能进行有限度的简单加工。但根据第二十五章章注四的规定，“煅烧过的菱锶矿”仍然属于第二十五章。

查阅品目，由于菱锶矿没有相关的品目列名，因此，本题商品只能按“其他品目未列名的矿产品”归入品目25.30。

再查阅子目，本题商品应归入子目2530.9099。

2. 边缘斜切的大理石板

【答案】6802.2110

【解析】“大理石”是一种硬质的钙质石，通常为结晶体，不透明或半透明，因含氧化矿物质而有各种不同的颜色。大理石属于矿产品。归类时应按“矿产品”归入第二十五章。

查阅品目，该大理石板边缘已斜切，属已加工的板石，不属粗制品，因此，不能按“原状或粗加修整的大理石”归入品目25.15，而应按“简单切削或锯开的大理石”归入品目68.02。

再查阅子目，本题商品应归入子目6802.2110。

3. 升华硫磺

【答案】2802.0000

【解析】“硫磺”加热有升华现象，将硫磺在密用器中加热成蒸汽，再通过一系列密封室，使其冷却，凝成细粉状硫磺，即得升华硫磺。“升华硫磺”是一种很纯的硫磺，根据第二十五章章注二（一）的规定，不应按“矿产品”归入第二十五章，而应按“无机物”归入第二十八章。

查阅品目，应按“升华硫磺”的具体列名归入品目28.02。

再查阅子目，本题商品应归入子目2802.0000。

（提示：除了升华硫磺、沉淀硫磺、胶态硫磺归入子目2802.0000以外，其他所有硫磺均归入子目2503.0000。）

4. 煅烧的天然碳酸镁

【答案】2519.1000

【解析】“天然碳酸镁”属于矿产品。归类时应按“矿产品”归入第二十五章。

查阅品目，第二十五章中矿砂的加工范围主要由该章章注一来确定，由此可以看出，归入二十五章的矿只能进行有限度的简单加工。但根据第二十六章章注一（二）的规定，“天然碳酸镁（菱镁矿），不论是否煅烧，仍然属于第二十五章品目25.19的商品”。因此，本题商品应归入第二十五章。

查阅品目，本题商品应按“天然碳酸镁”的具体列名而归入品目25.19，并归入子目2519.1000。

5. 滑石粉

【答案】2526.2020

【解析】“滑石”是富含水合硅酸镁的矿物质。归类时应按“矿产品”归入第二十五章。

查阅品目，由于品目25.26已列有该产品，因此，本题商品应按具体列名归入品目25.26，并归入子目2526.2020。

四、历届报关员考试中的本章归类考题

1. 氯化钠（符合化学定义）（1999年下半年考题）

【答案】2501.0020

【解析】“氯化钠”俗称盐，是一种无机物。归类时似可按“盐”归入第二十五章，也可按“无机物”归入第二十八章。根据第二十八章章注三（一）的规定，“第二十八章不包括氯化钠（不论是否纯净）”。因此，本题商品不能归入第二十八章，而仅能归入第二十五章。

查阅品目，本题商品应按“氯化钠”的具体列名归入品目25.01，并归入子目2501.0020。

2. 氧化镁（符合化学定义、非培养晶体、非光学元件）（2001年考题）

【答案】2519.9091

【解析】“氧化镁”属于金属氧化物。归类时似应按“无机化合物”归入第二十八章。但根据第二十八章注释三（一）的规定，“第二十八章不包括氯化钠或氧化镁（不论是否纯净）及第五类的其他产品”。因此，氧化镁不论是否纯净，都不能归入第二十八章，而应归入第二十五章。

查阅品目，本题商品应按“氧化镁”的具体列名归入品目25.19，并归入子目2519.9091。

第二十六章　矿砂、矿渣及矿灰

一、本章商品范围概述

本章包括各种冶金工业用的金属矿砂、矿渣及矿灰。也就是在商业上用于提取第七十一章所列的贵金属、第十五类所列的贱金属、汞及品目28.44所列金属的矿砂。即使这些矿砂不用于冶金工业，也包括在本章内。

本章还包括含铅汽油的淤渣及含铅抗震化合物的淤渣（子目2620.21）及焚化城市垃圾所产生的灰、渣（子目2621.10）。

二、本章归类注意要点

品目26.01至26.17不包括不是以冶金工业正常加工方法处理的各种矿物，如：未焙烧的黄铁矿（品目25.02）；菱镁矿（品目25.19）；碱金属或碱土金属的矿物（如第二十

五章的盐、重晶石、毒重石、菱锶矿、天青石、冰洲晶石等）；从脉石或杂矿石中分选出来的天然金属和天然合金（第十四、十五类）；稀土金属矿（品目25.30）。

三、商品归类练习

1. 钽精矿

【答案】2615.9090

【解析】“钽精矿”是用于提炼钽金属的矿砂。归类时参照其属性应按“金属矿产品（矿砂）”归入第二十六章。

查阅品目，由于品目26.15已有“钽精矿”的具体列名，因此本题商品应按具体列名归入品目26.15，并归入子目2615.9090。

2. 未焙烧的黄铁矿

【答案】2502.0000

【解析】“黄铁矿”又称硫铁矿，是用于提炼硫磺的铁矿砂。“未焙烧的黄铁矿”是指未提炼硫磺的铁矿砂，主要是用于提炼硫磺。归类时参照其属性应按“金属矿产品（矿砂）”归入第二十五章。

查阅品目，由于品目25.02已有“未焙烧的黄铁矿”的具体列名，因此本题商品应按具体列名归入品目25.02，并归入子目2502.0000。

3. 已焙烧的黄铁矿

【答案】2601.2000

【解析】“已焙烧的黄铁矿”是指已提炼了硫磺的硫铁矿。由于已去硫，其主要成分已是氧化铁，属于炼铁的原料，因此，归类时不能按“非金属矿产品（矿砂）”归入第二十五章，而应按“金属矿产品”归入第二十六章。

查阅品目，本题商品应按“铁矿砂”的具体列名归入品目26.01，并归入子目2601.2000。

4. 生锑

【答案】2617.1010

【解析】“生锑”是很纯的三硫化二锑，属于锑矿砂的一种。归类时参照其属性应按“金属矿产品（矿砂）”归入第二十六章。

查阅品目，由于品目没有生锑的相关列名，因此，本题商品只能按“其他矿砂”归入品目26.17。

再查阅子目，本题商品应按“生锑”的具体列名归入子目2617.1010。

5. 天然朱砂

【答案】2617.9010

【解析】“天然朱砂”是天然矿物，用以提炼汞和制造汞剂，以及硝汞、硫酸汞等，是汞的主要矿物。归类时参照其属性应按“金属矿产品（矿砂）”归入第二十六章。

查阅品目，由于品目没有天然朱砂的相关列名，因此，本题商品只能按“其他矿砂”归入品目26.17。

再查阅子目，本题商品应按“朱砂”的具体列名归入子目2617.9010。

四、历届报关员考试中的本章归类考题

1．原状铁矿砂（平均粒度 0.6 毫米）（1997 年考题）

【答案】2601.1110

【解析】“铁矿砂”是用于提炼铁的矿产品。归类时参照其属性应按“金属矿产品（矿砂）”归入第二十六章。

查阅品目，由于品目 26.01 已有“铁砂矿”的列名，因此，本题商品应归入品目 26.01。

再查阅子目，本题商品应归入子目 2601.1110。

（提示：原 1997 年版子目答案为 2601.1100，转换为 2012 年版子目答案应为 2601.1110。）

2．钨矿砂（1998 年下半年考题）

【答案】2611.0000

【解析】“钨矿砂”是冶金工业中用于提炼金属钨的矿砂。归类时参照其属性应按“金属矿产品（矿砂）”归入第二十六章。

查阅品目，由于品目 26.11 已列有“钨矿砂及其精矿”子目，因此，本题商品应归入品目 26.11。

再查阅子目，本题商品应归入子目 2611.0000。

3．铜矿砂（1999 年上半年考题）

【答案】2603.0000

【解析】“铜矿砂”是用于提炼金属铜的矿砂。归类时参照其属性应按“金属矿产品（矿砂）”归入第二十六章。

查阅品目，由于品目 26.03 已有“铜矿砂”的具体列名，因此，本题商品应归入品目 26.03。

再查阅子目，本题商品应归入子目 2603.0000。

第二十七章　矿物燃料、矿物油及其蒸馏产品；沥青物质；矿物蜡

一、本章商品范围概述

本章包括煤及其他矿物燃料、石油和从沥青矿物提取的油及其蒸馏产品和类似品，还包括矿物蜡及天然沥青物质。

本章还包括废油，主要包括：不再适于作为原产品使用的废油（如用过的润滑油、液压油及变压器油）；石油储罐的淤渣油；水乳浊液状或与水混合的废油，例如浮油、清洗油罐所得的油或机械加工中已用过的切削油。

二、本章归类注意要点

第二十七章的煤、石油、天然气可以进行化学提取和其他加工，但经化学提取得到的化工产物能归入本章的仅是一些粗产品，如果经进一步的化学提纯，则应归入二十九章。

三、商品归类练习

1. 润滑油

【答案】2710. 1991

【解析】“润滑油”又称机油，是油状液体的润滑剂的总称，用于机械的摩擦部分，起润滑、冷却、密封和防护等作用。润滑油属于石油产品。归类时应按“矿物油”归入第二十七章。

查阅品目，由于润滑油属于品目 27. 10 的商品范畴，因此，本题商品应归入品目 27. 10，并归入子目 2710. 1991。

2. 用过的润滑油

【答案】2710. 9900

【解析】“用过的润滑油”属于不再适于作为原产品使用的废油。润滑油属于石油产品，归类时应按“矿物油”归入第二十七章。

查阅品目，由于第二十七章章注三对品目 27. 10 的废油作了规定，因此，本题商品不能作为“润滑油”归入子目 2710. 1991，而应作为“废油”归入子目 2710. 9900。

3. 纯丙烷

【答案】2711. 1200

【解析】“丙烷”也称液化石油气，通常为气态，但一般经过压缩成液态后运输。常用来作为发动机、烧烤食品及家用取暖系统的燃料。归类时由于丙烷是一种存在于天然气和石油热解气体中的低级烷烃，是无色、能液化的气体，属于有机化学品，似应按“有机化学品”归入二十九章，但由于第二十七章章注一（一）对纯丙烷作了限定，因此，本题商品不能归入第二十九章，而应归入第二十七章。

查阅品目，本题商品应按“石油气”归入品目 27. 11，并归入子目 2711. 1200。

4. 化学纯的甲苯

【答案】2902. 3000

【解析】“甲苯”是由分馏煤焦油的轻油部分或由催化重整轻油馏分而制得的，为无色透明的液体，一般用作溶剂。归类时似可归入第二十七章的品目 27. 07，也可归入第二十九章的品目 29. 02。

查阅品目，尽管子目 2707. 2000 已有“甲苯”列名，但第二十七章的甲苯仅是“粗甲苯”，由于本题化学纯的甲苯已经过进一步的化学提纯加工，其加工程度已超出了第二十七章的商品范畴，因此，本题商品不能归入第二十七章的品目 27. 07，而应归入第二十九章的品目 29. 02。

本题商品应按“纯甲苯”归入子目 2902. 3000。

5. 石蜡（按重量计含油量 0. 5%）

【答案】2712. 2000

【解析】“石蜡”是从石油、页岩油或其他沥青矿物油的某些馏出物中提取出来的一种烃类蜡。石蜡属于石油的固态产品。归类时参照其属性应按“矿物蜡”归入第二十七章。

查阅品目，本题商品应按“石蜡”的具体列名归入品目 27.12，并归入子目 2712.2000。

四、历届报关员考试中的本章归类考题

1. 正构烷烃（1999 年上半年考题）

【答案】2710.1919

【解析】“正构烷烃”是一类饱和链烃的混合物，由石油分馏制得，呈液态。归类时参照其属性应按“矿物燃料”归入第二十七章。

查阅品目，由于正构烷烃属于“石油及从沥青矿物提取的油类”，因此本题商品应归入品目 27.10。

参照其用途，本题商品应归入子目 2710.1919。

（提示：原 1999 年版子目答案为 2710.0022，转换为 2012 年版子目答案应为 2710.1919。）

2. 石油原油（1999 年下半年考题）

【答案】2709.0000

【解析】“石油原油”是指从油井开采出来的未提炼的石油。归类时参照其属性应按“矿物油”归入第二十七章。

查阅品目，由于品目 27.09 已有“石油原油”的具体列名，因此本题商品应按具体列名归入品目 27.09。

本题商品应归入子目 2709.0000。

3. 煤油（2000 年考题）

【答案】商品品目：27.10

【解析】“煤油”是从石油中分馏出来的燃料用油。归类时参照其属性应按“矿物燃料”归入第二十七章。

查阅品目，由于煤油属于“石油及从沥青矿物提取的油类”，因此，本题商品应归入品目 27.10。

（提示：2000 年考题是以选择形式出题，因此本题答案仅选择品目，详见附录“历届商品归类考试试题”。）

4. 天然沥青（地沥青）（2000 年考题）

【答案】商品品目：27.14

【解析】“天然沥青”是一种天然存在的含惰性矿物质的烃混合物，为黑色或棕黑色的固体或半固体。归类时参照其属性应按“沥青物质”归入第二十七章。

查阅品目，由于品目 27.14 已有“天然沥青（地沥青）”的具体列名，因此本题商品应归入品目 27.14。

（提示：2000 年考题是以选择形式出题，因此本题答案仅选择品目，详见附录“历届商品归类考试试题”。）

5. 液化煤气（2003 年考题）

【答案】2705.0000

【解析】“煤气”是由煤、焦炭、半焦炭等固体燃料经干馏或气化过程得到的气体产物的总称，包括干馏煤气和气体煤气。本题商品是将煤气加压液化而成的。归类时参照其属性应作为“矿物燃料”归入第二十七章。

查阅品目，由于品目 27.05 已有“煤气”的具体列名，因此本题商品应归入品目 27.05。

本题商品应归入子目 2705.0000。

第六类　化学工业及其相关工业的产品

一、本类商品范围及排列结构

本类商品由 11 章（第二十八至三十八章）构成，包括化工产品以及化工产品为原料作进一步加工的相关工业产品。其中：

第二十八章（无机化学品）和第二十九章（有机化学品）都是符合化学定义的纯净物，即化工原料。

第三十至三十八章都是不符合化学定义的混合物，即在第二十八、二十九章的化工原料的基础上进行混合配制及其他加工的制成品。

二、本类归类注意要点

（1）如果一种化工品是单独的化学元素及单独的已有化学定义的化合物（包括无机化合物和有机化合物），则应归入第二十八、二十九章（纯净物）；如果不符合这一点，而是由几种不同化学成分混合配制而成，则应按其主要用途归类而归入第三十至三十八章（混合物），品目条文、章注、类注另有规定的除外。

（2）第六类类注一规定：①凡符合品目 28.44 或 28.45 规定的货品（放射性矿砂除外），应分别归入这两个品目而不归入本协调制度的其他品目；②除上述①款另有规定的以外，凡符合品目 28.43、28.46 或 28.52 规定的货品，应分别归入以上品目而不归入本类的其他品目。

（3）第六类类注二规定：除上述注释一另有规定的以外，凡由于按一定剂量或作为零售包装而可归入品目 30.04、30.05、30.06、32.12、33.03、33.04、33.05、33.06、33.07、35.06、37.07 或 38.08 的货品，应分别归入以上品目，而不归入本协调制度的其他品目。

第二十八章　无机化学品；贵金属、稀土金属、放射性元素及其同位素的有机及无机化合物

一、本章商品范围概述

本章包括绝大部分无机化学品及少数有机化学品。其品目结构按商品的分子结构从简单到复杂排列，即按元素（品目28.01至28.05），非金属化合物（品目28.06至28.11），金属化合物（品目28.14至28.42），杂项产品（品目28.43至28.51）的顺序排列。

二、本章归类注意要点

（1）第二十八章章注一（一）规定归入本章的产品必须是“单独的化学元素及单独的已有化学定义的化合物，不论是否含有杂质”。这里的“已有化学定义”是指无机物分子中所含各元素的重量比是固定不变的，即化学计量比。

（2）所称“杂质”仅适用于在制造（包括纯化）过程中直接产生的物质。如果此种物质是故意残留下来的，并使产品适于特殊用途而不适于一般性用途，则不能视为所允许的杂质。杂质的主要类型有：①未转化原料；②存在于原料中的杂质；③所用试剂；④副产品。

三、商品归类练习

1．放射性乙醇

【答案】2844.4090

【解析】“乙醇”俗称酒精，由糖质原料和淀粉原料经发酵，或乙烯直接或间接水合而成。归类时似可按“乙醇”归入第二十二章的品目22.08，也可按“放射性化合物”归入第二十八章的品目28.44。根据二十八章注释六（三）的规定，“所有能呈现出放射性现象的放射性物质（不论是无机或有机，也不论是否已有化学定义）即使本来可以归入协调制度的其他品目，也一律归入品目28.44”。因此，本题商品不能按“乙醇”归入第二十二章的品目22.08，而应按“放射性有机物”归入第二十八章的品目28.44。

本题商品应归入子目2844.4090。

2．纯氧化镁

【答案】2519.9091

【解析】“氧化镁”俗称苦土，由煅烧碳酸镁或碱式碳酸镁而制得。“纯氧化镁”属于化学纯的无机物。归类时似应按“无机化学品”归入第二十八章，但第二十八章章注三（一）规定，“第二十八章不包括氯化钠或氧化镁（不论是否纯净）及第五类的其他产品”。因此，氧化镁无论是否纯净都不能归入第二十八章，而只能归入第二十五章。

查阅品目，本题商品应按“其他氧化镁”归入品目25.19，并归入子目2519.9091。

3．放射性钨矿砂

【答案】2611.0000

【解析】“钨矿砂”是用于提炼钨金属的矿砂。归类时似可按“钨矿砂”归入第二十六章的品目26.11，也可按“放射性物质”归入第二十八章的品目28.44。

查阅品目，根据第六类类注一（一）的规定，“所有能呈现出放射性现象的放射性物质（不论是无机或有机，也不论是否已有化学定义）即使本来可以归入协调制度的其他品目，也一律归入品目28.44，但放射性钨矿砂除外”。由于第六类类注一（一）已对放射性钨矿砂作了限定，因此，本题商品不能按“放射性物质”归入品目28.44，而应按“钨矿砂”归入品目26.11。

本题商品应按“钨矿砂”的具体列名归入子目2611.0000。

4．碘化钾的水溶液

【答案】2827.6000

【解析】“碘化钾”是由碳酸钾与氢碘酸或碘化亚铁溶液作用而制得的，外观为白色立方晶体或粉末。归类时参照其属性应按“无机化学品”归入第二十八章。

查阅品目，本题商品虽为加了水的碘化钾，属于含有其他物质的碘化钾，而非碘化钾的纯净物，但根据第二十八章注释一的规定，“归入本章的产品溶于水后所形成的水溶液与原产品归入同一品目”。因此，本题商品仍应归入品目28.27。

本题商品应归入子目2827.6000。

5．加有硼酸稳定剂的过氧化氢

【答案】2847.0000

【解析】“过氧化氢”俗称双氧水，由硫酸作用于过氧化氢，或由电解氧化硫酸经氧化而制得。过氧化氢属于无机化学品，归类时参照其属性似可按“无机化学品的纯净物”归入第二十八章，但由于其已加入了硼酸稳定剂，因此也似可按“混合物”归入第三十八章。根据第二十八章章注一的规定，“本章产品为了保藏或运输目的可加入稳定剂”。本题商品虽加入了硼酸稳定剂，但由于属于第二十八章所允许的杂质范围，因此，本题商品仍应归入第二十八章。

查阅品目，本题商品应按“过氧化氢”的具体列名归入品目28.47，并归入子目2847.0000。

四、历届报关员考试中的本章归类考题

1．贵金属汞齐（1998年下半年考题）

【答案】2843.9000

【解析】“汞”也称水银，是唯一在室温下呈液态的金属。汞能溶解许多金属生成汞合金，即汞齐。本题商品为贵金属汞齐。归类时似可按“贵金属汞齐”归入第二十八章，又可按“贵金属”归入第七十一章。根据第七十一章章注三规定，“本章不包括贵金属汞齐（品目28.43）”。因此，本题商品不能归入第七十一章，而只能归入第二十八章。

查阅品目，本题商品应按“贵金属汞齐”的具体列名归入品目28.43，并归入子目2843.9000。

2．饼状过氧化钠（分子式为Na_2O_2）（1999年上半年考题）

【答案】2815.3000

【解析】“饼状过氧化钠”（分子式为Na_2O_2）是金属的过氧化物。归类时参照其属性

应按“无机化学品”归入第二十八章。

查阅品目，本题商品应按“过氧化钠”的具体列名归入品目 28.15，并归入子目 2815.3000。

3. 元明粉（精制硫酸钠，分子式为 Na_2SO_4）（1999 年下半年考题）

【答案】2833.1100

【解析】元明粉是精制硫酸钠（Na_2SO_4），属于无机化学品的硫酸盐。归类时参照其属性应按“无机化学品”归入第二十八章。

查阅品目，本题商品应按“硫酸盐”的相关列名归入品目 28.33，并归入子目 2833.1100。

4. 纯碱（化学纯）（2000 年考题）

【答案】2836.2000

【解析】“纯碱”的成分是碳酸钠，所以不是碱类化合物，而是盐类化合物，属于无机化学品中的无机酸盐。归类时参照其属性应按“无机化学品”归入第二十八章。

查阅品目，本题商品应按“碳酸钠（纯碱）”的具体列名归入品目 28.36，并归入子目 2836.2000。

5. 重醋酸（2001 年考题）

【答案】2845.9000

【解析】“重醋酸”CH_2COOD 属于醋酸的同位素。归类时似可按“醋酸”归入第二十九章的子目 2915.21 项下，也可按“同位素”归入第二十八章的品目 28.45。根据第六类类注一（一）的规定：“凡符合品目 28.44 或 28.45 规定的货品（放射性矿砂除外），应分别归入这两个品目而不归入本目录的其他品目。”因此，本题商品应按“同位元素”优先考虑归入品目 28.45。

本题商品应归入子目 2845.9000。

6. 钴 60（2002 年考题）

【答案】2844.4020

【解析】“钴”属于贱金属，但“钴 60”属于放射性同位素。归类时似可按“贱金属”归入第八十一章的品目 81.05，又可按“放射性同位素”归入第二十八章的品目 28.44。根据第六类类注一（一）的规定，凡符合品目 28.44 或 28.45 规定的货品应分别归入这两个品目而不归入本目录的其他品目。由于“钴 60”属于放射性同位素，因此本题商品应按“放射性同位素”归入品目 28.44。

本题商品应优先归入子目 2844.4020。

7. 硫化汞（已有化学定义的）（2007 年考题）

【答案】2852.1000

【解析】“硫化汞”即汞的硫化物。归类时参照其属性应按“无机化学品”归入第二十八章。

查阅品目，由于硫化汞属于汞的硫化物，因此本题商品应按“汞的无机物”归入品目 28.52，并归入子目 2852.1000。

（提示：原 2007 年版子目答案为 2852.0000，转换为 2012 年版子目答案应为 2852.1000。）

第二十九章 有机化学品

一、本章商品范围概述

除少数品目条文另有规定的以外，本章仅包括单独的已有化学定义的化合物。但应注意，不是所有单独的已有化学定义的化合物均归入第二十九章，也不是所有非单独的已有化学定义的化合物便不归入本章。

本章分成13个分章，共有42个品目。其品目结构按商品分子结构从简单到复杂排列，即：①烃（第一分章）；②含氧基化合物（第二至八分章）；③含氮基化合物（第九分章）；④有机－无机化合物、杂环化合物、核酸、磺酰胺（第十分章）；⑤从动植物料提取的初始物质（第十一至十二分章）；⑥其他有机物（第十三分章）。

二、本章归类注意要点

第二十九章章注一（一）规定归入本章的产品必须是“单独的已有化学定义的有机化合物，不论是否含有杂质”。对于“单独的已有化学定义的化合物”，在第二十八章中重点放在“化学计量比”上，而在第二十九章则放在其结构上，即应为“已知化学结构且在生产（包括纯化）过程中未故意加入其他物质的化学化合物”。

杂质的主要类型及是否可视为本章所允许的杂质，原则与第二十八章所述一样。

三、商品归类练习

1. 维生素 B_2原药（粉状，8千克装）

【答案】2936. 2300

【解析】“维生素 B_2”是从酿酒及发酵残余物以及牛肝中提取，但常通过合成制得，为橙黄色结晶体。归类时由于该商品仅是一种成分，且未配定剂量也未制成零售包装，因此，参照其属性应按纯净的“有机化学品”归入第二十九章。

查阅品目，应按“天然或合成再制的维生素原和维生素”归入品目29. 36，并按“维生素 B_2”的具体列名归入子目2936. 2300。

2. 维生素 B_2药丸

【答案】3004. 5000

【解析】“维生素 B_2”是从酿酒及发酵残余物以及牛肝中提取，但常通过合成制得，为橙黄色结晶体。归类时似应按纯净“有机化学品”归入第二十九章的品目29. 36。但根据第六类类注二的规定，“制成一定剂量或零售包装而可归入品目30. 04的货品，不论是否可归入其他品目，应一律归入品目30. 04”。由于该药品已配定剂量，因此，应优先考虑按“已配定剂量的药品”归入品目30. 04。

本题商品应按“含有维生素的药品”归入子目3004. 5000。

3. 醋酸甲酯（为了使醋酸甲酯能更好地作为溶剂而加入了甲醇）

【答案】3814. 0000

【解析】“醋酸甲酯”（CH_3COOCH_3）也称乙酸甲酯，存在于木材的干馏产品中，用于制人造水果香精，也用作脂肪、树脂及硝酸纤维素等的溶剂。醋酸甲酯属于有机物。归类时参照其属性似可按“有机化学品的纯净物”归入第二十九章，但由于该商品加入了甲醇，因此也似可按“混合物”归入第三十八章。根据第二十九章章注一的规定，“本章产品不包括为了某种目的而加入的杂质”。由于甲醇是为某种目的而加入的，因此不属于第二十九章章注一所允许的杂质范围，不能按“有机化学品的纯净物”归入第二十九章，而仅能按“混合物”归入第三十八章。

参照其用途，本题商品应按“有机复合溶剂及稀释剂”归入品目 38.14，并归入子目 3814.0000。

4．纯度高于95%的丙烷

【答案】2711.1200

【解析】“丙烷”是一种存在于天然气和石油热解气体中的低级烷烃，是无色、能液化的气体。丙烷属于有机化学品。归类时参照其属性似应按“有机化学品”归入二十九章。但根据第二十九章章注二（三）的规定，“第二十九章不包括甲烷及丙烷（品目 27.11）”。因此，丙烷不论是否纯净，都不能归入二十九章，而应归入第二十七章。

查阅品目，由于丙烷属于石油气，因此，本题商品应按“石油气”归入品目 27.11。

再查阅子目，本题商品应归入子目 2711.1200。

5．维生素 C 和维生素 E 的混合物原药

【答案】2936.9000

【解析】本题商品为混合维生素。归类时似可按“维生素的原料药”归入第二十九章的品目 29.36，也可按“成品药”归入第三十章的品目 30.04。

查阅品目，本商品包括品目 29.36 同一品目商品的混合物。根据归类总规则三（一）的具体列名优先于列名一般的归类原则，本题商品不能归入品目 30.04，而应归入品目 29.36。

本题商品应归入子目 2936.9000。

（提示：本题商品若已配定剂量或制成零售包装，则应归入子目 3004.5000。）

四、历届报关员考试中的本章归类考题

1．纯净丙三醇（俗称甘油）（1997 年考题）

【答案】2905.4500

【解析】“纯净丙三醇”为无色澄明黏稠液体，可以通过纯化（例如蒸馏、离子交换）粗甘油制得或用丙烯做原料合成制得。归类时似可按“油脂”中粗甘油归入第十五章的品目 15.20，又可按“有机化学品”中的甘油归入第二十九章的品目 29.05。根据第二十九章章注一和章注二的规定，单独的已有化学定义的纯净甘油应归入第二十九章，因此，本题商品应归入品目 29.05。

由于丙三醇为多元醇，因此，本题商品应按“其他多元醇”项下具体列名的“丙三醇”而归入子目 2905.4500。

2．500 毫升瓶装化学纯级乙酸乙酯（1998 年上半年考题）

【答案】2915.3100

【解析】“纯级乙酸乙酯”是纯净的有机化学品。归类时参照其属性应按“有机化学

品”归入第二十九章。

查阅品目，乙酸乙酯是由第二十九章的乙酸和第二十二章的乙醇经反应所生成的酯，根据第二十九章章注五（二）规定，应按“酸基化合物”（即应按乙酸基化合物）归入第七分章，并按“饱和无环一元羧酸”归入品目 29.15。

本题商品应按“乙酸乙酯”的具体列名归入子目 2915.3100。

3. 福尔马林（1998 年下半年考题）

【答案】2912.1100

【解析】“福尔马林”是甲醛的水溶剂，甲醛是含醛基的有机化学品。归类时参照其属性应按“有机化学品”归入第二十九章。

查阅品目，由于福尔马林属于含醛基的有机化学品，因此，本题商品应按“甲醛”归入品目 29.12。

根据第二十九章章注一（一）及（四）的规定，甲醛水溶液应归入子目 2912.1100。

4. 头孢拉啶（先锋霉素类抗菌素原药）（1999 年上半年考题）

【答案】2941.9054

【解析】“抗菌素”是活微生物分泌出来的具有杀死其他微生物或抑制其他微生物生长的物质。“抗菌素原药”是制抗菌素药品的原料。归类时由于该商品为原药，因此参照其属性应按“有机化学品”归入第二十九章。

查阅品目，由于头孢拉啶属于抗菌素，因此，本题商品应按“抗菌素”的具体列名归入品目 29.41，并归入子目 2941.9054。

5. 奎宁碱（1999 年上半年考题）

【答案】2939.2000

【解析】“奎宁碱”是一种从金鸡纳树等植物的皮中提制出来的白色结晶或无定形粉末，属于一种生物碱。归类时参照其属性应按“有机化学品”归入第二十九章。

查阅品目，本题商品应按“天然或合成再制的生物碱及其盐”的相关列名归入品目 29.39，并按“金鸡纳生物碱”的列名而归入子目 2939.2000。

（提示：原 1999 年版子目答案为 2939.2100，转换为 2012 年版子目答案应为 2939.2000。）

6. 尼龙 -66 盐（1999 年下半年考题）

【答案】2921.2210

【解析】“尼龙 -66 盐”也称己二酸己二胺盐，属于有机化学品。归类时由于该商品为单一的纯净物，因此参照其属性应按“有机化学品”归入第二十九章。

查阅品目，因本题商品分子中含有氮，因此，本题商品应按“含氮基化学物”归入第九分章，并按“氨基化学物”归入品目 29.21。

再查阅子目，由于品目 29.21 项下已有“尼龙 -66 盐”的具体列名，因此本题商品应按具体列名归入子目 2921.2210。

7. 磺胺嘧啶（磺胺类原药，通式为 $NH_2-C_6H_4-SO_2NHR$）（1999 年下半年考题）

【答案】2935.0010

【解析】“磺胺类原药”是含有磺胺基（对氨基苯磺酰胺基）的磺酰胺类有机化合物。归类时参照其属性应按“有机化合物”归入第二十九章。

查阅品目，由于磺胺嘧啶属于磺胺类原药，因此本题商品应按“磺胺”归入品目29.35。

再查阅子目，本题商品应按“磺胺嘧啶”的具体列名归入子目2935.0010。

8. 作饲料添加剂用的化学纯氨基酸（非零售包装）（2000年考题）

【答案】2922.4910

【解析】“氨基酸”是指含有氨基与羧基的有机化合物，“化学纯氨基酸”属于化工产品的纯净物。归类时本题商品涉及两个章，即第二十三章和第二十九章。

查阅品目，似可按“纯氨基酸”归入第二十九章的品目29.22，也可按“饲料添加剂”归入第二十三章的品目23.09，由于化学纯氨基酸属于化工原料，且品目29.22已有“氨基酸”列名，因此，根据归类总规则三（一）的具体列名归类原则，本题商品应归入品目29.22。

再查阅子目，本题商品应归入子目2922.4910。

9. 作饲料添加剂用的天然维生素D浓缩物和天然维生素A浓缩物的混合物（非零售包装，未配定剂量）（2001年考题）

【答案】2936.9000

【解析】“维生素”是生物生长和代谢所必需的微量有机物，存在于许多天然产物中，也可以从天然原料中提取或人工合成。归类时由于该维生素用作饲料添加剂，且未配定剂量，因此本题商品应视为维生素的原料，按“有机物”归入第二十九章。

查阅品目，由于品目29.36已有“维生素原和维生素”的具体列名，因此，本题商品应按具体列名归入品目29.36。

根据其维生素种类，本题商品应按“混合维生素”归入子目2936.9000。

10. 氢化可的松（原药，未配定剂量，非零售包装）（2002年考题）

【答案】2937.2100

【解析】“氢化可的松”是一种调节蛋白质及碳水化合物新陈代谢的糖（肾上腺）皮质激素。归类时似可按“激素原药”归入第二十九章的品目29.37，也可按“激素药品”归入第三十章的品目30.03，由于本题商品未配定剂量，非零售包装，且为原药，因此，不能按“药品”归入第三十章，而应按“原料药”归入第二十九章。

查阅品目，由于氢化可的松属于激素，因此应按“天然或合成再制得激素”归入品目29.37。

再查阅子目，本题商品应按“可的松”的具体列名归入子目2937.2100。

第三十章　药　品

一、本章商品范围概述

本章仅包括药品及用于医疗、外科、牙科或兽医用的某些其他物质或物料。本章还包括因超过有效保存期等原因而不适于作原用途的废药品。

二、本章归类注意要点

（1）第三十章章注一（一）、（四）规定本章不包括：营养品、糖尿病食品、强化食品、保健食品、滋补饮料及矿泉水等食品和饮料；品目33.03至33.07的制品，不论是否具有治疗及预防疾病的作用。

（2）未配定剂量也未制成零售包装的药品，若是一种成分的应归入第二十九章，若是多种成分的应归入品目30.03。已配定剂量或已制成零售包装的药品，归入品目30.04。

三、商品归类练习

1. 由维生素C和银翘为原料混合制成的药剂（未配定剂量）

【答案】3003.9090

【解析】本题商品为药剂，归类时参照其属性应按“药品”归入第三十章。

查阅品目，由于该药剂未配定剂量，因此应按“未配定剂量或制成零售包装的药品”归入品目30.03。

再查阅子目，由于没有该药品的相关子目列名，因此，本题商品只能按“其他”归入子目3003.9090。

2. 维生素C针剂

【答案】3004.5000

【解析】“维生素C针剂”是一种已配定剂量的注射药品。归类时参照其属性应按“药品”归入第三十章。

查阅品目，由于本题商品为针剂，属于已配定剂量的药品，因此，应按“已配定剂量或制成零售包装的药品”归入品目30.04。

再查阅子目，本题商品应归入子目3004.5000。

3. 非典疫苗针剂（人用）

【答案】3002.2000

【解析】“疫苗”是悬浮于盐溶液、油（脂制疫苗）或其他溶剂中的含病毒或细菌微生物制剂。用以注射于肌体内，使产生免疫力，从而对有关的疾病起预防和治疗作用。非典疫苗针剂属于防病的药品。归类时参照其属性应按“药品”归入第三十章。

查阅品目，由于品目30.02已有“疫苗”的具体列名，因此本题商品应按具体列名归入品目30.02。

参照其用途（人用），本题商品应归入子目3002.2000。

4. 跌打损伤敷料（胶粘）

【答案】3005.1090

【解析】“跌打损伤敷料（胶粘）”是指直接敷于皮肤的创伤面、暴露的组织创伤及外科感染面等的外用药。归类时参照其属性应按“药品”归入第三十章。

查阅品目，由于品目30.05已有“敷料”的具体列名，因此本题商品应按具体列名归入品目30.05。

再查阅子目，本题商品应归入子目3005.1090。

四、历届报关员考试中的本章归类考题

1．含有头孢克罗的药品（未配定剂量）（2000 年考题）

【答案】3003.2015

【解析】“头孢克罗”是先锋霉素的一种，属于抗菌素药类。归类时参照其属性应按“药品”归入第三十章。

查阅品目，由于该药品未配定剂量，因此，本题商品应按“未配定剂量或制成零售包装的药品”归入品目 30.03。

再查阅子目，本题商品应按含有“头孢克罗的先锋霉素”归入子目 3003.2015。

2．氯霉素眼药水，10 毫升/支（2003 年考题）

【答案】3004.2090

【解析】“氯霉素眼药水”是一种用以治疗眼疾的抗生素类药。归类时参照其属性应按“药品”归入第三十章。

查阅品目，根据其包装状态（10 毫升/支）可知，该药品属于零售包装的、已配定剂量的药品，因此，应按“已配定剂量或制成零售包装的药品”归入品目 30.04。

再查阅子目，本题商品应归入子目 3004.2090。

3．云南白药药粉含三七等中草药成分，有止血消炎等功效，5 千克装（2004 年考题）

【答案】3003.9090

【解析】“云南白药”为具有止血、消炎等功效的药品。归类时参照其属性应按“药品”归入第三十章。

查阅品目，从本题商品的包装重（5 千克装）可知，该药品既未配定剂量又未制成零售包装，因此，本题商品应按“未配定剂量或制成零售包装的药品”归入品目 30.03。

再查阅子目，由于没有该药品的相关子目列名，因此，本题商品只能按“其他”归入子目 3003.9090。

4．用作局部麻醉的普鲁卡因针剂（2005 年考题）

【答案】3004.9090

【解析】“普鲁卡因”又名奴佛卡因，为最早合成的局部麻醉药，因其麻醉作用较强，毒性较小，成为临床上应用最广泛的局部麻醉药。归类时参照其属性应按“药品”归入第三十章。

查阅品目，由于本题商品为针剂，属于已配定剂量的药品，因此，应按“已配定剂量或制成零售包装的药品”归入品目 30.04。

再查阅子目，由于没有该药品的相关子目列名，因此，本题商品只能按“其他”归入子目 3004.9090。

5．达菲，一种抗 H_5N_1 型禽流感病毒的口服药物（0.25 克/粒），化学名称磷酸奥司他韦（2006 年考题）

【答案】3004.9090

【解析】“达菲”是一种属于神经氨酸酶抑制剂家族的抗病毒物质，其专门针对 A 型和 B 型流感病毒，能够阻止病毒在受感染的人体内繁殖。归类时参照其属性应按“药品”

归入第三十章。

查阅品目，由于该药品为颗粒状（0.25 克/粒），属于已配定剂量的药品，因此，应按“已配定剂量或制成零售包装的药品”归入品目 30.04。

再查阅子目，由于没有该药品的相关子目列名，因此，本题商品只能按“其他”归入子目 3004.9090。

6. 利福平胶囊，24 粒/盒，抗结核病药（2007 年考题）

【答案】3004.2090

【解析】“利福平”为利福霉素类半合成广谱抗菌药。归类时参照其属性应按“药品”归入第三十章。

查阅品目，由于该药品已配定剂量（已制成粒状），因此本题商品应按“已配定剂量或制成零售包装的药品”归入品目 30.04。

再查阅子目，由于没有该药品的相关子目列名，因此，本题商品只能按“其他抗菌素药”归入子目 3004.2090。

7. 头孢西丁胶囊，一种抗菌素药物，0.5 克/粒，12 粒/盒（2008 年考题）

【答案】3004.2013

【解析】“头孢西丁胶囊”是一种抗菌素药物。归类时参照其属性应按“药品”归入第三十章。

查阅品目，由于该药品已配定剂量（0.5 克/粒），因此本题商品应按“已配定剂量或制成零售包装的药品”归入品目 30.04。

再查阅子目，本题商品应按“头孢西丁制剂”的列名归入子目 3004.2013。

第三十一章 肥 料

一、本章商品范围概述

本章包括通常用作天然或人造肥料的绝大多数产品。本章不包括虽能改良土壤，但不能增加肥力的物质，尽管这些产品可含有少量的氮、磷或钾肥料要素，例如盆栽土（品目 25.30）。

二、本章归类注意要点

（1）根据第三十一章章注二、三、四的规定：①在注释中没有列名的产品，即使有时作肥料用，也不应归入第三十一章；②即使某些产品有时不作肥料用，但在注释中已明确列名，则仍应归入本章。

（2）如果商品本身为第三十一章的肥料，而其包装状态又符合品目 31.05 条文规定，则该商品应优先考虑归入品目 31.05。

三、商品归类练习

1. 未经化学处理的海鸟粪（浅黄色粉末，包装重 20 千克）

【答案】3101.0011

【解析】“海鸟粪”是海鸟排泄物及尸体的堆积物，大量存在于某些海岛或沿海地区。它含有氮和磷，属于动物肥料的一种。归类时参照其属性应按“肥料”归入第三十一章。

查阅品目，由于海鸟粪属于动物肥料，且包装重超过 10 千克，因此，本题商品应按“动物或植物肥料”归入品目 31.01。

再查阅子目，本题商品应按“鸟粪”的具体列名归入子目 3101.0011。

（提示：若包装重不超过 10 千克，则应归入子目 3105.1000。）

2. 化学纯硫酸钾（包装重 10 千克）

【答案】3105.1000

【解析】“化学纯硫酸钾”由氯化钾与硫酸作用而制得，为无色或白色晶体或粉末，可用作药物、肥料。归类时似应按“无机化学品”归入第二十八章，也可按“肥料”归入第三十一章，根据第三十一章章注四（一）的规定，“品目 31.04 包括硫酸钾，不论是否纯净”。因此，本题商品无论是否作肥料用都应按“肥料”归入第三十一章。

查阅品目，硫酸钾属于钾肥，似应按“化学钾肥”归入品目 31.04，但根据第三十一章章注三规定，毛重不超过 10 千克的肥料不能归入品目 31.04，而应归入品目 31.05。

再查阅子目，参照其包装重，本题商品应归入子目 3105.1000。

3. 制砖瓦用的碱性熔渣（包装重为 6 千克/包）

【答案】3103.9000

【解析】“碱性熔渣”也称作托马斯炉渣、托马斯磷酸盐、含磷熔渣等，是在碱性熔炉或碱性转炉中用磷铁炼钢时所得的副产品。归类时根据第三十一章章注三（一）的规定，“品目 31.03 包括碱性熔渣”。因此，碱性熔渣即使明显不作为肥料使用，也应归入本品目。即本题商品应归入第三十一章。

查阅品目，由于碱性熔渣属于磷肥，因此本题商品应按“矿物磷肥及化学磷肥”归入品目 31.03。

再查阅子目，本题商品应归入子目 3103.9000。

4. 硝酸钾肥料

【答案】2834.2110

【解析】“硝酸钾”（KNO_3）也称钾硝或硝石，得自硝酸钠和氯化钾，为无色晶体、玻璃化团块或白色晶体粉末，用于制火药、玻璃、火柴，并用作肥料和分析试剂等。归类时参照其属性似应按“肥料”归入第三十一章，但根据第三十一章章注二（一）的规定，本题商品不能按“肥料”归入第三十一章，而应按“无机化学品”归入第二十八章。

查阅品目，根据第三十一章章注二（一）的规定，本题商品应按“硝酸盐”归入品目 28.34。

参照其肥料的用途，本题商品应归入子目 2834.2110。

5. 由过磷酸钙和硫酸钾混合的肥料（包装重为 6 千克/包）

【答案】3105.1000

【解析】“过磷酸钙”属于磷肥，硫酸钾属于钾肥。本题商品是一种多成分混合物的化学肥料。归类时参照其属性应按“肥料”归入第三十一章。

查阅品目，由于本题商品属于混合肥料，因此，应按“含氮、磷、钾中两种或三种肥效元素的化学肥料”归入品目 31.05。

再查阅子目，由于本题商品包装重不超10千克，因此，本题商品应根据其包装重而归入子目3105.1000。

四、历届报关员考试中的本章归类考题

1. 每袋毛重10千克的过磷酸钙（1997年考题）

【答案】3105.1000

【解析】“过磷酸钙”（简称钙），其主要成分是水溶性的磷酸一钙和不溶于水的硫酸钙，是一种多成分混合物的磷肥。归类时参照其属性应按“肥料”归入第三十一章。

查阅品目，由于过磷酸钙属于磷肥，因此，根据第三十一章章注三规定，毛重不超过10千克的肥料应归入品目31.05。

再查阅子目，由于品目31.05包括每包毛重不超过10千克的本章各项货品。因此，本题商品参照其包装重量应归入子目3105.1000。

2. 20千克装、化学纯级、粉末状硝酸钠（1998年上半年考题）

【答案】3102.5000

【解析】“化学纯级、粉末状硝酸钠”是一种含氮化肥，也是无机化学品。归类时似应按“肥料”归入第三十一章，也可按“无机化学品”归入第二十八章。根据第二十八章章注三（三）和第三十一章章注二（一）的规定，每包毛重超过10千克重的硝酸钠无论是否纯净均应归入第三十一章的品目31.02，因此，本题商品应归入第三十一章。

查阅品目，由于品目31.02已有“硝酸钠”的具体列名，因此本题商品应按具体列名归入品目31.02。

再查阅子目，本题商品应归入子目3102.5000。

3. 尿素［分子式为$CO(NH_2)_2$］每包毛重>10千克（1999年上半年考题）

【答案】3102.1000

【解析】“尿素”的化学名称为脲或碳酰二胺，是化学合成的有机酰胺态氮素化肥。归类时似可按“有机化学品”归入第二十九章，又可按“肥料”归入第三十一章。根据第二十九章章注二（五）和第三十一章章注二（一）的规定，“第二十九章不包括尿素（品目31.02或31.05）”。因此，本题商品不能归入第二十九章，而只能归入第三十一章。

查阅品目，由于尿素属于氮肥，因此，根据第三十一章章注二（一）的规定，本题商品应归入品目31.02。

本题商品应按“尿素”的具体列名归入子目3102.1000。

4. 磷酸二氢铵（1999年上半年考题）

【答案】3105.4000

【解析】“磷酸二氢铵”（俗称安福粉）是用氨和磷酸制得的，是一种速效性氮磷复合化学肥料。归类时参照其属性应按“肥料”归入第三十一章。

查阅品目，由于磷酸二氢铵是氮磷复合化学肥料，因此，应按“复合肥料”归入品目31.05。

再查阅子目，由于本题商品没有给包装重，因此，应按包装重超过1千克的复合肥归入子目3105.4000。

5. 脲$CO(NH_2)_2$（毛重>10千克；生产脲醛树脂用原料）（2000年、2001年考题）

【答案】3102.1000

【解析】“脲”又名碳酰二胺或尿素，是生产脲醛树脂等的重要化工原料，也是优质的化学合成有机酰胺态氮素化肥。归类时似可按“有机化学品”归入第二十九章，也可按“肥料”归入第三十一章。根据第二十九章注释二（五）的规定，“第二十九章不包括尿素（品目31.02或31.05）”。因此，本题商品不能归入第二十九章，而只能归入第三十一章。

查阅品目，脲属于氮肥，因此，根据第三十一章章注二（一）的规定，本题商品应归入品目31.02。

再查阅子目，本题商品应按“尿素”的具体列名归入子目3102.1000。

6. 硫酸铵，以每袋5千克包装（2003年考题）

【答案】3105.1000

【解析】“硫酸铵”俗称硫胺，是由氨和硫酸直接作用或将氨和二氧化碳通入石膏粉的悬浮液而制得的，属于一种化学氮肥。归类时参照其属性应按“肥料”归入第三十一章。

查阅品目，由于硫酸铵属于氮肥，因此，本题商品似应按“氮肥”归入品目31.02，但由于其包装重不超过10千克，因此，根据第三十一章章注二（一）的规定，本题商品不能归入品目31.02，而应归入品目31.05。

参照其包装重（每袋5千克），本题商品应归入子目3105.1000。

第三十二章　鞣料浸膏及染料浸膏；鞣酸及其衍生物；染料、颜料及其他着色料；油漆及清漆；油灰及其他类似胶粘剂；墨水、油墨

一、本章商品范围概述

本章包括用于鞣料及软化皮革的制剂、植物鞣膏、合成鞣料（不论是否天然鞣料混合）以及人造脱灰碱液；也包括植物、动物或矿物着色料及有机合成着色料，以及用这些着色料制成的大部分制剂；还包括清漆、干燥剂及油灰等各种其他制品。

二、本章归类注意要点

（1）第三十二章章注一（一）规定，本章不包括单独的已有化学定义的化学元素及化合物。但应注意，品目32.03及32.04所述货品、品目32.06发光无机产品、品目32.12的零售形状或包装的染料及其他着色料，即使是单独的已有化学定义的也应分别归入这些品目。

（2）第三十二章章注四规定，品目32.08包括由品目39.01至39.13所列产品溶于挥发性有机溶剂的溶液（胶棉除外），溶剂重量必须超过溶液重量50%，否则应归入第三十九章。

三、商品归类练习

1. 碱性染料（非零售包装）

【答案】3204. 1300

【解析】“碱性染料”是在水溶性中能解离生成阳离子色素的染料，适用于改性丙烯酸纤维、改性尼龙纤维、改性聚酯纤维或未漂白纸张的着色。归类时参照其属性应按“染料”归入第三十二章。

查阅品目，由于该碱性染料属于有机合成染料，且非零售包装，因此，本题商品应按“有机合成着色料”归入品目32. 04，而不能按“零售形状及零售包装的染料或其他着色料”归入品目32. 12。

再查阅子目，本题商品应按“碱性染料”的具体列名而归入子目3204. 1300。

2. 碱性染料（零售包装）

【答案】3212. 9000

【解析】“碱性染料”是在水溶性中能解离生成阳离子色素的染料。归类时参照其属性应按“染料”归入第三十二章。

查阅品目，虽然该碱性染料属于有机合成染料，但由于其包装状态为零售包装，在此不能按“有机合成着色料”归入品目32. 04，而应按“零售形状及零售包装的染料或其他着色料”归入品目32. 12。

再查阅子目，本题商品应归入子目3212. 9000。

（提示：如果一种化工品在形式上比较特殊，即制成一定剂量或制成零售包装，而且同时符合30. 04、30. 05、30. 06、32. 12、33. 03、33. 04、33. 05、33. 06、33. 07、35. 06、37. 07、38. 08品目条文的规定，则应优先归入上述品目。）

3. 由80%白色颜料、10%黏合剂、10%填料组成的水浆涂料（非零售包装）

【答案】3210. 0000

【解析】“水浆涂料”是一种主要由着色颜料或矿物质（例如白粉）与极少量的黏合剂（例如，皮胶或酪蛋白），有的还加有填料、除虫剂或防腐剂而组成的涂料。通常为粉状，但也有糨糊状或乳胶状。归类时参照其属性应按“油漆及清漆”归入第三十二章。

查阅品目，由于没有相关产品的品目列名，因此，本题商品只能按“其他油漆及清漆”归入品目32. 10。

再查阅子目，本题商品应归入子目3210. 0000。

4. 溶于挥发性有机溶剂中的乙烯聚合物（按重量计含乙烯聚合物40%、有机溶剂60%）

【答案】3208. 2020

【解析】本题商品由乙烯聚合物和有机溶剂组成。归类时似应以乙烯聚合物为主要特征归入第三十九章，但根据第三十二章章注四的规定，“品目32. 08包括由品目39. 01至39. 13所列产品溶于挥发性有机溶剂的溶液（胶棉除外），但溶剂重量必须超过溶液重量的50%”。由于本题商品有机溶剂重量为60%，显然超过溶液重量50%的标准，所以不能按“聚合物”归入第三十九章，而应按“油漆及清漆”归入第三十二章。

查阅品目，由于品目32. 08已有相关产品的列名，因此，本题商品应按“以合成聚合物或化学改性天然集合物为基本成分的油漆及清漆，分散于或溶于非水介质的”应归入品目32.08。

参照其乙烯聚合物的基本成分，本题商品应归入子目3208.2020。

5. 溶于挥发性有机溶剂中的乙烯聚合物（按重量计含乙烯聚合物60%、有机溶剂40%）

【答案】3901.9090

【解析】本题商品由乙烯聚合物和有机溶剂组成。归类时似应以乙烯聚合物为主要特征归入第三十九章，但根据第三十二章章注四的规定：“品目32.08包括由品目39.01至39.13所列产品溶于挥发性有机溶剂的溶液（胶棉除外），但溶剂重量必须超过溶液重量的50%。”由于本题商品有机溶剂重量为40%，显然不超过溶液重量50%的标准，所以应按“聚合物”归入第三十九章，而不能按“油漆及清漆”归入第三十二章。

查阅品目，本题商品应以“乙烯聚合物”为主要特征归入品目39.01，并归入子目3901.9090。

四、历届报关员考试中的本章归类考题

1. 50千克铁桶装染布用灰色分散染料（1998年下半年考题）

【答案】3204.1100

【解析】“分散染料”是基本上不溶于水的非离子型染料，以水分散体形式适用于疏水性纤维的染色，属于有机合成染料。归类时参照其属性应按“染料”归入第三十二章。

查阅品目，由于该直接染料属于有机合成染料，且非零售包装（50千克铁桶装），因此，本题商品应按“有机合成着色料”归入品目32.04，而不能按“零售形状及零售包装的染料或其他着色料”归入品目32.12。

再查阅子目，本题商品应按“分散染料”的具体列名归入子目3204.1100。

2. 直接染料（铁桶装）（1999年上半年考题）

【答案】3204.1400

【解析】“染料”是能使纺织纤维或其他被染物质牢固着色的有机化合物，属于有机合成着色料。归类时参照其属性应按“染料”归入第三十二章。

查阅品目，由于该直接染料属于有机合成染料，且非零售包装（铁桶装），因此，本题商品应按“有机合成着色料”归入品目32.04，而不能按“零售形状及零售包装的染料或其他着色料”归入品目32.12。

再查阅子目，本题商品应按“直接染料”的具体列名归入子目3204.1400。

3. 还原靛蓝（非零售包装）（1999年下半年考题）

【答案】3204.1510

【解析】“还原靛蓝”是能将被染织物染成蓝色的一种合成还原染料，按其化学结构被视作靛系染料，属于合成着色料。归类时参照其属性应按“染料”归入第三十二章。

查阅品目，由于还原靛蓝属于有机合成染料，因此，本题商品应按“有机合成着色料”归入品目32.04。

再查阅子目，本题商品应按“还原靛蓝”的具体列名归入子目3204.1510。

4. 红色还原颜料（铁桶装）（2000年考题）

【答案】32.04

【解析】“还原颜料”是有机合成着色料。归类时参照其属性应按“颜料”归入第三十二章。

查阅品目，由于该颜料为铁桶装，其包装状态表明该商品是非零售包装。因此本题商品应按“非零售包装的有机合成着色料”归入品目32.04。

（提示：2000年考题是以选择形式出题，因此本题答案仅选择品目，详见附录“历届商品归类考试试题”。）

5. 溶于挥发性有机溶剂中的丙烯酸聚合物，丙烯酸聚合物占溶液总重量的45%（2002年考题）

【答案】3208.2010

【解析】本题商品由丙烯酸聚合物和有机溶剂组成。归类时似应以丙烯酸聚合物为主要特征归入第三十九章，但根据第三十九章注释二（四）的规定，“本章不包括品目39.01至39.13所列的任何产品溶于挥发性有机溶剂的溶液（胶棉除外），但溶剂的重量必须超过溶液重量的50%（品目32.08）”。由于本题商品有机溶剂重量为55%，显然超过溶液重量50%的标准，所以不能按“聚合物”归入第三十九章，而应按“油漆及清漆”归入第三十二章。

查阅品目，由于品目32.08已有相关产品的列名，因此，本题商品应按“以合成聚合物或化学改性天然集合物为基本成分的油漆及清漆，分散于或溶于非水介质”归入品目32.08。

再查阅子目，参照其丙烯酸聚合物的基本成分，本题商品应归入子目3208.2010。

6. 酸性红B，一种有机合成染料，红色，主要用于化学纤维的染色，25千克包装（2006年考题）

【答案】3204.1200

【解析】“颜料”是在整个染色过程中能保留其结晶或微粒形状的有机合成色料，其包括分散染料、酸性染料、媒染染料、碱性染料、直接染料、瓮染料、活性染料等。本题商品属于酸性染料。归类时参照其属性应按“染料”归入第三十二章。

查阅品目，由于本题商品为有机合成染料，因此应按“有机合成着色料”归入品目32.04。

再查阅子目，本题商品应按“酸性染料”的具体列名而归入子目3204.1200。

7. “立邦”梦幻系列硝基木器漆，以硝酸纤维素为基本成膜成分，加上有机溶剂、颜料和其他添加剂调制而成（2007年考题）

【答案】3208.9090

【解析】“油漆”是一种有机高分子胶体混合物的溶液和粉末，将其涂布在物体表面能够形成附着于物质表面的坚固涂膜。本题商品属于以硝酸纤维为基本成分的油漆。归类时参照其属性应按“油漆及清漆”归入第三十二章。

查阅品目，参照其溶于有机溶剂的特征，本题商品应按“以合成聚合物为基本成分的油漆及清漆（包括瓷漆及大漆），分散于或溶于非水介质的”归入品目32.08。

再查阅子目，由于本品目没有硝酸纤维素的具体列名，因此本题商品只能按“其他成分油漆”归入子目3208.9090。

第三十三章　精油及香膏；芳香料制品及化妆盥洗品

一、本章商品范围概述

本章包括精油及香膏；芳香料制品及化妆盥洗品。品目 33.01 及 33.02 包括芳香物质；品目 33.03 至 33.07 包括芳香物质的制品。其中品目 33.03 至 33.07 的产品可以含有起辅助作用的药物或消毒成分，也可以是具有辅助治疗或预防作用的，而室内除臭剂即使其消毒性能已超出辅助作用，仍应归入品目 33.07。

二、本章归类注意要点

（1）品目 33.01 仅是天然的植物香料，如果是化学合成的单独化学成分的香料，则一般应归入第二十九章。

（2）品目 33.01 仅是单一的植物香料，如果是几种香料的混合物或是与其他成分的混合物，则一般应归入 33.02。

（3）品目 33.07 的化妆盥洗品的归类则要注意章注四的规定。

三、商品归类练习

1. 天然的檀香油

【答案】3301.2999

【解析】“天然的檀香油”是由檀香树的干或根经蒸汽蒸馏而得的一种精油。归类时参照其属性应按“精油及香膏”归入第三十三章。

查阅品目，参照其单一的植物成分，本题商品应归入品目 33.01。

再查阅子目，由于没有该商品的相关子目列名，因此，本题商品只能按“其他”归入子目 3301.2999。

2. 薄荷醇

【答案】2906.1100

【解析】“薄荷醇”也称薄荷脑，是从薄荷油中单离得到的一种萜醇，为薄荷油的主要成分。归类时由于其属于化学合成的单独化学成分的香料，因此，不能按“香料”归入第三十三章，而应按“单一的醇类有机物”归入第二十九章。

查阅品目，由于薄荷醇是一种萜醇，因此，本题商品应归入品目 29.06。

再查阅子目，本题商品应按“薄荷醇”的具体列名归入子目 2906.1100。

3. 茴香油 30%、茉莉花油 70% 的化妆品用香料

【答案】3302.9000

【解析】本题商品是由茴香油和茉莉花油两种香料组成，属于一种混合香料。归类时参照其属性应按“芳香料制品”归入第三十三章。

查阅品目，由于品目 33.02 已列有混合香料的列名，因此，本题商品应按“混合香料”归入品目 33.02。

再查阅子目，参照其用途（化妆品），本题商品应归入子目 3302.9000。

4. 润肤用眼霜

【答案】3304.9900

【解析】“润肤用眼霜”是一种用于滋润眼部肌肤的霜（膏）状制品。归类时参照其属性应按“化妆盥洗品”归入第三十三章。

查阅品目，由于“润肤用眼霜”属于护肤品，因此，本题商品应按“美容品或化妆品及护肤品”归入品目33.04。

再查阅子目，本题商品应归入子目3304.9900。

5. 狗用洗毛剂

【答案】3307.9000

【解析】“狗用洗毛剂”（香波）属于动物用盥洗品。归类时参照其属性应按“化妆盥洗品”归入第三十三章。

查阅品目，根据第三十三章章注四的规定，品目33.07包括动物用盥洗品。因此本题商品应归入品目33.07。

再查阅子目，由于子目没有该商品的相关列名，因此，本题商品只能按“其他”归入子目3307.9000。

四、历届报关员考试中的本章归类考题

1. 胡椒薄荷油（1999年上半年考题）

【答案】3301.2400

【解析】“薄荷油”是由芳香草本植物薄荷的叶和茎经蒸馏而得的一种精油。归类时参照其属性应按“精油及香膏”归入第三十三章。

查阅品目，由于胡椒薄荷油属于单一的天然植物精油，因此，本题商品应归入品目33.01。

再查阅子目，本题商品应按“非柑橘属果实的胡椒薄荷油”归入子目3301.2400。

2. 隐形眼镜片用药水（2002年考题）

【答案】3307.9000

【解析】“隐形眼镜片用药水”是一种在佩戴过程中用以清洁、消毒或浸泡隐形眼镜片的盥洗液。归类时由于本题商品具有美化眼部和盥洗作用，因此，应按“芳香料制品及化妆盥洗品”归入第三十三章。

查阅品目，根据第三十三章章注四的规定，品目33.07包括隐形眼镜片用的溶液。因此，本题商品应归入品目33.07。

再查阅子目，由于没有该商品的相关子目列名，因此，本题商品只能按“其他化妆盥洗品”归入子目3307.9000。

3. 液体口香糖，20克/支，成分为食用酒精、香精、阿巴斯甜、甘油、山梨醇等，使用时喷于口腔，起清新口气的作用（2006年考题）

【答案】3306.9000

【解析】本题商品属于口腔清新剂。归类时参照其属性应按“芳香料制品”归入第三十三章。

查阅品目，由于液体口香糖属于口腔清洁剂，因此，本题商品应按“口腔清洁剂”

归入品目 33. 06。

再查阅子目，本题商品应归入子目 3306. 9000。

4. “SK－Ⅱ”洗发香波，500 毫升/瓶（2007 年考题）

【答案】3305. 1000

【解析】“洗发香波”为洗发专用的洗涤剂。归类时似可按“化妆盥洗品”归入第三十三章，也可按“洗涤剂”归入第三十四章。根据第三十四章章注一（三），“本章不包括含肥皂或其他有机表面活性剂的洗发剂、洁齿品、剃须膏及沐浴用制剂（品目 33. 05、33. 06 及 33. 07）”。由于本题商品属于第三十三章的商品范畴，因此，应归入第三十三章。

查阅品目，由于洗发香波属于护发品，因此，本题商品应按“护发品”归入品目 33. 05。

再查阅子目，本题商品应归入子目 3305. 1000。

5. “舒适”牌男士抑汗清新喷雾，成分为三氯化铝、香精、防腐剂等，使用时喷于腋下，能有效抑制汗液，保持皮肤干爽，避免出汗引起过重汗味（2009 年考题）

【答案】3307. 2000

【解析】本题商品是一种抑制汗液的制剂，属于化妆盥洗品。归类时参照其属性应按“芳香料制品及化妆盥洗品”归入第三十三章。

查阅品目，由于没有该商品的相关品目列名，因此，本题商品只能按“其他品目未列名的芳香料制品及化妆盥洗品”归入品目 33. 07。

再查阅子目，本题商品应按“止汗剂”的具列名归入子目 3307. 2000。

6. “天使”牌保养面膜，16 片/盒，该面膜是将调配好的营养美容液（含有去除粉刺、死皮、老化角质、油污的清洁成分和保湿成分、皮肤营养成分）涂在薄型无纺布上，对改善肤质有一定效果（2010 年考题）

【答案】3307. 9000

【解析】“保养面膜”属于化妆盥洗品。归类时参照其属性应按“芳香料制品及化妆盥洗品”归入第三十三章。

查阅品目，根据第三十三章章注四的规定，“税号 33. 07 所称‘芳香料制品及化妆盥洗品’，主要适用于下列产品：香袋；通过燃烧散发香气的制品；香纸及用化妆品浸渍或涂布的纸；隐形眼镜片或假眼用的溶液；用香水或化妆品浸渍、涂布、包覆的絮胎、毡呢及无纺织物；动物用盥洗品”。因此，该“涂布美容液的无纺织物面膜”应归入品目 33. 07。

再查阅子目，由于没有该商品的子目相关列名，因此，本题商品只能按“其他”归入子目 3307. 9000。

第三十四章　肥皂、有机表面活性剂、洗涤剂、润滑剂、人造蜡、调制蜡、光洁剂、蜡烛及类似品、塑型用膏、“牙科用蜡”及牙科用熟石膏制剂

一、本章商品范围概述

本章主要包括通过工业处理油、脂或蜡而得的具有共同特点的各种产品（例如，肥皂、某些润滑剂、调制蜡、光洁剂及蜡烛）。

而本章不包括已有化学定义的单独化合物，也不包括未混合或未经处理的天然产品。

二、本章归类注意要点

（1）归入子目3402. 1100至3402. 1900的表面活性剂须仅含一种表面活性剂，如果同时含几种表面活性剂或是表面活性剂溶于有机溶剂等情况，则应作为表面活性剂制品归入子目3402. 2010至3402. 9000。

（2）根据第三十四章章注一（三）的规定，“如果表面活性剂产品属于洗发剂、洁齿品、剃须膏及沐浴用制剂，则优先归入第三十三章的相应品目”。

三、商品归类练习

1. 药皂

【答案】3401. 1100

【解析】“药皂”是含有硼酸、水杨酸、硫、硫酰胺或其他药物的肥皂。归类时似可按“药品”归入第三十章，也可按“肥皂”归入第三十四章。根据第三十四章章注一（三）的规定，“品目34. 01所称‘肥皂’，只适用于水溶性肥皂，其可以含有添加料（例如消毒剂、磨料粉、填料或药料）”。由于药皂属于品目34. 01的商品范畴，因此，本题商品应按“肥皂”归入第三十四章。

查阅品目，由于药皂属于品目34. 01的商品范畴，因此，本题商品应归入品目34. 01，并归入子目3401. 1100。

2. 用作脱模剂的花生油

【答案】1517. 9090

【解析】“脱模剂”又称脱模润滑剂，是防止橡胶胶料与模具黏着而使制品容易脱离的物品。脱模剂属于润滑剂，归类时参照其用途似应按“润滑剂”归入第三十四章。

查阅品目，似应按“润滑剂”的具体列名归入品目34. 03，但由于品目34. 03所指的润滑剂是以石油或从沥青矿物提取的油类为基本成分，且按重量计不低于70%的商品，而本题商品是以花生油为基本成分，因此，本题商品不符合品目34. 03的商品范畴，不能归入品目34. 03。根据第三十四章章注一（一）的规定，本题商品应按其材料归入第十五章的品目15. 17。

本题商品应归入子目1517. 9090。

3. 含有机表面活性剂的沐浴香波

【答案】3307.3000

【解析】“沐浴香波”是一种含有有机表面活性剂成分的、供沐浴用的盥洗品。归类时似可按“化妆盥洗品”归入第三十三章，也可按“洗涤剂”归入第三十四章。

查阅品目，根据第三十四章章注一（三）的规定，含肥皂或有机表面活性剂的洗发剂、洁齿品、剃须膏及沐浴用制剂，应归入品目33.05、33.06及33.07。因此，本题商品应归入品目33.07。

参照其沐浴的用途，本题商品应归入子目3307.3000。

4. 玻璃用去污粉

【答案】3405.4000

【解析】“玻璃用去污粉”是一种专用于去除玻璃表面污迹的清洁剂。归类时参照其用途应按“洗涤剂”归入第三十四章。

查阅品目，根据第三十四章章注二的规定，“含磨料粉的产品，只有条状、块状或模制形状可以归入品目34.0l，其他形状的应作为‘去污粉及类似品’归入品目34.05”。因此，玻璃用去污粉不能按“有形状的去污产品”归入品目34.01，而应按“非有形状的产品”归入品目34.05。

本题商品应归入子目3405.4000。

5. 用洗涤剂浸渍的无纺织物

【答案】3401.1990

【解析】“无纺织物”是指用纺织纤维经压合而成的织物。归类时由于用洗涤剂浸渍的无纺织物，通常是用于洗手或洗脸，因此，参照其用途，本题商品应按“洗涤制品”归入第三十四章。

查阅品目，应按“用洗涤剂浸渍的无纺织物”的相关列名归入品目34.01。

本题商品应归入子目3401.1990。

四、历届报关员考试中的本章归类考题

1. 非离子型有机表面活性剂（非零售包装）（1999年上半年考题）

【答案】3402.1300

【解析】“表面活性剂”是指一类不仅能溶解于水或其他有机溶剂，同时还能改变（通常为降低）液体表面张力或二相界面张力的有机化合物。归类时参照其用途应按“有机表面活性剂”归入第三十四章。

查阅品目，应按“有机表面活性剂”的具体列名归入品目34.02；参照其非离子型的类别，本题商品应归入子目3402.1300。

2. 合成洗衣粉（非零售包装）（2000年考题）

【答案】3402.9000

【解析】“合成洗衣粉”是一种洗涤剂。归类时参照其用途应按“洗涤剂”归入第三十四章。

查阅品目，应按“洗涤剂及清洁剂”的相关列名归入品目34.02；参照其非零售包装的包装状态，本题商品应归入子目3402.9000。

3. 洗手液，400 毫升塑料瓶装，含有表面活性剂、杀菌剂、香精等成分（2004 年考题）

【答案】3401. 3000

【解析】“洗手液”属于洁肤用洗涤液。归类时参照其用途应按“洗涤剂”归入第三十四章。

查阅品目，由于洗手液属于洁肤用的有机表面活性产品及制剂，因此，本题商品应归入品目 34. 01，并按“洁肤用的有机表面活性产品及制剂”归入子目 3401. 3000。

4. “美丽”牌柠檬香型亮光液，600 毫升压力罐装，使用时喷于家具表面（2005 年考题）

【答案】3405. 2000

【解析】本题商品为供家具用的光洁剂。归类时参照其用途应按“光洁剂”归入第三十四章。

查阅品目，由于品目 34. 05 已有“光洁剂”的具体列名，因此，本题商品应按具体归入品目 34. 05。

参照其用途（使用时喷于家具表面），本题商品应归入子目 3405. 2000。

第三十五章　蛋白类物质；改性淀粉；胶；酶

一、本章商品范围概述

本章包括蛋白类及蛋白质衍生物、糊精及其他改性淀粉以及酶。还包括从这些物质中的某些物质或其他物质制得的胶水及酶制品。

二、本章归类注意要点

适用于作胶或黏合剂的产品，零售包装每件净重不超过 1 千克的，应归入品目 35. 06。

三、商品归类练习

1. 以聚酰胺为基本成分的黏合剂（零售包装，包装净重 0. 9 千克）

【答案】3506. 1000

【解析】本题商品是以聚酰胺为基本成分的黏合剂，归类时参照其用途应按“胶”归入第三十五章。

查阅品目，由于品目 35. 06 已有“黏合剂”的具体列名，因此本题商品应按具体列名归入品目 35. 06。

参照其包装重，由于其包装净重不超过 1 千克，因此，不能按“包装净重超过 1 千克的黏合剂”归入子日 3506. 9110，而应按“包装净重不超过 1 千克的黏合剂”归入了目 3506. 1000。

2. 以聚酯为基本成分的黏合剂（零售包装，包装净重 2 千克）

【答案】3506. 9190

【解析】本题商品是以聚酯为基本成分的黏合剂，归类时参照其用途应按“胶”归入第三十五章。

查阅品目，由于品目 35. 06 已有“黏合剂”的具体列名，因此本题商品应按具体列名归入品目 35. 06。

参照其材质（聚酯为基本成分）及包装净重（包装净重 2 千克），本题商品应归入子目 3506. 9190。

3. 明胶（每件净重 1 千克）

【答案】3506. 1000

【解析】“明胶”是水溶蛋白物质，通常用温水（加酸或不加酸）处理皮张、软骨、硬骨、筋腱或类似动物物料而制得，用于配制食品、药品及感光乳剂等。本题商品属于蛋白类物质。归类时参照其用途应按“蛋白类物质“归入第三十五章。

查阅品目，似应按“明胶”的具体列名归入品目 35. 03，但由于其包装净重不超过 1 千克，因此，不能按“包装净重超过 1 千克的胶产品”归入品目 35. 03，而应按“包装净重不超过 1 千克的胶产品”归入品目 35. 06。

本题商品应归入子目 3506. 1000。

4. 麦芽糖糊精（还原糖以右旋糖的干重量计 9%）

【答案】3505. 1000

【解析】“麦芽糖糊精”是通过用酸或酶使淀粉水解的降解法所得的产品。糊精属于改性淀粉。归类时参照其用途应按“改性淀粉”归入第三十五章。

查阅品目，根据第三十五章章注二的规定：“品目 35. 05 所称‘糊精’，是指淀粉的降解产品，其还原糖含量以右旋糖的干重量计不超过 10%，如果还原糖含量超过 10%，应归入品目 17. 02。”由于本题商品还原糖含量以右旋糖的干重量计不超过 10%，因此，本题商品仍应归入品目 35. 05。

本题商品应归入子目 3505. 1000。

四、历届报关员考试中的本章归类考题

1. 酪蛋白（1999 年下半年考题）

【答案】3501. 1000

【解析】“酪蛋白”是构成动物乳的主要蛋白，通常由酸或凝乳酸沉淀脱脂奶制取，呈黄白色粉粒状。归类时参照其用途应按“蛋白类物质”归入第三十五章。

查阅品目，由于品目 35. 01 已有“酪蛋白”的具体列名，因此，本题商品应按具体列名归入品目 35. 01。

本题商品应按具体列名归入子目 3501. 1000。

2. 香烟滤嘴成型用热熔胶，由乙烯 – 乙酸乙烯酯共聚物树脂、增粘树脂、蜡、抗氧剂等组成，20 千克/桶（2008 年考题）

【答案】3506. 9190

【解析】“热熔胶”是一种化学配制的黏合剂。归类时参照其用途应按“胶”归入第三十五章。

查阅品目，由于热熔胶属于黏合剂，因此应按“其他调制黏合剂”归入品目 35. 06。

参照其包装重（20 千克/桶）及成分（乙烯－乙酸乙烯酯），本题商品应归入子目 3506.9190。

第三十六章　炸药；烟火制品；火柴；引火合金；易燃材料制品

一、本章商品范围概述

本章包括发射药及配制炸药，即以本身含有燃烧所必需的氧气并在燃烧中产生大量高温气体为特征的混合物。

本章还包括引爆时所需的辅助产品（即雷管、火帽、引爆管等）。用爆炸、发火、易燃或可燃材料制的用以产生光、声、烟、火焰或火花的制品（即烟火制品、火柴、各种形状的铈铁和其他引火合金及某些特定的易燃材料制品）也归入本章中。

二、本章归类注意要点

（1）本章不包括单独的已有化学定义的化合物，这些物品通常归入第二十八章或第二十九章，例如，品目 28.38 的雷酸汞及品目 29.04 的三硝基甲苯（TNT）。

（2）本章不包括闪光灯材料（品目 37.07），也不包括通过化学发光现象产生光效应的物品（品目 38.24）、硝化纤维素（品目 39.12）及品目 93.06 的物品（军火等）。

三、商品归类练习

1. 容器容积 300 立方厘米的香烟打火机用液化丁烷

【答案】3606.1000

【解析】“液化丁烷”是一种从天然气或石油制得的气态粗制烃，这些烃在温度 15℃，压力 1013 毫巴时为气态，在压力下可以液态装于金属容器内。液化丁烷属于液化气体燃料。归类时参照其用途应按“易燃材料制品”归入第三十六章。

查阅品目，由于“打火机用液化丁烷”属于易燃材料制品，因此本题商品应按“易燃材料制品”归入品目 36.06。

参照其容器容积（300 立方厘米），本题商品应归入子目 3606.1000；否则归入子目 2711.1310。

2. 黑色火药

【答案】3601.0000

【解析】“火药”可由火花、火焰或点火器材引燃，能在没有外界助燃剂的参加下进行迅速而有规律地燃烧的药剂，燃烧时能产生大量炽热气体，这些气体可产生推进作用，因火药是武器发射的能源，故又称“发射药”。火药属于炸药的一类。归类时参照其用途应按“炸药”归入第三十六章。

查阅品目，由于火药属于发射药，因此本题商品应按“发射药”归入品目 36.01。

本题商品应归入子目 3601.0000。

3. 以硝酸甘油酯（硝化甘油）及乙二醇二硝酸酯（硝化甘醇）为基料的炸药

【答案】3602.0090

【解析】"炸药"是燃烧时反应比发射药更为剧烈的化学物质混合物。它们的燃烧释放出非常大量的高温气体，瞬间产生巨大压力。归类时参照其用途应按"炸药"归入第三十六章。

查阅品目，由于该商品为炸药，因此本题商品应按"炸药"归入品目 36.03。

参照其成分，本题商品应归入子目 3602.0090。

4. 烟花

【答案】3604.1000

【解析】"烟花"是通过燃烧产生声、光、烟雾以供娱乐的烟火制品。归类时参照其用途应按"烟火制品"归入第三十六章。

查阅品目，本题商品应按"烟花"的具体列名归入品目 36.04，并应归入子目 3604.1000。

四、历届报关员考试中的本章归类考题

（无）

第三十七章　照相及电影用品

一、本章商品范围概述

本章包括照相感光硬片、软片、纸、纸板及纺织品，不论是否已曝光或已冲洗，还包括照相用的各种化学制剂及某些未混合产品。

二、本章归类注意要点

第三十七章的"摄影用品"重点放在 37.01、37.02、37.03、37.07 这 4 个编号。注意其规律，例如"未曝光的医用 X 光卷片"由于其基材是塑料，并且是卷片，所以应归入 3702.1000。

三、商品归类练习

1. 未曝光的激光排版用平面软质胶片（宽 300 毫米，长 100 米）

【答案】3701.3021

【解析】"曝光"是指感光材料受光作用的过程。本题"激光排版用平面软质胶片"属于感光材料。归类时参照其用途应按"照相用品"归入第三十七章。

查阅品目，由于该胶片未受光作用（未曝光），因此，根据其材质应按"未曝光的摄影感光硬片及平面软片"归入品目 37.01。

参照其尺寸规格（宽 300 毫米，长 100 米）及用途（激光排版用），本题商品应归入子目 3701.3021。

2. 未曝光的黑白摄影用纸质感光片（宽 800 毫米，长 100 米）

【答案】3703.1010

【解析】本题"黑白摄影用纸质感光片"属于感光材料。归类时参照其用途应按"照

相用品”归入第三十七章。

查阅品目，由于该感光片未受光作用（未曝光），因此，根据其材质（纸质）应按“未曝光的摄影感光纸”归入品目37.03。

参照其尺寸规格（宽800毫米，长100米）及用途（摄影用），本题商品应归入子目3703.1010。

3. 摄影用定影剂

【答案】3707.9010

【解析】“定影剂”是指将未曝光的卤化银及被氧化成可溶性银盐的银影溶去，使显影后的图像固定不变。定影剂属于摄影用化学制剂。归类时参照其用途应按“照相用品”归入第三十七章。

查阅品目，由于“定影剂”属于摄影用的化学制剂，因此本题商品应按“摄影用化学制剂”归入品目37.07。

参照其用途，本题商品归入子目3707.9010。

（提示：子目3707.9010所列冲洗照相胶卷及相片用化学制剂，系指用化学处理方法使照相胶卷及相片上的图像显现过程中所使用的制剂。主要包括显影剂、定影剂、漂白剂、稳定剂、增厚剂、减薄剂、调色剂、去污渍剂等。）

4. 未曝光的彩色摄影用胶卷（宽15毫米，长20米，有齿孔）

【答案】3702.5200

【解析】本题商品为未曝光的感光材料。归类时参照其用途应按“照相用品”归入第三十七章。

查阅品目，由于该感光材料尚未曝光，因此，根据其材质（胶卷）应按“成卷的未曝光摄影感光胶片”归入品目37.02。

参照其尺寸规格（宽15毫米，长20米，有齿孔）及用途（摄影），本题商品应归入子目3702.5200。

5. 未曝光的医用X光胶卷

【答案】3702.1000

【解析】本题商品为未曝光的感光材料。归类时参照其用途应按“照相用品”归入第三十七章。

查阅品目，由于该感光材料尚未曝光，因此，根据其材质（胶卷）应按“成卷的未曝光摄影感光胶片”归入品目37.02。

参照其用途（医用），本题商品应归入子目3702.1000。

四、历届报关员考试中的本章归类考题

1. 胶片长1.5米、宽度为35毫米的彩色胶卷（未曝光，有齿孔）（1998年上半年考题）

【答案】3702.5410

【解析】本题商品为未曝光的感光材料。归类时参照其用途应按“照相用品”归入第三十七章。

查阅品目，由于该商品是未曝光的胶卷，因此，本题商品应按“成卷的未曝光摄影

感光胶片”归入品目37.02。

参照其尺寸规格（长1.5米、宽度为35毫米、有齿孔）及用途（彩色摄影），本题商品应归入子目3702.5410。

2. 零售包装供冲洗照相胶卷用显影剂（1998年下半年考题）

【答案】3707.9010

【解析】“显影剂”是指能使曝过光的卤化银还原成为银影，即能使曝过光的潜影显现成可见影像的制剂。显影剂属于摄影用化学制剂。归类时参照其用途应按“照相用品”归入第三十七章。

查阅品目，由于显影剂属于摄影用的化学制剂，因此，本题商品应按“摄影用化学制剂”归入品目37.07。

参照其冲洗用途，本题商品应归入子目3707.9010。

3. 一次成像平片，未曝光（2004年考题）

【答案】3701.2000

【解析】“一次成像片”属于照相用感光材料，归类时参照其用途应按“照相用品”归入第三十七章。

查阅品目，由于该商品是未曝光的平片，因此，本题商品应按“未曝光的一次成像感光平片”归入品目37.01。

本题商品应按具体列名归入子目3701.2000。

第三十八章　杂项化学产品

一、本章商品范围概述

本章是第六类的最后一章。属于按用途分类时，前面几章未涉及的杂项化工产品。

二、本章归类注意要点

（1）根据第六类类注二的规定，制成零售包装符合品目38.08规定的货品，应优先归入这一品目，而不归入本《协调制度》的其他品目（品目28.43至28.46除外）。

（2）品目38.25是本章的最后品目，为《协调制度》其他品目未列名的化学工业及其相关工业的化学产品、配制品及副产品；城市垃圾；下水道淤泥；本章章注六规定的其他废物。

三、商品归类练习

1. 活性硅藻土

【答案】3802.9000

【解析】“活性硅藻土”是由硅藻土或其他精选硅质化石土构成，必要时用酸处理脱钙，在与氯化钠或碳酸钠等烧结剂相接触下进行煅烧，然后磨成粉末并用适当方法分级。本题商品属于天然活性矿产品。归类时由于其用途没有相关的章，因此只能按“杂项化工产品”归入第三十八章。

查阅品目，由于“活性硅藻土”属于天然活性矿产品，因此，本题商品应按“天然活性矿产品”归入品目38.02。

由于没有相关的子目列名，因此，本题商品应按“其他”归入子目3802.9000。

2. 含有除虫剂（可杀死虱子）的狗用香波，零售瓶装

【答案】3808.9119

【解析】本题商品为具有除虫功能的洗涤制品。归类时似可按“动物用盥洗品”归入第三十三章的品目33.07，也可按“杀虫剂”归入第三十八章的品目38.08。由于狗用香波的基本特征是杀虫剂，因此根据归类总规则三（二）的基本特征归类原则，本题商品应按“杀虫剂”归入第三十八章。

查阅品目，由于品目38.02已有“除虫剂”的具体列名，因此，本题商品应按具体列名归入品目38.02。

根据其零售瓶装的包装状态，本题商品应归入子目3808.9119。

3. 由邻苯二甲酸二辛酯占65%、邻苯二甲酸二丁酯占35%组成的增塑剂

【答案】3812.2000

【解析】本题商品由邻苯二甲酸二辛酯和邻苯二甲酸二丁酯组成，属于化工产品的混合物。归类时由于其用途没有相关的章，因此只能按“杂项化工产品”归入第三十八章。

查阅品目，由于品目38.12已有“增塑剂”的具体列名，因此，本题商品应按具体列名归入品目38.12。

根据其塑料用的用途，本题商品应归入子目3812.2000。

4. 由贵金属氧化物固定于活性载体上构成的催化剂

【答案】3815.1200

【解析】“催化剂”是引起或促进某些化学反应的制剂。归类时由于其用途没有相关的章，因此只能按“杂项化工产品”归入第三十八章。

查阅品目，由于品目38.15已有催化剂的具体列名，因此，本题商品应按具体列名归入品目38.15。

根据其构成材料，本题商品应归入子目3815.1200。

5. 下水道淤泥

【答案】3825.2000

【解析】“下水道淤泥”是经城市污水处理厂处理的淤泥，包括预处理的废料、洗涤污垢和性质不稳定的淤泥。归类时由于其用途没有相关的章，因此只能按“杂项化工产品”归入第三十八章。

查阅品目，由于品目38.25已有“下水道淤泥”的具体列名，因此，本题商品应按具体列名归入品目38.25。

本题商品应按具体列名归入子目3825.2000。

四、历届报关员考试中的本章归类考题

1. 附有证书的牛奶检定参照物（该奶粉具有确定的组分）（2002年考题）

【答案】3822.0090

【解析】“检定参照物”是指附有证书的参照物，该证书标明了参照物的属性检定值、

确定这些检定值的方法以及每项检定值的可靠度，这些参照物用于分析、校准和比较。本题商品是牛奶检定参照物，属于诊断或实验用试剂，因此归类时本题商品不能按“牛奶”归入第四章或第十九章，而应按“杂项化学产品”归入第三十八章。

查阅品目，根据第三十八章注二（二）的规定，“除第二十八和二十九章的产品外，检定参照物在本目录中应优先归入品目38.22”。因此，本题商品应优先考虑归入品目38.22。

再查阅子目，由于本题商品没有提示有衬背，因此，只能按“其他”归入子目3822.0090。

2. 早孕自测卡，纸质，涂有检测试剂，通过与尿液接触后的颜色变化来初步判断是否怀孕（2005 年考题）

【答案】3822.0010

【解析】本题商品属于化学诊断试剂。归类时由于其用途没有相关的章，因此只能按“杂项化学产品”归入第三十八章。

查阅品目，由于品目38.22已有“诊断或实验用试剂”的具体列名，因此应按具体列名归入品目38.22。

根据其是否有衬背（纸质衬背），本题商品应归入子目3822.0010。

3. “暖宝宝”牌一次性使用取暖片，由铁粉、水、活性炭、蛭石、吸水性树脂、食盐等混合置于无纺布袋内，并密封成片状。使用时打开包装，贴于人体的肩部、背部、腰部、胃部或者关节部位，取暖片中的成分在空气中氧气的作用下发生放热反应，可在12～20小时内持续不断地释放热量，起到驱寒保暖的作用（2009 年考题）

【答案】3824.9099

【解析】“暖宝宝”是一种利用化学反应产生热量的取暖片，其发热材料为多种化学物质混合配制而成。归类时根据其用途只能按“杂项化工产品”归入第三十八章。

查阅品目，由于其用途未在有关品目列名，因此，本题商品只能按“其他品目未列名的化学产品”归入品目38.24。

由于没有相关的子目列名，本题商品应按“其他”归入子目3824.9099。

4. F－1硝基漆防潮剂，由沸点较高、挥发速度较慢的酯类、醇类、酮类等有机溶剂混合而成，该防潮剂与硝基漆的稀释剂配合使用，可在湿度较高的环境下施工，以防止硝基漆发白（2010 年考题）

【答案】3824.9099

【解析】本题商品是一种由多种化学物质混合而成的防潮剂。归类时由于其用途没有相关的章，因此只能按“杂项化工产品”归入第三十八章。

查阅品目，由于其用途未在有关品目列名，因此，本题商品只能按“其他品目未列名的化学产品”归入品目38.24。

由于没有相关的子目列名，本题商品应按“其他”归入子目3824.9099。

（提示：由于本题商品本身不能作为稀释剂使用，必须要加入稀释剂才能配合使用，因此不能按“稀释剂”归入38.14。）

第七类 塑料及其制品；橡胶及其制品

本类商品由 2 章（第三十九至四十章）构成：第三十九章“塑料及其制品”，第四十章“橡胶及其制品”。这两章所包括的原料都属于高聚物，是由高分子聚合物组成的塑料与橡胶以及它们的制品。除天然的以外，合成的高分子聚合物大多是由第二十九章的有机化合物聚合得到。

第三十九章 塑料及其制品

一、本章商品范围概述

本章包括高分子化合物及其制品，有人造树脂、合成树脂、塑料、纤维素酯、纤维素醚及其他一些具有树脂特性的人造高聚物以及塑料材料及制品，其中包括初级形状的高聚物。

二、本章归类注意要点

（1）对于共聚物的归类：①根据第三十九章章注六的规定来判断是否属于品目 39. 01 至 39. 14“初级形状”的商品范围；②根据第三十九章章注四的规定来判断是否属于共聚物；③如果该共聚物中有一种单体单元的含量在 95% 及以上，则按均聚物归类；④如果该共聚物中没有一种单体单元的含量在 95% 及以上，则按共聚物归类——将属于同一品目的单体单元的含量相加，按含量高的品目归类，如果含量相等则“从后归类”。

（2）第三十九章章注七规定的塑料废碎料和下脚料的归类。

三、商品归类练习

1. 由 97% 乙烯和 3% 丙烯组成的聚合物（颗粒状，比重在 0. 94 以上）

【答案】3901. 2000

【解析】本题商品为颗粒状，属于初级形态的聚合物。归类时参照其属性应按“塑料及其制品”归入第三十九章。

查阅品目，根据第三十九章注释四的规定，整个聚合物中按重量计没有一种单体单元的含量在 95% 及以上应视为共聚物，而共聚物一般应按聚合物中重量最大的那种共聚单体单元所构成的聚合物归类。由于乙烯单体单元含量在整个聚合物中已占 95% 以上，因此，本题商品不属于共聚物，不能按“乙烯共聚物”归入品目 3901. 9010，而应按“乙烯均聚物”归入品目 3901. 2000。

2. 由 20% 氯乙烯、20% 醋酸乙烯、30% 丙烯和 30% 异丁烯的单体组成的共聚物（粉末状）

【答案】3902. 9000

【解析】本题商品为粉末状，属于初级形态的聚合物。归类时参照其属性应按“塑料及其制品”归入第三十九章。

查阅品目，在该商品的单体单元中，“氯乙烯”单体属于品目39.04商品范围，“醋酸乙烯”单体属于品目39.05商品范围，“丙烯和异丁烯”单体属于品目39.02商品范围。根据第三十九章子目注释一（四）的规定：“归入同一子目的聚合物单体单元应作为一种单体单元对待。”由于归入同一子目的聚丙烯和聚异丁烯含量最高，所以应归入品目39.02。

根据归类总规则三（三）的从后归类原则，本题商品应归入子目3902.9000。

3. 硅橡胶

【答案】3910.0000

【解析】“硅橡胶”即聚硅氧烷，尽管其取了个“橡胶”的名称，但由于不符合第四十章章注四有关“合成橡胶”的定义，因而不属于橡胶，而是一种聚合物。归类时参照其属性应按“塑料及其制品”归入第三十九章。

查阅品目，由于“硅橡胶”即聚硅氧烷，因此，本题商品应按“聚硅氧烷”的具体列名归入品目39.10，并归入子目3910.0000。

4. 氯磺化聚乙烯（非线型低密度）

【答案】3901.9090

【解析】“氯磺化聚乙烯”属于化学改性聚乙烯。归类时参照其属性应按“塑料及其制品”归入第三十九章。

查阅品目，根据第三十九章章注五的规定：“化学改性聚合物，应按未改性的聚合物的相应品目归类。”因此，本题商品应按“乙烯聚合物”归入品目39.01。

本题商品应归入子目3901.9090。

5. 比重0.96的聚乙烯农用薄膜

【答案】3920.1090

【解析】本题商品加工状态为薄膜，属于半制成品，而非初级形状的塑料。归类时参照其属性应按“塑料及其制品”归入第三十九章。

查阅品目，根据其半制成品的加工程度，应按“塑料薄膜”归入品目39.20。

根据其材质（聚乙烯）和用途（农用），本题商品应归入子目3920.1090。

四、历届报关员考试中的本章归类考题

1. 初级形状的低压聚乙烯（单位体积的重量比为0.95）（1997年考题）

【答案】3901.2000

【解析】“聚乙烯”是热塑性通用塑料。归类时参照其属性应按“塑料及其制品”归入第三十九章。

查阅品目，根据其状态（初级形状）和属性（乙烯），应按“初级形状乙烯聚合物”归入品目39.01。

再查阅子目，因聚乙烯是以乙烯为单体的聚合物，且其比重为0.95，符合3901.2000的商品范畴，因此，本题商品应归入子目3901.2000。

2. 聚氯乙烯制、宽度为2厘米的成卷电工用绝缘胶带（1998年上半年考题）

【答案】3919.1099

【解析】“聚氯乙烯制电工用绝缘胶带”是一种自粘塑料带。归类时参照其属性应按“塑料及其制品”归入第三十九章。

查阅品目，品目39.19包括自粘的板、片、膜、箔、带、扁条及其他扁平形状材料，不论其是否成卷。由于本题商品符合品目39.19的商品范畴，因此，应归入品目39.19。

再查阅子目，根据其宽度（2厘米），本题商品应归入子目3919.1099。

（提示：原1998年版子目答案为3919.1090，转换为2012年版子目答案应为3919.1099。）

3. 粒状、比重为0.90的50千克袋装线性低密度聚乙烯（1998年下半年考题）

【答案】3901.1000

【解析】“聚乙烯”是一种热塑性塑料，有低密度和高密度之分，其中低密度聚乙烯（LDPE）是指在温度20℃时比重低于0.94的聚乙烯；高密度聚乙烯（HDPE）是指在温度20℃时比重为0.94及以上的聚乙烯。归类时参照其属性应按“塑料及其制品”归入第三十九章。

查阅品目，根据第三十九章章注六的规定，“粒状”属于“初级形状”的商品，因此，本题商品应按“初级形状的乙烯聚合物”归入品目39.01。

再查阅子目，根据其状态（粒状）及比重（0.90），本题商品应归入子目3901.1000。

4. 塑料制离子交换柱（用丙烯酸聚合物填充）（1998年下半年考题）

【答案】3926.9090

【解析】“塑料制离子交换柱”（由丙烯酸聚合物填充）是塑料制品。归类时参照其属性应按“塑料及其制品”归入第三十九章。

查阅品目，由于品目并没有本题商品的相关列名，因此，本题商品应按“其他塑料制品”归入品目39.26。

再查阅子目，由于子目并没有本题商品的相关列名，因此，本题商品应按“其他”归入子目3926.9090。

5. 按重量计由60%的苯乙烯单体单元与40%的甲苯乙烯单体单元组成的共聚物（初级形状）（1999年上半年考题）

【答案】3903.9000

【解析】本题商品是由苯乙烯和甲苯乙烯单体单元组成的共聚物。归类时参照其属性应按“塑料及其制品”归入第三十九章。

查阅品目，本题商品似可按“苯乙烯聚合物”归入品目39.03，也可按“甲苯乙烯聚合物”归入品目39.04。根据第三十九章章注四规定，整个聚合物中按重量计没有一种单体单元的含量在95%及以上应视为共聚物，而共聚物一般应按聚合物中重量最大的那种共聚单体单元所构成的聚合物归类。本题商品中，由于苯乙烯成分含量超过甲苯乙烯，因此本题商品应视为苯乙烯聚合物归入品目39.03。

再查阅子目，本题商品应归入子目3903.9000。

6. 初级形状的聚丙烯（1999年下半年考题）

【答案】3902.1000

【解析】“聚丙烯”是热塑性通用塑料。归类时参照其属性应按“塑料及其制品”归入第三十九章。

查阅品目，由于品目39.02已有“初级形状的丙烯聚合物”的列名，因此，本题商品应按具体列名归入品目39.02。

再查阅子目，根据其单体成分含量，本题商品应归入子目3902.1000。

7. 氯乙烯－乙酸乙烯酯共聚物，按重量计含乙酸乙烯酯单体单元为60%（非水分散体，初级形状）（1999年下半年考题）

【答案】3905.2900

【解析】“氯乙烯－乙酸乙烯酯共聚物”为饱和的合成物质，属于热塑性塑料。归类时参照其属性应按“塑料及其制品”归入第三十九章。

查阅品目，根据第三十九章章注四规定，共聚物及复合物混合体应按聚合物中重量最大的共聚单体单元归类。本题商品中按重量计乙酸乙烯酯单体单元为60%，因此，应按“乙酸乙烯酯聚合物”归入品目39.05。

再查阅子目，由于本题商品乙酸乙烯酯的含量不足95%，所以不能视为聚乙酸乙烯酯，而应视为乙酸乙烯酯共聚物。本题商品应归入子目3905.2900。

8. 高抗冲聚苯乙烯（初级形状）（2000年考题）

【答案】3903.1910

【解析】“高抗冲聚苯乙烯”通常指由5%～30%的橡胶微粒分散在聚苯乙烯连续相中形成的改性聚苯乙烯。归类时参照其属性应按“塑料及其制品”归入第三十九章。

查阅品目，根据第三十九章章注五的规定：“化学改性聚合物，应按未改性的聚合物的相应品目归类。”因此，高抗冲聚苯乙烯应按“苯乙烯聚合物”归入品目39.03。

再查阅子目，根据其成分应按“改性的聚苯乙烯”归入子目3903.1910。

（提示：原2000年版子目答案为3919.1090，转换为2012年版子目答案应为3903.1910。）

9. 聚丙烯颗粒（由纯聚丙烯制品的废料制得）（2000年考题）

【答案】3902.1000

【解析】“聚丙烯”是以丙烯为单位经聚合反应生成的饱和高聚物，属于热塑性塑料。归类时查阅章，参照其属性应按“塑料及其制品”归入第三十九章。

查阅品目，本题商品似可按“初级形状的聚丙烯”归入品目39.02，又可按“废塑料”归入品目39.15。根据第三十九章章注七规定，“品目39.15不适用于已制成初级形状的单一的热塑材料废碎料及下脚料”。因此本题商品不能按“废塑料”归入品目39.15，而应按“初级形状的聚丙烯”归入品目39.02。

再查阅子目，本题商品应归入子目3902.1000。

10. 塑料盥洗盆（2000年考题）

【答案】3922.1000

【解析】“塑料盥洗盆”属于塑料制品。归类时参照其属性应按“塑料及其制品”归入第三十九章。

查阅品目，由于品目39.22已有“盥洗盆”的具体列名，因此，本题商品应按具体列名归入品目39.22。

再查阅子目，本题商品应按具体列名归入子目3922.1000。

11. 聚乙烯（比重0.92）与聚乙酸乙烯酯组成的聚合物混合体（颗粒状）。按占聚合物混合体总重量计算：乙烯单体单元为50%、乙酸乙烯酯单体单元为50%（2001年考题）

【答案】3905.2900

【解析】本题商品是聚乙烯与聚乙酸乙烯酯组成的聚合物。归类时参照其属性应按“塑料及其制品”归入第三十九章。

查阅品目，本题商品似可按“乙烯聚合物”归入品目39.01，又可按“乙酸乙烯酯聚合物”归入品目39.05。根据第三十九章章注四的规定：“共聚物及聚合物混合体如果没有任何一种共聚单体单元重量最大，则应按号列顺序归入其可归入的最后一个品目。”因此，本题商品应从后归入品目39.05。

再查阅子目，本题商品应归入子目3905.2900。

12. 氯乙烯－乙酸乙烯酯共聚物，按重量计含氯乙烯单体单元为45%，乙酸乙烯酯单体单元为55%（水分散体，初级形状）（2002年考题）

【答案】3905.2100

【解析】本题商品为共聚物。归类时参照其属性应按“塑料及其制品”归入第三十九章。

查阅品目，根据第三十九章章注四规定，“共聚物及聚合物混合体应按照重量最大的那种单体单元所构成的聚合物归入相应品目”。由于乙酸乙烯酯单体单元含量超过氯乙烯单体单元，因此，应按乙酸乙烯酯为主要成分的共聚物归入品目39.05。

再查阅子目，本题商品应归入子目3905.2100。

13. 有机玻璃板（有机玻璃的化学名称为聚甲基丙烯酸甲酯）（2003年考题）

【答案】3920.5100

【解析】本题商品为聚甲基丙烯酸甲酯，属于热塑性塑料。归类时参照其属性应按“塑料及其制品”归入第三十九章。

查阅品目，根据其板材状态，本题商品应按“非泡沫塑料板”归入品目39.20。

再查阅子目，根据其材料（聚甲基丙烯酸甲酯），本题商品应归入子目3920.5100。

14. 用机器将回收的废可乐饮料瓶粉碎成的细小碎片（该饮料瓶是由化学名称为聚对苯二甲酸乙二酯的热塑性塑料制成的）（2003年考题）

【答案】3907.6090

【解析】本题商品是聚对苯二甲酸乙二酯塑料的废碎料。归类时参照其属性应按“塑料及其制品”归入第三十九章。

查阅品目，似应按“废碎料”归入品目39.15。但根据第三十九章章注七的规定，“品目39.15不适用于已制成初级形状的单一的热塑材料废碎料及下脚料（品目39.01至39.14）”。由于本题商品不符合品目39.15的商品范畴，因此，不能按“废碎料”归入品目39.15，而应按“聚对苯二甲酸乙二酯塑料”归入品目39.07。

再查阅子目，本题商品应归入子目3907.6090。

15. 乙烯－乙酸乙烯酯－氯乙烯接枝共聚物，其中乙烯单体单元30%、乙酸乙烯酯单体单元30%、氯乙烯单体单元40%，外观为白色粉末，未加增塑剂（2004年考题）

【答案】3904.4000

【解析】"乙烯-乙酸乙烯酯-氯乙烯接枝共聚物"属于塑料。归类时参照其属性应按"塑料及其制品"归入第三十九章。

查阅品目，由于本题共聚物为粉末形状，符合第三十九章章注六"初级形状"的规定，因此，本题商品属于品目39.01～39.14商品范畴。在本题商品的单体单元中，"乙烯"属于品目39.01商品范畴、"乙酸乙烯酯"属于品目39.05商品范畴、"氯乙烯"属于品目39.04商品范畴，根据第三十九章章注四的规定，"共聚物应按聚合物中重量最大的那种共聚单体单元所构成的聚合物归入相应品目"。由于氯乙烯单体单元的含量最大(40%)，因此，本题商品应按"初级形状的氯乙烯聚合物"归入品目39.04。

再查阅子目，本题商品应归入子目3904.4000。

16. 线性低密度聚乙烯粒子（2005年考题）

【答案】3901.9020

【解析】"线型低密度聚乙烯"是乙烯与α烯烃的聚合物，其密度比值小于0.94，单体含量通常低于95%，主链呈直线型，主要用于注塑、制成薄膜、管材、板材等。本题商品为塑料聚合物，归类时参照其属性应按"塑料及其制品"归入第三十九章。

查阅品目，根据第三十九章章注六的规定，"塑料粒子"属于初级形状的塑料，因此，本题商品应按"初级形状的乙烯聚合物"归入品目39.01。

再查阅子目，本题商品应按具体列名归入子目3901.9020。

17. MS非泡沫板，MS即甲基丙烯酸甲酯（单体单元占30%）-苯乙烯(单体单元占70%）共聚物（2006年考题）

【答案】3920.3000

【解析】本题商品为MS非泡沫塑料板，属于非初级形态的聚合物。归类时参照其属性应按"塑料及其制品"归入第三十九章。

查阅品目，在该共聚物的单体单元中，"甲基丙烯酸甲酯"单体占30%，"醋酸乙烯"单体占70%，由于醋酸乙烯单体的比重大于甲基丙烯酸甲酯单体，因此，根据第三十九章章注四的规定："共聚物应按聚合物中重量最大的那种共聚单体单元所构成的聚合物归入相应品目。"本题商品应按"非泡沫塑料板"归入品目39.20。

再查阅子目，本题商品应按单体单元含量最高的苯乙烯共聚物板归入子目3920.3000。

18. 纳米隔热膜，宽1.524米，成卷，一种新型的汽车玻璃隔热膜，它将氮化钛材料用真空溅射技术在优质的聚对苯二甲酸乙二酯薄膜上形成纳米级的涂层，起隔热、防紫外线、防爆等作用（2007年考题）

【答案】3920.6200

【解析】本题商品是一种经涂层处理的塑料薄膜。归类时参照其属性应按"塑料及其制品"归入第三十九章。

查阅品目，品目39.20包括未以其他材料增强、层压、支撑或以类似方法合制的非泡沫塑料膜（注：根据《品目注释》规定，品目39.20中简单的表面加工，例如上色、印制、真空喷涂金属并不视为本品目所称的增强或以类似方法合制）。由于本题商品符合品目39.20的商品范畴，因此，本题商品应归入品目39.20。

再查阅子目，本题商品应归入子目3920.6200。

19. ABS（丙烯腈－丁二烯－苯乙烯共聚物）塑料粒子（2008 年考题）

【答案】3903. 3090

【解析】“ABS”是一种由丙烯腈、丁二烯和苯乙烯共聚而成的聚合物，一般以苯乙烯的含量为高，属于以苯乙烯为主的共聚物。归类时参照其属性应按“塑料及其制品”归入第三十九章。

查阅品目，根据第三十九章章注六的规定，“塑料粒子”属于“初级形状”的塑料，因此，本题商品应按“初级形状的苯乙烯聚合物”归入品目 39. 03。

再查阅子目，本题商品应按“丙烯腈－丁二烯－苯乙烯（ABS）共聚物”归入子目 3903. 3090。

20. 北京奥运会游泳馆“水立方”使用的一种 ETFE 薄膜材料，中文名乙烯－四氟乙烯共聚物（其中四氟乙烯单体单元占 75%），厚 0. 1 毫米，宽 1. 5 米，长 30 米（2009 年考题）

【答案】3920. 9990

【解析】本题商品实为 ETFE 薄膜，即一种由乙烯和四氟乙烯共聚而成的塑料薄膜。归类时参照其属性应按“塑料及其制品”归入第三十九章。

查阅品目，由于该塑料薄膜符合品目 39. 20“其他非泡沫塑料的板、片、膜、箔及扁条，未用其他材料强化、层压、支撑或用类似方法合制”的规定，因此应归入品目 39. 20。

本题聚合物中，由于四氟乙烯单体单元占 75%，因此，根据第三十九章子目注释一（一）的规定，不能按“聚四氟乙烯制”归入子目 3920. 9910，而应按“四氟乙烯共聚物”归入子目 3920. 9990。

21. 如图所示的“LOCK&LOCK”牌食品储藏盒，每套由不同大小、形状的盒子组成，用于厨房间存放各种食品和调料，由聚碳酸酯（PC）制成（2010 年考题）

【答案】3924. 1000

【解析】本题商品为由聚碳酸酯制成的食品储藏盒，而聚碳酸酯属于一种塑料。归类时参照其属性应按“塑料及其制品”归入第三十九章。

查阅品目，由于该食品储藏盒属于“厨房用具”，因此应按相关列名归入品目 39. 24。本题商品应按“餐具及厨房用具”的列名归入子目 3924. 1000。

第四十章　橡胶及其制品

一、本章商品范围概述

本章包括天然橡胶，而且包括与天然橡胶物理性质相似的产品。例如具有一定弹性的天然胶、合成橡胶、油膏等。本章所称的橡胶是指天然橡胶与合成橡胶。

二、本章归类注意要点

（1）关于橡胶与纺织品组合物的归类，第四十章与第十一类的货品容易混淆，按照注释规定，下列货品归入本章：①用橡胶浸渍、涂层、包覆或层压的毡呢，按重量计，含纺织材料在50%及以下，以及完全嵌入橡胶的毡呢；②无纺织物完全嵌入橡胶或两面全部用橡胶涂层或包覆，用肉眼可以辨出涂层或包覆的除外，颜色变化可不予考虑；③用橡胶浸渍、涂层、包覆或层压的纺织物（按第五十九章章注释一的定义），每平方米重量超过1500克，并且按重量计，所含纺织材料在50%及以下；④与纺织物、毡呢或无纺织物组合的海绵橡胶板、片、带，其中纺织物仅起增强作用。

（2）第四十章章注五（一）规定，品目40.01及40.02不适用于任何凝结前或凝结后与下列物质相混合的橡胶或橡胶混合物：①硫化剂、促进剂、防焦剂或活性剂（为制造预硫胶乳所加入的除外）；②颜料或其他着色料，但仅为易于识别而加入的除外；③增塑剂或增量剂（用油增量的橡胶中所加的矿物油除外）、填料、增强剂、有机溶剂或其他物质。

三、商品归类练习

1. 天然胶乳

【答案】4001.1000

【解析】“天然胶乳”是从橡胶树，特别是巴西橡胶树分泌出来的液体。归类时参照其属性应按“橡胶及其制品”归入第四十章。

查阅品目，由于品目40.01已有“天然橡胶”的具体列名，因此，本题商品应按具体列名归入品目40.01。

再查阅子目，本题商品应按具体列名归入子目4001.1000。

2. 异戊二烯橡胶（液状）

【答案】4002.6010

【解析】异戊二烯橡胶属于合成橡胶。归类时参照其属性应按“橡胶及其制品”归入第四十章。

查阅品目，由于品目40.02已有“合成橡胶”的具体列名，因此，本题商品应按具体列名归入品目40.02。根据其状态（液状），本题商品应按“初级形状的异戊二烯橡胶”归入子目4002.6010。

3. 轮胎橡胶（其中丁腈橡胶96%，增塑剂6%）

【答案】4005.9900

【解析】“轮胎橡胶”属于橡胶制品。归类时参照其属性应按“橡胶及其制品”归入第四十章。

查阅品目，由于本题商品加入了添加剂（增塑剂6%），因此根据第四十章章注五的规定，不能直接按“丁腈橡胶”的列名归入品目40.02，而应归入品目40.05。

再查阅子目，本题商品应按“复合橡胶”归入子目4005.9900。

4. 含巴拉塔胶60%、丁腈橡胶40%的混合橡胶

【答案】4002.8000

【解析】本题商品为混合橡胶。归类时参照其属性应按“橡胶及其制品”归入第四十章。

查阅品目，由于品目40.02已列明包括品目40.01所列产品与品目40.02所列产品的混合物。因此，本题商品应归入品目40.02。

再查阅子目，本题商品应归入子目4002.8000。

5. 摩托车用新的充气橡胶轮胎

【答案】4011.4000

【解析】橡胶轮胎属于橡胶制成品。归类时参照其属性应按“橡胶及其制品”归入第四十章。

查阅品目，根据其新旧程度应按“新的充气橡胶轮胎”归入品目40.11，并根据其用途归入子目4011.4000。

四、历届报关员考试中的本章归类考题

1. 氯丁橡胶胶乳（1998年下半年、1999年下半年考题）

【答案】4002.4100

【解析】“氯丁橡胶”也称氯丁二烯橡胶，是以氯丁二烯单体为原料的不饱和聚合物，属于合成橡胶。归类时参照其属性应按“橡胶及其制品”归入第四十章。

查阅品目，由于品目40.02已有“合成橡胶”的具体列名，因此，本题商品应按具体列名归入品目40.02，并按“氯丁二烯橡胶胶乳”的具体列名而归入子目4002.4100。

2. 烟胶片（简称R.S.S）（1999年上半年考题）

【答案】4001.2100

【解析】“烟胶片（R.S.S）”是天然橡胶胶乳经少许电解质作用形成的凝聚物，再经压去水分、烟熏而制成的片状天然生橡胶。归类时参照其属性应按“橡胶及其制品”归入第四十章。

查阅品目，由于品目40.01已有“天然橡胶”的具体列名，因此，本题商品应按具体列名归入品目40.01，并按“烟胶片”的具体列名而归入子目4001.2100。

3. 新的“米其林”牌充气轮胎，轿车用（2009年考题）

【答案】4011.1000

【解析】“轮胎”为橡胶制品。归类时参照其属性应按“橡胶及其制品”归入第四十章。

查阅品目，根据其新旧程度应按“新的充气橡胶轮胎”归入品目40.11，并根据其用途归入子目4011.1000。

第八类　生皮、皮革、毛皮及其制品；鞍具及挽具；旅行用品、手提包及类似容器；动物肠线（蚕胶丝除外）制品

本类商品由3章（第四十一至四十三章）构成。其中：第四十一章主要包括生皮（毛皮除外）和皮革，并且按加工程度由低到高排列；第四十二章主要包括皮革制品和具有皮革特征但用其他材料制成的货品；第四十三章主要包括毛皮及其制品。

第四十一章　生皮（毛皮除外）及皮革

一、本章商品范围概述

本章包括生皮（毛皮除外）及皮革。按商品的加工程度的顺序排列，先生皮，后皮革，最后是皮革的边角废料、粉末和再生皮革。

二、本章归类注意要点

（1）本章不包括：①生皮边角废料（品目05.11）；②品目05.05或67.01的带羽毛或羽绒的整张或部分鸟皮；③除了在章注一（三）中列举的动物带毛生皮外，其他带毛生皮或已鞣制的带毛皮张归第四十三章。

（2）品目41.01至41.03不包括可食用的动物皮（如猪皮、鱼皮等）。可食用的动物皮未蒸煮的归入第二章或第三章，已蒸煮的归入第十六章。

三、商品归类练习

1. 经鞣制的整张的全粒面剖层牛皮革（已经进一步加工）

【答案】4107.1210

【解析】“粒面皮”是指粒面保存完整，天然毛孔及粒纹清晰可见的革。也称面皮、头层皮、一层皮。“剖层皮”是指把一完整皮革切剖成多层的皮革。本题商品为皮革。归类时根据其属性应按“皮革”归入第四十一章。

查阅品目，根据其“经鞣制、已经进一步加工”的加工程度，本题商品应归入品目41.07。

再查阅子目，由于其为整张的全粒面已剖层革，因此，本题商品应归入子目4107.1210。

2. 制革用干的生牛皮（整张皮，每张干燥重量6千克）

【答案】4101.2019

【解析】“生牛皮”是指新鲜的，为了防腐仅经过盐渍、干燥、石灰浸渍等处理，但

未经鞣制加工的皮。归类时由于第四十一章的生皮仅包括制革用生皮（不包括可食用的生皮），而本题商品符合第四十一章的商品范畴，因此，本题商品应归入第四十一章。

查阅品目，根据其未经鞣制的加工程度，本题商品应按“生牛皮”归入品目41.01，并根据其规格条件而归入子目4101.2019。

3. 供人食用干的生牛皮（整张皮，每张干燥重量6千克）

【答案】0210.9900

【解析】“生牛革”是指新鲜的，为了防腐仅经过盐渍、干燥、石灰浸渍等处理，但未经鞣制加工的皮。归类时由于第四十一章的生皮革仅包括制革用生皮，而该生牛皮是供人食用，而非制革用，因此，供人食用的生牛皮不能归入第四十一章，而只能归入第二章。

查阅品目，参照其属性（生皮）应按“食用杂碎”归入品目02.10。

再查阅子目，由于没有相关的子目列名，因此，本题商品只能按“其他”归入子目0210.9900。

4. 经鞣制的蛇皮湿革（未经进一步加工）

【答案】4106.4000

【解析】“蛇皮革”属爬行动物的皮革。归类时根据其属性应按“皮革”归入第四十一章。

查阅品目，由于该蛇皮湿革未经进一步加工，因此，本题商品应归入品目41.06，而不是归入品目41.13。

再查阅子目，本题商品应根据其加工程度（未经进一步加工）归入子目4106.4000。

5. 羊皮制女式大衣

【答案】4203.1000

【解析】“羊皮制女式大衣”属于皮革制品。归类时根据其属性应按“皮革制品”归入第四十二章。

查阅品目，由于品目42.03已有“皮革服装”的列名，因此，本题商品应按具体列名归入品目42.03。

再查阅子目，本题商品应归入子目4203.1000。

四、历届报关员考试中的本章归类考题

（无）

第四十二章　皮革制品；鞍具及挽具；旅行用品、手提包及类似容器；动物肠线（蚕胶丝除外）制品

一、本章商品范围概述

本章主要包括皮革或再生皮革的制品；各种材料制的鞍具、挽具；旅行用品、手提包及类似容器；动物肠线制品。

二、本章归类注意要点

（1）品目42.02容器的归类。品目42.02包括两组物品，列在分号之前的物品为一组，列在分号之后的物品为另一组。第一组的容器可用任何材料制成；第二组的容器必须用皮革或再生皮革、塑料片、纺织材料、钢纸或纸板制成，或者全部或主要用上述材料或纸包覆制成的。

（2）用作机器、机械器具零件皮带、皮制垫圈等零件的皮革制品，应归入品目42.05，而不应按“机器零件”归入第十六类。

（3）带有贵金属、珍珠、宝石制的小饰物和小配件的皮革制品应归入品目42.02或42.03，但这些物品不能构成货品的基本特征，否则应按贵金属、珍珠、宝石归入第七十一章。

（4）毛皮作面、纺织品作里衬或纺织品作面、毛皮作里衬的服装，应按“毛皮服装”归入品目43.03。

三、商品归类练习

1. 拳击用皮革制手套

【答案】4203.2100

【解析】“拳击用皮革制手套”属于皮革制品。归类时根据其属性应按“皮革制品”归入第四十二章。

查阅品目，由于手套属于衣着附件，因此，根据其材质，本题商品应归入品目42.03。

再查阅子目，本题商品应按“专供运动用的皮革手套”归入子目4203.2100。

2. 蛇皮腰带（腰带扣镶嵌有玉石）

【答案】4203.3010

【解析】“蛇皮腰带”属于皮革制品。归类时根据其属性应按“皮革制品”归入第四十二章。

查阅品目，根据第四十二章章注二（二）的规定，带有贵金属、珍珠、宝石制的小饰物、小配件的皮革制品应归入品目42.02或42.03，但这些物品不能构成货品的基本特征，否则应归入第七十一章。该蛇皮腰带虽其腰带扣镶嵌有玉石，但由于其只是为了装饰，且未构成腰带的基本特征，因此本题商品应归入品目42.03。

再查阅子目，本题商品应归入子目4203.3010。

3. 机器用皮革垫圈

【答案】4205.0020

【解析】“机器用皮革垫圈”属于皮革制的机器零件。归类时似可按“皮革制品”归入第四十二章，也可按“机器零件”归入第十六类。根据第十六类类注一（二）的规定，机器用皮革零件，不能按机器零件归入第十六类，而应按材质归类。因此，本题商品应按材质（皮革）归入第四十二章。

查阅品目，本题商品应按“皮革制品”归入品目42.05。

再查阅子目，根据其用途，本题商品应按“机器用皮革制品”归入子目4205.0020。

4. 木制公文箱

【答案】4202.1900

【解析】"木制公文箱"属于木制容器。归类时似可按"容器"归入第四十二章，也可按"木制品"归入第四十四章。

查阅品目，根据第四十四章章注一（五）的规定，"第四十四章不包括品目42.02的物品"。由于品目42.02已明确本品目公文箱可包括各种材料，因此，本题商品应按"容器"归入品目42.02。

再查阅子目，由于品目42.02已明确本品目公文箱可包括各种材料，因此，本题商品应归入子目4202.1900。

5. 木首饰箱

【答案】4420.9090

【解析】"木首饰箱"属于木制容器。归类时似可按"容器"归入第四十二章的品目42.02，也可按"木制品"归入第四十四章的品目44.20。

查阅品目，品目42.02所列首饰箱必须用皮革或再生皮革、塑料片、纺织材料、钢纸或纸板制成，或者全部或主要用上述材料或纸包覆制成。由于本题商品不属于品目42.02的包装容器，因此不能归入品目42.02，而应按材料归入品目44.20。

再查阅子目，本题商品应归入子目4420.9090。

四、历届报关员考试中的本章归类考题

1. 木制的衣箱（2001年考题）

【答案】4202.1900

【解析】"木制的衣箱"属于木制容器。归类时似可按"木制品"归入第四十四章，又可按"容器"归入第四十二章。

查阅品目，根据第四十四章章注一（五）的规定，第四十四章不包括品目42.02的物品。由于品目42.02已明确本品目衣箱可包括各种材料，因此，本题商品应按"容器"归入品目42.02。

再查阅子目，本题商品应归入子目4202.1900。

2. "鳄鱼"牌牛皮公文包（2005年考题）

【答案】4202.1190

【解析】"公文包"是一种容器。归类时应按"容器"归入第四十二章。

查阅品目，本题商品似可按"皮革制品"归入品目42.05，也可按"容器"归入品目42.02，由于品目已列有"公文包"的具体列名，因此，根据归类总规则三（一）的具体列名优先于一般的归类原则，本题商品应按"公文包"归入品目42.02。

再查阅子目，本题商品应按其"牛皮制"的材质归入子目4202.1190。

3. 牛皮制公文包（2010年考题）

【答案】4202.1190

【解析】"公文包"归类时应按"容器"归入第四十二章。

查阅品目，由于品目42.02已有"公文包"的具体列名，因此本题商品应按具体列名归入品目42.02。

再查阅子目，本题商品应按其“牛皮制”的材质归入子目4202.1190。

第四十三章　毛皮、人造毛皮及其制品

一、本章商品范围概述

本章商品范围包括毛皮、人造毛皮及其制品。本章品目按加工程度排列：品目43.01为生毛皮；品目43.02为已鞣制毛皮；品目43.03为毛皮制的衣服、衣着附件及其他制品；品目43.04是人造毛皮及其制品。

二、本章归类注意要点

根据章注二（三）的规定，“用皮革与毛皮或用皮革与人造毛皮制成的手套”应归入品目42.03，而不考虑皮革或毛皮（人造毛皮）所占的比例。

三、商品归类练习

1. 未鞣制的整张兔毛皮

【答案】4301.8010

【解析】“毛皮”是指已鞣制的各种动物带毛的毛皮。未鞣制的兔毛皮属于生毛皮。归类时根据其属性应按“毛皮”归入第四十三章。

查阅品目，由于本题商品未鞣制，因此按“生毛皮”归入品目43.01。

根据其整张和兔毛的条件，本题商品应归入子目4301.8010。

2. 机织棉布作面料，兔毛皮衬里的手套

【答案】4303.1020

【解析】本题手套由机织棉布和兔毛皮两种材质组成。归类时似可按“机织棉布手套”归入第六十二章，也可按“兔毛皮手套”归入第四十三章。根据第四十三章章注四的规定：“以毛皮或人造毛皮衬里或作面（仅饰边的除外）的衣服及衣着附件，应分别归入品目43.03或43.04。”因此，本题商品应按“毛皮手套”归入第四十三章，而不能按“棉布手套”归入第六十二章。

查阅品目，由于手套属于衣着附件，因此，本题商品应按“毛皮制的衣着附件”归入品目43.03。

再查阅子目，本题商品应归入子目4303.1020。

3. 牛皮作面料，兔毛皮衬里的手套

【答案】4203.2990

【解析】本题手套由牛皮和兔毛皮两种材质组成。归类时似可按“牛皮手套”归入第四十二章，也可按“兔毛皮手套”归入第四十三章。根据第四十三章章注二（三）的规定：“本章不包括用皮革与毛皮或用皮革与人造毛皮制成的手套（品目42.03）。”因此，本题商品应作为皮革手套归入第四十二章，而不能作为兔毛皮手套归入第四十三章。

查阅品目，由于手套属于衣着附件，因此，本题商品应按“皮革制的衣着附件”归入品目42.03。

再查阅子目，本题商品应归入子目4203.2990。

4. 已鞣制的整张兔毛皮（未缝制）

【答案】4302.1920

【解析】“毛皮”是指已鞣制的各种动物带毛的毛皮。已鞣制的兔毛皮属于毛皮。归类时根据其属性应按“毛皮”归入第四十三章。

查阅品目，由于本题商品已鞣制，因此按“已鞣制毛皮”归入品目43.02。

根据其整张和兔毛的条件，本题商品应归入子目4302.1920。

四、历届报关员考试中的本章归类考题

男式大衣，布料为纯羊毛华达呢，衬里为兔毛皮（2002年考题）

【答案】4303.1010

【解析】“男式大衣”是一件由纺织物作面料、兔毛皮作衬里的服装。归类时似可按“纺织面料为羊毛的服装”归入第六十二章，又可按“衬里面料为兔毛皮的服装”归入第四十三章。根据第四十三章章注四的规定，以毛皮或人造毛皮衬里或作面（仅饰边的除外）的衣服及衣着附件，应按毛皮制品归入品目43.03或43.04。因此，本题商品应按“兔毛皮服装”归入第四十三章。

查阅品目，本题商品应按“毛皮制的衣服”归入品目43.03，并按“毛皮衣服”归入子目4303.1010。

第九类　木及木制品；木炭；软木及软木制品；稻草、秸秆、针茅或其他编结材料制品；篮筐及柳条编结品

本类商品由3章（第四十四至四十六章）构成，其中：第四十四章主要包括木及其制品，其中木制品还包括竹子制品；第四十五章主要包括软木及软木制品；第四十六章主要包括各种编结材料制品。

第四十四章　木及木制品；木炭

一、本章商品范围概述

本章包括未加工的木、木的半制成品及木制品；木炭。从整体上看，本章品目是按产品的加工程度排列的，顺序为粗加工的木材——半成品——制成品。

二、本章归类注意要点

（1）大部分木制品归入第四十四章，但也有部分木制品已构成其他章货品的特征，

不能归入本章。主要注意第四十四章章注一（五）、（八）、（十四）、（十五）、（十六）的规定。

（2）根据第四十四章章注六的规定，除章注一（一）及其他另有规定的以外，本章所称的“木”，也包括竹及其他木质材料，如筷子、牙签等竹制品也应归入本章。

三、商品归类练习

1. 由芯层为柚木、面底层为巴西红木复合而成的胶合板（每层板厚为7毫米）

【答案】4412.9491

【解析】“胶合板”是指用多层薄板黏合、压制而成的板材。归类时参照其属性应按“木及木制品”归入第四十四章。

查阅品目，由于品目44.12已有“胶合板”的具体列名，因此，本题商品应按具体列名归入品目44.12。

再查阅子目，根据第四十四章子目注释关于“热带木”的品种范围（巴西红木属于热带木）和板材的规格（每层板厚为7毫米），本题商品应归入子目4412.9491。

2. 竹衣架

【答案】4421.1000

【解析】“竹衣架”是以竹为原料制成的衣架。归类时根据第四十四章章注六的规定，第四十四章品目中所称的“木”，也包括竹及其他木质材料。因此，该衣架虽以竹为原料，但仍按“木及木制品”归入第四十四章。

查阅品目，由于品目没有相关产品的列名，因此，本题商品只能按“其他木制品”归入品目44.21，并按“竹衣架”的具体列名归入子目4421.1000。

3. 制胶合板用巴栲红柳桉木薄板（板厚3毫米）

【答案】4408.3120

【解析】“制胶合板用巴栲红柳桉木薄板”属于板材。归类时参照其属性应按“木及木制品”归入第四十四章。

查阅品目，参照其用途（制胶合板用）和规格（板厚3毫米），本题商品归入品目44.08。

再查阅子目，由于巴栲红柳桉木属于第四十四章子目注释所列的热带木，符合品目44.08的规定，因此，本题商品应归入子目4408.3120。

4. 木制刷子（机器用）

【答案】9603.5091

【解析】“木制的刷子”属于木制工具。归类时似可按“木制品”归入第四十四章的品目44.21，又可按“刷子”归入第九十六章的品目96.03。根据第四十四章章注一（十六）的规定，第四十四章不包括第九十六章的物品（例如刷子）。因此，本题商品不能按“木制品”归入第四十四章，而应按“刷子”归入第九十六章。

查阅品目，由于品目96.03已有“刷子”的具体列名，因此，本题商品应按具体列名归入品目96.03，并按“刷子”归入子目9603.5091。

5. 居家用木制沙发（带软垫，纺织物制面）

【答案】9401.6190

【解析】“木制沙发”属于木制坐具。归类时似可按“木制品”归入第四十四章的品目44.21，又可按“坐具”归入第九十四章的品目94.01，但根据第四十四章章注一（十四）的规定，本章商品不包括第九十四章的家具。因此，本题商品不能按“木制品”归入品目第四十四章，而应按“家具”归入第九十四章。

查阅品目，由于品目94.01已有“坐具”的相关列名，因此，本题商品应按相关列名归入品目94.01，并根据其木制的材质归入子目9401.6190。

四、历届报关员考试中的本章归类考题

1. 表层为巴栲红柳桉木薄板、其他两层为针叶木薄板制的三合板（每层薄板厚度为1毫米）（1998年上半年考题）

【答案】4412.3100

【解析】“三合板”也称胶合板，是指用多层薄板黏合、压制而成的板材。归类时参照其属性应按“木及木制品”归入第四十四章。

查阅品目，由于品目44.12已有“多层板”的具体列名，因此，本题商品应按具体列名归入品目44.12。

根据第四十四章子目注释，巴栲红柳桉木在44.12的子目中称为“热带木”。参照其薄板厚度，本题商品应归入子目4412.3100。

（提示：原1998年版子目答案为4412.1300，转换为2012年版子目答案应为4412.3100。）

2. 表层为西非红豆木薄板，其他两层为针叶木薄板压制的三合板（每层薄板厚度为1毫米）（1998年下半年考题）

【答案】4412.3100

【解析】“三合板”也称胶合板，是指用多层薄板黏合、压制而成的板材。归类时参照其属性应按“木及木制品”归入第四十四章。

查阅品目，由于品目44.12已有“多层板”的具体列名，因此，本题商品应按具体列名归入品目44.12。

根据第四十四章子目注释，西非红豆木在44.12的子目中被称为“热带木”，因此，根据薄板厚度（1毫米），本题商品应归入子目4412.3100。

（提示：原1998年版子目答案为4412.1300，转换为2012年版子目答案应为4412.3100。）

3. 一种大芯板，厚12毫米，由两面是针叶木饰面，中间层为碎木料的芯板（厚8毫米）胶合而成（2006年考题）

【答案】4412.9492

【解析】本题商品实为胶合板，是一种用多层薄板黏合、压制而成的板材。归类时参照其属性应按“木及木制品”归入第四十四章。

查阅品目，由于品日44.12已有“胶合板”的具体列名，因此，本题商品应按具体列名归入品目44.12。

参照板材的厚度（12毫米）和材质（中间层为碎木料），本题商品应归入子目4412.9492。

（提示：原2006年版子目答案为4412.9300，转换为2012年版子目答案应为4412.9492。）

4. 一种强化复合地板，规格700毫米×190毫米×10毫米，由耐磨层（三氧化二铝膜）、表层（印木纹的纸）、基层（干法生产的中密度纤维板，密度0.85克/立方厘米，厚9.5毫米）、背板平衡层（一种纸）经树脂浸渍后高温强压复合而成，边、端制成杆接企口以便于安装（2008年考题）

【答案】4411.1419

【解析】该“复合地板”虽由三氧化二铝膜、印木纹的纸、纤维板和纸强压复合而成，但由于纤维板是该商品的基本特征，因此，归类时参照其属性应按“木及木制品”归入第四十四章。

查阅品目，由于品目44.11已有“纤维板”的具体列名，因此，本题商品应按具体列名归入品目44.11。

参照其厚度、密度的条件，本题商品应归入子目4411.1419。

5. 如图所示的柚木实木地板，规格910毫米×122毫米×18毫米（2009年考题）

【答案】4409.2910

【解析】图中所示的地板为四边制成连续形状的木板。归类时参照其属性应按“木及木制品”归入第四十四章。

查阅品目，由于该实木地板已有舌榫形状，因此，应按“任何一边、端或面制成连续形状的木材”归入品目44.09。

根据第四十四章子目注释的规定，柚木属于热带木，而热带木属于非针叶木，因此，本题商品应归入子目4409.2910。

第四十五章　软木及软木制品

一、本章商品范围概述

本章包括天然软木、压制软木及它们的制品。软木又称栓皮，是栓皮栎等树干生成的厚栓皮层，经采剥干燥的产物。广泛用于救生用具、隔音、保温设备。

二、本章归类注意要点

（1）大部分木制品归入第四十四章，但也有部分木制品已构成其他章货品的特征，不能归入本章。主要注意第四十四章章注一（五）、（八）、（十四）、（十五）、（十六）的规定。

（2）根据第四十四章章注六的规定，除章注一（一）及其他另有规定的以外，本章所称“木”，也包括竹及其他木质材料，如筷子、牙签等竹制品也应归入本章。

三、商品归类练习

1．涂塑的保温瓶软木塞子

【答案】4503.1000

【解析】本题商品由塑料和软木两种材质构成。归类时似可按塑料材质归入第三十九章，也可按软木材质归入第四十五章。本题“涂塑的保温瓶软木塞子”虽在软木塞子的基础上加入了其他材料（涂塑），但由于其涂塑材料未改变软木的基本特征，因此，根据归类总规则三（二）的基本特征归类原则，本题商品仍按“软木塞子”归入第四十五章，而不按“塑料塞子”归入第三十九章。

查阅品目，由于保温瓶塞子属于软木制品，因此按“软木制品”归入品目45.03。

再查阅子目，本题商品应按具体列名归入子目4503.1000。

2．软木制渔网浮子

【答案】4503.9000

【解析】“渔网浮子”属于天然软木制品。归类时参照其属性应按“软木制品”归入第四十五章。

查阅品目，由于渔网浮子属于软木制品，因此按“软木制品”归入品目45.03。

再查阅子目，由于没有相关的子目列名，因此本题商品应按“其他”归入子目4503.9000。

3．压制的软木砖

【答案】4504.1000

【解析】“压制软木”通常是将软木碎、软木粒或软木粉高温加压制得的。归类时参照其属性应按“软木制品”归入第四十五章。

查阅品目，本题商品属于压制软木，因此按“压制软木”归入品目45.04。

再查阅子目，本题商品应归入子目4504.1000。

四、历届报关员考试中的本章归类考题

（无）

第四十六章　稻草、秸秆、针茅或其他编结材料制品；篮筐及柳条编结品

一、本章商品范围概述

本章包括稻草、秸秆、针茅或其他编结材料制品，篮筐及柳条编结品，还包括了丝瓜络制品。

二、本章归类注意要点

第四十六章"编织材料"的范围见该章章注一。特别应注意：截面尺寸不超过1毫米的塑料单丝及表观宽度不超过5毫米的塑料扁条的制品，不应归入本章，而应按纺织品归入第十一类。

三、商品归类练习

1. 灯芯草编结的席子

【答案】4601.2911

【解析】本题商品是以灯芯草为原料，采用编结工艺而制得的席子。归类时根据第四十六章章注一的规定，本章所称"编结材料"包括灯芯草。由于本题商品属于第四十六章编结品所规定的编结材料范畴，因此，参照其属性，本题商品可按"编结品"归入第四十六章。

查阅品目，由于席子属于成片的编结品，因此，本题商品应归入品目46.01。

参照其灯芯草的材料，本题商品应归入子目4601.2911。

2. 皮革条编结的席子

【答案】4205.0090

【解析】本题商品是以皮革条为原料，采用编结工艺而制得的席子。归类时似应按"编结品"归入第四十六章，也可按"皮革制品"归入第四十二章。根据第四十六章章注一的规定："本章所称'编结材料'不包括皮革。"由于本题商品不属于第四十六章所规定的编结材料范畴，因此，本题商品不能按"编结品"归入第四十六章，而应按"皮革制品"归入第四十二章。

查阅品目，由于皮革条编结的席子属于制成品，因此应按"皮革制品"归入品目42.05。

再查阅子目，由于没有相关的子目列名，因此本题商品应归入子目4205.0090。

3. 竹制鸟笼

【答案】4602.1100

【解析】本题商品是以竹为原料，采用编结工艺而制得的鸟笼。归类时根据第四十六章章注一的规定，本章所称"编结材料"包括竹。由于本题商品属于第四十六章所规定的编结材料范畴，因此，参照其属性，本题商品应按"编结品"归入第四十六章。

查阅品目，由于鸟笼属于非成片的编结品，因此本题商品应归入品目 46.02。

再查阅子目，参照其竹的材料，本题商品应归入子目 4602.1100。

4. 由表观宽度为 6 毫米的聚酯扁条编结的衣箱

【答案】4602.9000

【解析】本题商品是以聚酯扁条为原料，采用编结工艺而制得的衣箱。归类时根据第四十六章章注一的规定，本章所称“编结材料”包括塑料扁条（即宽度超过 5 毫米的塑料扁条）。由于本题商品的编结材料属于第四十六章的编结品所规定的编结材料范畴，因此，参照其属性，本题商品应按“编结品”归入第四十六章。

查阅品目，由于衣箱属于非成片的编结品，因此本题商品应归入品目 46.02。

再查阅子目，参照其聚酯扁条的材料，本题商品应归入子目 4602.9000。

5. 由表观宽度为 3 毫米的聚酯扁条编结的垫子

【答案】5407.2000

【解析】本题商品是以聚酯扁条为原料，采用编结工艺而制得的垫子。归类时似可按编结品归入第四十六章。根据第四十六章章注一的规定，截面尺寸不超过 1 毫米的塑料单丝及宽度不超过 5 毫米的塑料扁条的制品，不应归本章，而应按纺织品归类。由于本题商品的编结材料不属于第四十六章的编结材料范畴，因此不能按“编结品”归入第四十六章，而只能按“纺织品”归入第五十四章。

查阅品目，由于该垫子的扁条宽度不超过 5 毫米，因此，本题商品应按“品目 54.04 所列材料的机织物”归入品目 54.07。

再查阅子目，本题商品应按“扁条机织物”归入子目 5407.2000。

四、历届报关员考试中的本章归类考题

（无）

第十类　木浆及其他纤维状纤维素浆；回收(废碎)纸或纸板；纸、纸板及其制品

本类商品由 3 章（第四十七至四十九章）构成，其中：第四十七章为纸浆；第四十八章为纸浆进一步加工的纸张及其制品；第四十九章为纸张进一步加工的印刷品。

第四十七章　木浆及其他纤维状纤维素浆；回收（废碎）纸或纸板

一、本章商品范围概述

本章包括木浆及其他纤维素浆，纸及纸板的废碎品。本章包括用各种纤维素含量高的植物材料或某些植物质纺织物废料制得的纤维素浆。

二、本章归类注意要点

（无）

三、商品归类练习

1. 非溶解级漂白杉木硫酸盐木浆

【答案】4703.2100

【解析】“漂白杉木硫酸盐木浆”是以杉木为原料，用氢氧化钠和硫化钠的水溶液蒸煮原料而制取的经漂白的木浆。归类时参照其属性应按“木浆”归入第四十七章。

查阅品目，由于该木浆是用非溶解级的硫酸盐法制得的，因此应归入品目47.03。

再查阅子目，由于杉木为针叶木，因此，本题商品应归入子目4703.2100。

2. 溶解级漂白杉木硫酸盐木浆

【答案】4702.0000

【解析】“漂白杉木硫酸盐木浆”是以杉木为原料，用氢氧化钠和硫化钠的水溶液蒸煮原料而制取的经漂白的木浆。归类时参照其属性应按“木浆”归入第四十七章。

查阅品目，由于该木浆是用溶解级的硫酸盐法制得的，因此应归入品目47.02。

再查阅子目，本题商品应归入子目4702.0000。

3. 化学机械草浆

【答案】4706.9300

【解析】“化学机械草浆”是以禾草植物为原料采用化学和机械磨解方法联合制得的草浆。归类时参照其属性应按“其他纤维浆”归入第四十七章。

查阅品目，由于草浆属于其他纤维浆，因此应按“其他纤维浆”归入品目47.06。

再查阅子目，本题商品应归入子目4706.9300。

4. 用磨木方法制得的桉树木浆

【答案】4701.0000

【解析】本题商品是以桉木为原料，用磨木机将原料磨碎而制得的木浆。归类时参照其属性应按“木浆”归入第四十七章。

查阅品目，由于磨木方法属于木浆的机械加工法，因此，本题商品应按“机械木浆”归入品目47.01。

再查阅子目，本题商品应归入子目4701.0000。

5. 回收报纸

【答案】4707.3000

【解析】“回收报纸”属于纸的废碎料，一般用于做纸张。归类时参照其属性应按“木浆”归入第四十七章。

查阅品目，由于品目47.07已有“回收纸”的列名，因此，本题商品应按具体列名归入品目47.07。

再查阅子目，本题商品应归入子目4707.3000。

四、历届报关员考试中的本章归类考题

1. 亚硫酸盐未漂白针叶木浆（非溶解级）（1998年下半年考题）

【答案】4704.1100

【解析】“木浆”是指以木为原料而制得的纸浆。归类时参照其属性应按“木浆”归入第四十七章。

查阅品目，根据其制浆方法（亚硫酸盐法），本题商品应归入品目47.04。

根据其原料（针叶木），加工状态（未漂白、非溶解级），本题商品应归入子目4704.1100。

2. 褐色磨木浆（桦木）（1999年下半年考题）

【答案】4701.0000

【解析】本题商品是以桦木原木为原料先汽蒸或水煮，再经磨木机制成的机械木浆。归类时参照其属性应按“木浆”归入第四十七章。

查阅品目，根据其制浆方法（磨木法），本题商品应按“机械木浆”归入品目47.01。

再查阅子目，本题商品应按具体列名归入子目4701.0000。

3. 化学机械木浆（2000年考题）

【答案】4705.0000

【解析】“化学机械木浆”是以木材为原料，先用少量化学药剂对木材进行预处理，再经机械磨解（或在磨浆时加入少量化学药剂）使纤维分离而成的纸浆。归类时参照其属性应按“木浆”归入第四十七章。

查阅品目，根据其制浆方法（化学机械法），本题商品应按“用机械和化学联合制浆法制取的纸浆”归入品目47.05。

再查阅子目，本题商品应归入子目4705.0000。

第四十八章　纸及纸板；纸浆、纸或纸板制品

一、本章商品范围概述

本章包括由第四十七章的木浆或其他纤维状纤维素浆制成的纸、纸板及其制品，也包括复合纸或复合纸板的制品。但并非所有的纸和纸板或含纸和纸板的产品都归入本章，本章不包括的产品最主要的有印刷品（第四十九章）、香水纸及用化妆品浸渍或涂布的纸

(第三十三章)、用肥皂或洗涤剂浸渍、覆盖或涂布的纸（品目 34. 01），其他不归入第四十八章的产品（见章注一）。

二、本章归类注意要点

（1）第四十八章章注八规定，品目 48. 01 和 48. 03 至 48. 09 的纸、纸板、纤维素絮纸及网纸等成条或成卷时宽度要大于 36 厘米，成矩形（包括正方形）时一边超过 36 厘米，另一边要超过 15 厘米（以未折叠计）。

（2）第四十八章章注九规定，品目 48. 14 的“壁纸”成卷状且宽度在 45 ~ 160 厘米之间。若既可铺地又可作壁纸用则按“铺地制品”归入品目 48. 15。

（3）品目 48. 10 的涂布纸与 48. 11 的涂布纸的主要区别：前者主要涂布高岭土或其他无机物质，如铜版纸；后者主要涂布有机物质，如涂塑相纸、绝缘纸和热敏纸等。

三、商品归类练习

1. 香纸（长 35 厘米，宽 54 厘米）

【答案】3307. 9000

【解析】“香纸”是一种用香料浸渍、涂布或包覆处理的纸。归类时似可按“纸张”归入第四十八章，但由于第四十八章章注一（三）对香纸作了限定，因此香纸不能归入第四十八章，而应按“芳香制品”归入第三十三章。

查阅品目，根据第三十三章章注四的规定，本题商品应按“其他品目未列名的芳香制品”归入品目 33. 07。

再查阅子目，由于没有相关的子目列名，因此，本题商品应归入子目 3307. 9000。

2. 单面涂塑纸（漂白的，彩色相纸用，定量 100 克/平方米）

【答案】4811. 5999

【解析】“彩色相纸用单面涂塑纸”是以 100% 的漂白硫酸盐针叶木浆为原料而制得的纸基，再单面涂布树脂（塑料）层等制成的复合纸。归类时参照其属性应按“纸张”归入第四十八章。

查阅品目，由于第四十八章章注八并未对品目 48. 11 的纸张尺寸作规定，因此，本题商品应按“成卷或成张矩形的涂布纸”归入品目 48. 11。

根据加工程度（漂白的）、定量（100 克/平方米），本题商品应归入子目 4811. 5999。

3. 压花壁纸（尺寸规格 150 厘米 ×50 厘米）

【答案】4823. 9090

【解析】“压花壁纸”是一种以壁纸原纸为纸基而制成的、供建筑物室内墙壁装修用的装饰用纸。归类时参照其属性应按“纸张”归入第四十八章。

查阅品目，根据第四十八章注释九（一）的规定，“品目 48. 14‘壁纸及类似品’仅限于宽度不小于 45 厘米，但不超过 160 厘米的壁纸”。由于本题商品不符合第四十八章注释九（一）对品目 48. 14 的尺寸规定，因此，不能归入品目 48. 14，而应考虑归入品目 48. 23。

再查阅子目，本题商品应归入子目 4823. 9090。

4. 可用于铺地的压花壁纸（尺寸规格 150 厘米 ×50 厘米）

【答案】4823.9010

【解析】“压花壁纸”是一种以壁纸原纸为纸基而制成的、供建筑物室内墙壁装修用的装饰用纸。归类时参照其属性应按“纸张”归入第四十八章。

查阅品目，根据第四十八章章注九的规定，既可作铺地制品，也可作壁纸的以纸或纸板为底的产品，应归入品目48.23。因此，本题商品应归入品目48.23。

再查阅子目，本题商品应归入子目4823.9010。

5. 卫生纸（成卷，宽度12厘米）

【答案】4818.1000

【解析】“卫生纸”是一种以棉浆、木浆、草浆等为原料，采用游离状打浆，不加填料和施胶，在圆网造纸机上抄造成纸，再经机械刮刀使纸页起皱的成品纸。归类时参照其属性应按“纸张”归入第四十八章。

查阅品目，根据第四十八章章注八（一）的规定，宽度（12厘米）小于36厘米的成卷卫生纸不能归入品目48.03，而应归入品目48.18。

再查阅子目，本题商品应归入子目4818.1000。

6. 卷烟纸（尺寸规格20厘米×10厘米）

【答案】4813.9000

【解析】“卷烟纸”是一种以100%漂白麻浆为原料，采用粘状打浆，加填大量碳酸钙填料和其他助燃剂，但不加填荧光增白粉和燃烧时会产生有害气体的助燃剂，不施胶，在长网或圆网造纸机上抄制而成的纸。归类时参照其属性应按“纸张”归入第四十八章。

查阅品目，根据品目48.13规定，“本品目包括卷烟纸，不论是否切成一定尺寸”。因此，本题卷烟纸无论何种尺寸，应考虑归入品目48.13。

再查阅子目，本题商品应归入子目4813.9000。

四、历届报关员考试中的本章归类考题

1. 成卷的宽度为14.5厘米的自粘的胶粘纸（1997年考题）

【答案】4811.4100

【解析】“自粘胶粘纸”是经粘胶液表面涂布的加工纸。归类时参照其属性应按“纸张”归入第四十八章。

查阅品目，由于第四十八章章注八并未对品目48.11的纸张尺寸作规定，因此，本题商品应按“成卷或成张矩形的涂布纸”归入品目48.11。

再查阅子目，本题商品应按“自粘的胶粘纸”而归入子目4811.4100。

（提示：原1997年版子目答案为4823.1100，由于现行第四十八章章注已作修改，因此，2012年版子目答案应为4811.4100。）

2. 植物羊皮纸（卷装、宽度>15厘米）（1999年上半年考题）

【答案】4806.1000

【解析】“植物羊皮纸”是将优质未施胶及无填料的纸在硫酸中浸泡数秒钟后制得的。硫酸的作用是使部分纤维转化成胶化纤维素，因而具有胶质的不渗透性。植物羊皮纸属于一种变性加工纸，归类时参照其属性仍应按“纸张”归入第四十八章。

查阅品目，根据第四十八章章注八对品目48.06纸品规格的规定，本题商品应归入品

目 48. 06。

再查阅子目，本题商品应归入子目 4806. 1000。

3. 铜版纸（100% 漂白化学木浆制造；300 克/平方米；规格为 787 毫米 × 1092 毫米）（2000 年考题）

【答案】4810. 1300

【解析】“铜版纸”是由铜版原纸涂布白色无机涂料加工而成的印刷用纸。归类时参照其属性应按“纸张”归入第四十八章。

查阅品目，由于第四十八章章注八并未对品目 48. 10 的纸张尺寸作规定，因此，本题商品应按“涂布无机物质的纸”归入品目 48. 10。

再查阅子目，根据其尺寸规格（787 毫米 × 1092 毫米）、浆料（100% 漂白化学木浆）、定量（300 克/平方米）及用途（印刷），本题商品应归入子目 4810. 1300。

（提示：原 2000 年版子目答案为 4810. 1200，转换为 2012 年版子目答案应为 4810. 1300。）

4. 未印有图画的首日封（未贴邮票）（2001 年考题）

【答案】4817. 1000

【解析】本题商品是用纸制的信封，一般信封上印有文字。归类时似可按“纸制信封”归入第四十八章，又可按“印刷品”归入第二十九章。根据第四十八章章注十二的规定：“印有图案、文字或图画的纸、纸板、纤维素絮纸及其制品，如果所印图案、文字或图画作为其主要用途，应归入第四十九章。”由于本题商品所印有的文字并非主要用途，因此，不能归入第四十九章，而应归入第四十八章。

查阅品目，由于品目 48. 17 已有“信封”的相关列名，因此，本题商品应按相关列名归入品目 48. 17。

再查阅子目，本题商品应归入子目 4817. 1000。

5. 玻璃卡纸（100% 漂白化学木浆制造；300 克/平方米；规格 787 毫米 × 1092 毫米）（2001 年考题）

【答案】4810. 1900

【解析】“玻璃卡纸”也称铸涂纸，是一种铜版原纸涂布白色无机涂料加工而成的印刷用纸。归类时参照其属性应按“纸张”归入第四十八章。

查阅品目，由于第四十八章章注八未对品目 48. 10 的纸张尺寸作规定，因此，本题商品应按“涂布高岭土或其他无机物的纸”归入品目 48. 10。

根据其纸浆成分（100% 化学木浆）和尺寸规格（787 毫米 × 1092 毫米），本题商品应归入子目 4810. 1900。

（提示：原 2001 年版子目答案为 4810. 1200，转换为 2012 年版子目答案应为 4810. 1900。）

6. 成卷的半透明纸，宽 30 厘米（2003 年考题）

【答案】4823. 9090

【解析】“半透明纸”是以未漂白的化学木浆为原料，经过长时间的高粘状打浆后而抄成的一种防油包装纸。归类时参照其属性应按“纸张”归入第四十八章。

查阅品目，似按具体列名应归入品目 48. 06。但根据第四十八章章注八对纸的尺寸规格的规定，品目48.01及48.03至48.09仅适用于成条或成卷，宽度超过36厘米的纸。由于本题成卷半透明纸的宽度为30厘米，不符合第四十八章章注八的规定，因此不能归入品目48.06，而只能归入品目48.23。

再查阅子目，本题商品应归入子目4823.9090。

7. 经研光处理的书写纸，A4规格（21厘米×29.7厘米）、80克/平方米，用化学木浆制得（2004年考题）

【答案】4802.5600

【解析】“书写纸”是一种书写记录用纸，适用于表格、练习簿、记录本、账簿及其他书写用。归类时参照其属性应按“纸张”归入第四十八章。

查阅品目，根据第四十八章章注三的规定：“除注释七另有规定的以外，品目48.01至48.05包括经研光、高度研光、釉光或类似处理、仿水印、表面施胶的纸及纸板；同时还包括用各种方法本体着色或染成斑纹的纸、纸板、纤维素絮纸及纤维素纤维网纸。”可知，经研光处理的纸不属于特殊加工的纸。因此，本题书写纸应归入品目48.02。

根据该纸的纤维含量（用化学木浆制得），定量（80克/平方米）及规格（21厘米×29.7厘米），本题商品应归入子目4802.5600。

8. “天天”牌盒装面巾纸，250张/盒，规格19厘米×20厘米（2005年考题）

【答案】4818.2000

【解析】“面巾纸”是一种专用于清洁面部的纸。归类时参照其属性应按“纸张”归入第四十八章。

查阅品目，本题商品似可归入品目48.03，也可归入品目48.18。根据第四十八章章注八的规定：“品目48.01及48.03至48.09仅适用于：①成条或成卷的宽度超过36厘米的纸；②成张矩形（包括正方形）的一边超过36厘米，另一边超过15厘米（以未折叠计）的纸。”由于本题商品的尺寸规格（19厘米×20厘米）不符合第四十八章章注八的规定，因此，不能归入品目48.03，而应归入品目48.18。

再查阅子目，本题商品应归入子目4818.2000。

9. 牛奶包装盒用纸板，由漂白过的纸（350克/平方米）与塑料薄膜复合而成，其中纸构成了基本特征，宽1.6米，成卷（2007年考题）

【答案】4807.0000

【解析】本题商品是由漂白过的纸与塑料薄膜复合制成的纸板，由于纸构成了该商品的基本特征，因此，归类时应按“纸张”归入第四十八章。

查阅品目，根据其与塑料薄膜的复合处理而按“复合纸及纸板”归入品目48.07。

再查阅子目，本题商品应归入子目4807.0000。

10. 一种热敏传真纸，规格210毫米×30毫米，由热敏原纸为纸基，在其一面涂布一层热敏发色层，发色层是由胶粘剂、显色剂、无色染料组成。当热敏纸遇到发热的打印头时，打印头所打印之处的显色剂与无色染料即发生化学反应而变色并形成图文（2009年考题）

【答案】4811.9000

【解析】“热敏传真纸”是一种在热敏原纸的纸基上进行了表面涂布处理，并且涂布的是胶粘剂、显色剂、无色染料等物质（非无机物质）的纸张。归类时参照其属性应按

“纸张”归入第四十八章。

查阅品目，根据其尺寸规格和涂布加工，本题商品应按“成卷或成张矩形的涂布纸”而归入品目48.11。

再查阅子目，由于所用涂布材料并未在品目48.11项下列名，因此，本题商品应归入子目4811.9090。

第四十九章　书籍、报纸、印刷图画及其他印刷品；手稿、打字稿及设计图纸

一、本章商品范围概述

本章所称“印刷”，不仅包括以普通手工印刷（如雕版印刷）或机械印刷（如胶版印刷、平版印刷、照相凹版印刷等）几种方法的印制，还包括用胶版复印机、油印机印制，在自动数据处理设备控制下打印绘制，压印、冲印、感光复印、热敏复印或打字。

二、本章归类注意要点

对于邮票的归类，应注意品目49.07与97.04的区别：品目49.07是指未经使用，在指运国（本国）发行，有使用价值的邮票；品目97.04是指使用过的，或虽未经使用但不在指运国（本国）发行，没有使用价值，只有收藏价值的邮票。

三、商品归类练习

1. 2002年发行的未使用的中国邮票

【答案】4907.0010

【解析】“邮票”是一种用以贴在邮件上表明纳付邮资的凭证，属于印刷品。归类时参照其属性应按“印刷品”归入第四十九章。

查阅品目，品目49.07所列邮票是指未经使用，在指运国（本国）发行，有使用价值的邮票。由于本题商品在指运国（中国）发行，属于有使用价值的邮票，因此，本题商品应归入品目49.07。

再查阅子目，本题商品应归入子目4907.0010。

2. 1689年发行的并使用过的中国邮票

【答案】9704.0010

【解析】“邮票”是一种用以贴在邮件上表明纳付邮资的凭证，属于印刷品。归类时似应参照其属性按“印刷品”归入第四十九章。由于第四十九章品目49.07是指未经使用，在指运国（本国）发行，有使用价值的邮票。而本题邮票没有使用价值，只有收藏价值，因此，本题邮票不能归入第四十九章，而仅能考虑归入第九十七章。

查阅品目，本题邮票虽属于超过100年的古物，但根据第九十七章章注四的规定，本题邮票应归入品目97.04。

再查阅子目，本题商品应归入子目9704.0010。

3. 19 世纪英国发行的邮票（未使用过）

【答案】9704. 0010

【解析】“邮票”是一种用以贴在邮件上表明纳付邮资的凭证，属于印刷品。归类时似应参照其属性按“印刷品”归入第四十九章。本题邮票虽未使用过，但对于我国而言，是没有使用价值，只有收藏价值的邮票，因此，本题邮票不能归入第四十九章，而仅能归入第九十七章。

查阅品目，本题邮票虽属于超过 100 年的古物，但根据第九十七章章注四的规定，本题邮票应归入品目 97. 04。

再查阅子目，本题商品应归入子目 9704. 0010。

4. 未印有邮票印记的美术明信片

【答案】4909. 0010

【解析】“美术明信片”是一种印有图画的卡片，属于印刷品。归类时参照其属性应按“印刷品”归入第四十九章。

查阅品目，由于品目 49. 09 已列有明信片这类具体商品，因此，本题商品应归入品目 49. 09。

再查阅子目，本题商品应归入子目 4909. 0010。

5. 印有邮票印记的美术明信片

【答案】4907. 0090

【解析】“印有邮票印记的美术明信片”是一种印有邮票标记和图画的卡片，属于印刷品。归类时参照其属性应按“印刷品”归入第四十九章。

查阅品目，本题商品似可按“邮票”归入品目 49. 07，也可按“印有图画的明信片”归入品目 49. 09。对于这两个品目而言，由于邮票是该商品的主要特征，因此，本题商品应按“邮票”归入品目 49. 07。

再查阅子目，本题商品应按“邮票”归入子目 4907. 0090。

四、历届报关员考试中的本章归类考题

书籍：《中华人民共和国进出口税则》（2009 年考题）

【答案】4901. 9900

【解析】《中华人民共和国进出口税则》属于书籍。归类时参照其属性应按“书籍”归入第四十九章。

查阅品目，由于品目 49. 01 已有“书籍”的具体列名，因此，本题商品应按具体列名归入品目 49. 01。

再查阅子目，本题商品应归入子目 4901. 9900。

第十一类　纺织原料及纺织制品

一、本类商品范围及排列结构

本类商品由 14 章（第五十至六十三章）构成，包括纺织原料、半成品及制成品。其可分成两部分：第一部分为第五十至五十五章，包括普通的纺织原料、半成品，并按照纺织原料的性质分章；第二部分为第五十六至六十三章，包括以特殊的方式或工艺制成的或有特殊用途的半成品及制成品，并且除品目 58.09 和 59.02 以外，品目所列产品一般不分纺织原料的性质。

二、本类归类注意要点

（1）马毛粗松螺旋花线（品目 51.10）和含金属纱线（品目 56.05），均应作为单一的纺织材料对待。

（2）同一章或同一品目所列的不同的纺织材料应作为单一的纺织材料对待。

（3）在机织物归类中，金属线应作为一种纺织材料。

（4）当归入第五十四章及第五十五章的货品与其他章的货品进行比较时，应将这两章作为单一的章节对待，按照其中重量最大的那种纺织材料归类。当没有一种纺织材料按重量计是占主要地位时，应按可归入的有关品目中最后一个品目所列的纺织材料归类。

第五十章　蚕　丝

一、本章商品范围概述

本章所称“丝”，包括家蚕丝、野蚕丝、蜘蛛丝、海丝及贝足丝等。本章包括丝的原料、普通纱线和机织物以及作为丝归类的混纺材料和蚕胶丝。

二、本章归类注意要点

本章所称“生丝”与纺织学中的概念不同，《协调制度》所称的“生丝”是指未加捻的蚕丝，如果是已加捻的蚕丝就不能作为蚕丝，而应视为纱线，归入 50.04 品目。

三、商品归类练习

1. 用于缫丝的柞蚕茧

【答案】5001.0090

【解析】“柞蚕茧”是一种以柞（栎）树树叶为食的蚕，在化蛹前用其吐出的丝所结成的蚕茧为柞蚕茧，蚕茧经缫制而得到的丝为蚕丝。本题商品为缫丝用的柞蚕茧。归类时参照其柞蚕茧的属性应按“蚕丝”归入第五十章。

查阅品目，由于本题商品符合品目50.01的商品范畴，因此，本题商品应按“缫丝的蚕茧”归入品目50.01。

再查阅子目，本题商品应归入子目5001.0090。

2. 柞蚕土丝（未加捻）

【答案】5002.0020

【解析】“土丝”是指用手工缫制的丝。本题商品属于蚕丝纤维。归类时参照其蚕丝纤维的属性应按“蚕丝”归入第五十章。

查阅品目，在本章中，未加捻的丝为生丝，已加捻的丝为纱线，由于本题商品的柞蚕土丝未加捻，因此，应作为生丝进行归类。本题商品应按“未加捻生丝”归入品目50.02。

再查阅子目，本题商品应按具体列名归入子目5002.0020。

3. 柞蚕土丝（已加捻、供零售包装）

【答案】5006.0000

【解析】“土丝”是指用手工缫制的丝。本题商品属于蚕丝纤维。归类时参照其蚕丝纤维的属性应按“蚕丝”归入第五十章。

查阅品目，在本章中，未加捻的丝为生丝，已加捻的丝为纱线，由于本题商品的柞蚕土丝已加捻，因此，应作为丝纱线进行归类。本题商品应按“丝纱线”归入品目50.06。

再查阅子目，本题商品应归入子目5006.0000。

4. 蚕胶丝

【答案】5006.0000

【解析】“蚕胶丝”是指蚕准备吐丝织茧时将其浸于稀释的醋酸中杀死，然后将蚕的丝腺抽出并拉伸而制得的丝。本题商品属于蚕丝纤维。归类时参照其蚕丝纤维的属性应按“蚕丝”归入第五十章。

查阅品目，由于品目50.06已有蚕胶丝的具体列名，因此，本题商品应按“蚕胶丝”归入品目50.06。

再查阅子目，本题商品应按具体列名归入子目5006.0000。

5. 纯绢丝炼白机织物（幅宽110厘米）

【答案】5007.2031

【解析】“纯绢丝”是指以养蚕业、制丝业和丝织业所产生的下脚料为原料而纺织的、含量为100%的丝。“炼白”是指丝织物在碱性溶液中松式挂练，去除丝胶和杂质，取得一定的自然白度。本题商品属于绢丝机织物。归类时参照其绢丝机织物的属性应按“蚕丝”归入第五十章。

查阅品目，由于品目50.07已有“绢丝机织物”的具体列名，因此，本题商品应按具体列名归入品目50.07。

参照其成分（纯绢丝）、印染工艺（炼白）、织造工艺（机织物）及幅宽，本题商品应归入子目5007.2031。

四、历届报关员考试中的本章归类考题

1. 白厂丝（未加捻）（1999年下半年考题）

【答案】5002.0011

【解析】“白厂丝”是指以白茧为原料采用完善的机械设备和工艺缫制的桑蚕丝，属于丝纤维。归类时参照其丝纤维的属性应按“蚕丝”归入第五十章。

查阅品目，本题商品为“未加捻的白厂丝”，因此应按“未加捻的生丝”归入品目50.02。

再查阅子目，本题商品应按具体列名归入子目5002.0011。

（提示：原1999年版子目答案为5002.0010，转换为2012年版子目应为5002.0011。）

2. 纯桑蚕丝漂白双绉（幅宽110厘米）（1999年上半年考题）

【答案】5007.2011

【解析】“双绉”是一种机织丝绸织物。归类时参照其蚕丝机织物的属性应按“蚕丝”归入第五十章。

查阅品目，由于本题商品属于丝机织物，因此，本题商品应归入品目50.07。

参照其原料种类（桑蚕）、含量（纯，近100%）及印染工艺（漂白），本题商品应归入子目5007.2011。

第五十一章　羊毛、动物细毛或粗毛；马毛纱线及其机织物

一、本章商品范围概述

本章包括羊毛、动物细毛或粗毛的原料、普通纱线和机织物，以及作为羊毛、动物毛归类的混纺材料。马毛纺纱及机织物也归在本章。

二、本章归类注意要点

章注一、二、三分别对本目录所称羊毛、动物细毛及动物粗毛作了明确定义。因此，归类出现有关名词术语时，应依照注释的定义范围确定。

三、商品归类练习

1. 未梳的驼马毛

【答案】5102.1990

【解析】“驼马毛”是天然的动物类纺织纤维。归类时参照其属性应按“动物细毛或粗毛”归入第五十一章。

查阅品目，根据第五十一章章注二的规定，驼马毛应视为动物细毛，因此，按照其未梳的加工程度，本题商品应按“未梳的动物细毛”归入品目51.02。

再查阅子目，本题商品应按“其他动物细毛”归入子目5102.1990。

2. 已梳的山鼠毛

【答案】5105.4000

【解析】“山鼠毛”是天然的动物类纺织纤维。归类时参照其属性应按“动物细毛或粗毛”归入第五十一章。

查阅品目，根据第五十一章章注三的规定，山鼠毛应视为动物粗毛，因此，按照其已

梳的加工程度，本题商品应按“已梳的动物粗毛”归入品目 51.05。

再查阅子目，参照其加工程度（已梳的），本题商品应归入子目 5105.4000。

3. 马毛纱线（供零售用）

【答案】5110.0000

【解析】“马毛纱线”是以马毛为原料而纺成的纱线。归类时参照其属性应按“马毛纱线”归入第五十一章。

查阅品目，根据第五十一章章注三的规定，马毛应视为动物粗毛，因此，本题商品应按“动物粗毛或马毛纱线”归入品目 51.10。

再查阅子目，本题商品应归入子目 5110.0000。

4. 精梳美洲驼毛机织物（150 克/平方米；幅宽 110 厘米）

【答案】5112.1100

【解析】本题商品是以精梳驼毛为原料，用机织的方法纺织而成的织物。归类时参照其属性应按“羊毛机织物”归入第五十一章。

查阅品目，根据第五十一章章注二的规定，美洲驼毛应视为动物细毛，因此，按照其精梳的加工程度，本题商品应按“精梳动物细毛机织物”归入品目 51.12。

再查阅子目，参照其羊毛含量及混纺对象，本题商品应归入子目 5112.1100。

5. 由粗梳羊毛 60% 和精梳羊毛 40% 混纺的机织物（幅宽 180 厘米）

【答案】5111.9000

【解析】本题商品是以精梳羊毛和粗梳羊毛为原料，用机织的方法纺织而成的织物。归类时参照其属性应按“羊毛机织物”归入第五十一章。

查阅品目，从成分看，粗梳羊毛 60% 属于品目 51.11 的商品，精梳羊毛 40% 属于品目 51.12 的商品，二者比较，由于粗梳羊毛的成分超过了精梳羊毛的含量，因此，根据第十一类类注二（一）的规定：“可归入第五十章至第五十五章的由两种或两种以上纺织材料混合制成的货品，应按其中重量最大的那种纺织材料归类。”本题商品应按以粗梳羊毛为主要特征的机织物归入品目 51.11。

再查阅子目，参照其羊毛含量及混纺对象，本题商品应归入子目 5111.9000。

四、历届报关员考试中的本章归类考题

1. 未梳山羊绒（1997 年、1999 年下半年考题）

【答案】5102.1920

【解析】“山羊绒”属于天然的动物类纺织纤维。归类时参照其属性应按“羊毛纤维”归入第五十一章。

查阅品目，根据第五十一章章注二的规定，“山羊绒应视作动物细毛”。又由于其未梳，因此，本题商品应按“未梳的动物细毛”归入品目 51.02。

再查阅子目，本题商品应归入子目 5102.1920。

（提示：原 1997 年版、1999 年版子目答案为 5102.1020，转换为 2012 年版子目应为 5102.1920。）

2. 纯羊毛纱线织造的华达呢织物（150 克/平方米，幅宽 180 厘米）（2000 年考题）

【答案】5112.1100

【解析】“毛华达呢织物”是以精纺羊毛为原料，用机织的方法纺织而成的织物。归类时参照其属性应按“羊毛机织物”归入第五十一章。

查阅品目，由于本题商品属于精梳羊毛机织物，因此应按“精梳的羊毛机织物”归入品目 51.12。

参照其羊毛含量（纯羊毛即 100% 羊毛），织物重量（150 克/平方米），本题商品应归入子目 5112.1100。

3. 如图所示的 32 公支粗梳多股羊毛绒线，每盒 500 克，有 6 个线团（2009 年考题）

【答案】5109.1090

【解析】本题商品为多股羊毛绒线，归类时参照其属性应按“羊毛纱线”归入第五十一章。

查阅品目，根据第十一类类注四（一）2（2），“绕成团、绞或束，细度在 2000 分特以下的任何其他纱线，重量不超过 125 克”应作为“供零售用”纱线的规定，由于本题商品的羊毛纱线的细度为 32 公支（即 312.5 分特），小于 2000 分特，并且每个线团的重量为 83.3 克，小于 125 克，因此，本题商品属于“供零售用”的羊毛纱线，应按“羊毛或动物细毛的纱线，供零售用”归入品目 51.09。

再查阅子目，由于该绒线的材料是羊毛，因此，本题商品应归入子目 5109.1090。

第五十二章　棉　花

一、本章商品范围概述

本章包括籽棉、原棉、废棉、已梳棉、普通棉纱线和机织物，以及作为棉归类的混纺材料。

二、本章归类注意要点

本章不包括：棉短绒（品目 14.04）；经药物浸渍或零售用的药棉和绷带（品目 30.05）。

三、商品归类练习

1. 棉短绒

【答案】1404.2000

【解析】“棉短绒”是棉属植物的种子经轧棉后仍裹有的一层纤细绒毛（通常不到 5

毫米长)。归类时查阅章，棉短绒虽属棉花纤维，但由于纤维太短，不能纺纱，因此不能按可纺纱的“棉花”纤维归入第五十二章，而应按“其他植物产品”归入第十四章。

查阅品目，由于品目没有该商品的相关列名，因此，本题商品应按“其他品目未列名的植物产品”归入品目 14. 04。

本题商品应按“棉短绒”的具体列名归入子目 1404. 2000。

2. 纯棉单纱（单纱细度 100 分特，供零售用）

【答案】5207. 1000

【解析】“纯棉单纱”是以含棉量 100% 的纤维为原料经纺制而成的单纱。归类时参照其属性应按“棉花”纱线归入第五十二章。

查阅品目，根据其供零售用的包装状态，本题商品应按“供零售用棉纱线（缝纫线除外）”归入品目 52. 07。

参照其含棉量（100%），本题商品应归入子目 5207. 1000。

3. 供零售用纯棉缝纫线

【答案】5204. 2000

【解析】“纯棉缝纫线”是以含棉量 100% 的纤维为原料经纺制而成的缝纫线。归类时参照其属性应按“棉花”纱线归入第五十二章。

查阅品目，由于本题商品属于缝纫线，因此，应按“棉缝纫线”归入品目 52. 04。

再查阅子目，参照其供零售用的包装状态，本题商品应归入子目 5204. 2000。

4. 由粗梳棉 70% 和涤纶短纤 30% 纺制的缆线（每根单纱 10 公支，非供零售用）

【答案】5206. 3100

【解析】“缆线”是指由至少有一条是股纱的两股或多股纱线在一次或多次合股工序中加捻纺成的纱线。本题商品是以粗梳棉和涤纶为原料经混纺制得的纱线。归类时查阅章，粗梳棉属于第五十二章的天然纤维纺织品，涤纶短纤属于第五十五章的合成纤维纺织品，两章相比较，由于粗梳棉的含量超过涤纶短纤，因此，根据第十一类类注二（一）的规定，“可归入第五十章至第五十五章的由两种或两种以上纺织材料混合制成的货品，应按其中重量最大的那种纺织材料归类”。因此，本题商品应按“棉花”纱线归入第五十二章。

查阅品目，由于其棉含量小于 85%，且非供零售用，因此，本题商品应归入品目 52. 06。

参照其加工程度（粗梳缆线）、单纱细度（每根单纱 10 公支），本题商品应归入子目 5206. 3100。

5. 按重量计含大麻 20%、蕉麻 20%、棉 60% 的漂白机织物（110 克/平方米，幅宽不超过 30 厘米）

【答案】5212. 1200

【解析】本题商品是以大麻、蕉麻和棉纤维为原料，用机织的方法纺织而成的织物。归类时查阅章，大麻与蕉麻属于第五十三章的植物纤维纺织品，棉属于第五十二章的植物纤维纺织品。由于大麻与蕉麻同属第五十三章，两者相加为 40%，不超过棉的含量，因此，根据第十一类类注二（一）的规定：“可归入第五十章至第五十五章的由两种或两种以上纺织材料混合制成的货品，应按其中重量最大的那种纺织材料归类。”该混纺材料应按“棉花”机织物归入第五十二章。

查阅品目，由于品目没有该商品的相关列名，因此，本题商品只能按“其他棉机织物”归入品目52.12。

参照其织物重（110克/平方米）及印染方法（漂白），本题商品应归入子目5212.1200。

四、历届报关员考试中的本章归类考题

1. 平纹印花纯棉布，每平方米重量150克，幅宽超过30厘米（1997年考题）

【答案】5208.5200

【解析】本题商品是以棉纤维为原料，用平纹机织的方法经纺织后再印花而成的织物。归类时参照其属性应按“棉花”织物归入第五十二章。

查阅品目，由于本题商品为纯棉（即100%棉），且每平方米重量不超过200克，因此，本题商品应归入品目52.08。

参照其印染方式（印花）、织物组织（平纹）及织物重（每平方米超过100克），本题商品应归入子目5208.5200。

2. 精梳全棉纤维纺制的多股纱线（每根单纱细度为50公支，非供零售用）（1998年上半年考题）

【答案】5205.4300

【解析】“多股（合股）纱线”是指由两股或多股单纱，在一次合股工序中加捻纺成的纱线。本题商品是棉纤维为原料经纺制而成的纱线。归类时参照其属性应按“棉花”纱线归入第五十二章。

查阅品目，由于本题商品为全棉（即100%棉），且非供零售用，因此，本题商品应按“含棉量在85%及以上，非供零售用纱线”归入品目52.05。

参照其精梳纱线细度（每根单纱细度为50公支），本题商品应归入子目5205.4300。

3. 按重量计，由2%的蚕丝、10%的精梳羊毛、33%的粘胶短纤和55%的精梳棉材料织成的匹状、色织平纹机织物（该织物每平方米重量为190克，幅宽≤30厘米）（1998年上半年考题）

【答案】5210.4100

【解析】本题商品是以蚕丝、精梳羊毛、粘胶短纤和精梳棉纤维为原料，用机织的方法混纺织成织物。归类时查阅章，蚕丝属于第五十章的天然纤维，精梳羊毛属于第五十一章的天然纤维，粘胶短纤属于第五十五章的化学纤维，精梳棉属于第五十二章的天然纤维。蚕丝、羊毛和棉同属于天然纤维，根据第十一类类注二（二）4的规定，“同一章或同一品目所列各种不同的纺织材料应作为单一的纺织材料对待”。由于三者相加为67%，超过了粘胶短纤，因此，本题商品应按天然纤维进行归类。又由于天然纤维中棉的含量为55%，超过了蚕丝和羊毛的含量，因此，根据第十一类类注二（一）的规定，“可归入第五十章至第五十五章的由两种或两种以上纺织材料混合制成的货品，应按其中重量最大的那种纺织材料归类”，本题商品应按成分含量大的“棉花”机织物归入第五十二章。

查阅品目，由于其含棉量为55%，且每平方米重量为190克，因此，本题商品应归入品目52.10。

参照其印染工艺（色织），本题商品应归入子目5210.4100。

4. 纯棉劳动布（经纱藏蓝色，纬纱浅灰色；织物重为210克/平方米，幅宽110厘米）（1999年上半年考题）

【答案】5209.4200

【解析】“棉劳动布”是以棉纤维为原料，用机织的方法纺织而成的织物。归类时参照其属性应按“棉花”机织织物归入第五十二章。

查阅品目，由于其含棉量为纯棉（即100%棉）且织物重为210克/平方米，因此，本题商品应归入品目52.09。

再查阅子目，由于本题商品符合第五十二章子目注释对粗斜纹布的规定，因此，本题商品应按“粗斜纹布（劳动布）”归入子目5209.4200。

5. 纯棉漂白平纹机织物（织物重为50克/平方米，幅宽110厘米）（1999年下半年考题）

【答案】5208.2100

【解析】“纯棉漂白平纹机织物”是以棉纤维为原料，用平纹机织的方法经纺织后再漂白而成的织物。归类时参照其属性应按“棉花”机织物归入第五十二章。

查阅品目，由于其含棉量为纯棉（即100%棉）且织物重为50克/平方米，因此，本题商品应归入品目52.08。

参照其印染工艺（漂白）、织物组织（平纹），本题商品应归入子目5208.2100。

6. 纯棉精梳单纱（细度100分特，非零售用）（2000年考题）

【答案】5205.2700

【解析】“纯棉精梳单纱”是以精梳棉纤维为原料纺制而成的纱线。归类时参照其属性应按“棉花”纱线归入第五十二章。

查阅品目，由于其含棉量为纯棉（即100%棉）且非零售用，因此，本题商品应归入品目52.05。

参照其梳理工艺（精梳）和纱线细度（100分特），本题商品应归入子目5205.2700。

7. 全棉的漂白平纹机织物，250克/平方米（2005年考题）

【答案】5209.2100

【解析】本题织物是以棉纤维为原料，用机织的方法纺织而成。归类时参照其属性应按“棉花”机织物归入第五十二章。

查阅品目，由于其含棉量为全棉（即100%棉），且织物重为250克/平方米，因此，本题商品应归入品目52.09。

参照其印染工艺（漂白）、织物组织（平纹），本题商品应归入子目5209.2100。

第五十三章　其他植物纺织纤维；纸纱线及其机织物

一、本章商品范围概述

本章包括除棉以外的植物纺织材料的原料、普通纱线和机织物，以及纸纱线及其机织物。

二、本章归类注意要点

本章不包括：从打麻工序所得的破碎木质碎片（品目44.01）；经药物浸渍或制成零售包装的医疗或外科用短纤（品目30.05）。

三、商品归类练习

1. 经沤制的黄麻纤维

【答案】5303.1000

【解析】“经沤制的黄麻纤维”是指用发酵法（通过微生物或霉菌的作用）或化学法清除黄麻纤维周围的大部分植物胶质而得到的纤维。黄麻纤维属于植物纤维。归类时参照其属性应按“其他植物纺织纤维”归入第五十三章。

查阅品目，由于品目53.03已有“黄麻纤维”的具体列名，因此，本题商品应归入品目53.03。

参照其经沤制的加工，本题商品应归入子目5303.1000。

2. 生的椰壳纤维

【答案】5305.0092

【解析】“生的椰壳纤维”是指从椰子的外层覆盖物获得的，未经加工的纤维。生的椰壳纤维属于植物纤维，归类时参照其属性应按“其他植物纺织纤维”归入第五十三章。

查阅品目，品目53.05已有“椰壳纤维”的具体列名，因此，本题商品应归入品目53.05。

参照其纤维种类（椰壳纤维），本题商品应按具体列名归入子目5305.0092。

3. 菠萝纤维纱线

【答案】5308.9099

【解析】“菠萝纤维”亦称古拉那纤维（亚马逊名称）、皮纳纤维（墨西哥名称）或丝光韧皮纤维，其得自凤梨科的菠萝叶。菠萝纤维纱线是以菠萝纤维为原料经纺制而成的纱线。归类时参照其属性应按“其他植物纺织纱线”归入第五十三章。

查阅品目，由于品目没有“菠萝纤维纱线”的相关列名，因此，本题商品只能按“其他植物纺织纱线”归入品目53.08。

再查阅子目，由于子目没有“菠萝纤维纱线”的相关列名，因此，本题商品只能按“其他”归入子目5308.9099。

4. 亚麻纤维50%、芦荟属叶纤维50%的色织机织布（幅宽180厘米）

【答案】5311.0090

【解析】本题商品是以亚麻纤维和芦荟纤维为原料，用色织的方法混纺制得的织物。归类时查阅章，亚麻纤维和芦荟属叶纤维均为植物纤维，属于第五十三章的商品，因此，本题商品应按“其他植物纺织机织物”归入第五十三章。

查阅品目，两者含量一样，似可按“亚麻纤维机织物”归入品目53.09，又可按“芦荟属叶纤维机织物”归入品目53.11，根据第十一类类注二（一）的归类规定，当没有一种纺织材料重量较大时，应按可归入的有关品目中最后一个品目所列的纺织材料归类。因此，本题商品以芦荟属叶纤维的织物为主要特征按“其他纺织用的植物纤维机织物”归入品目 53.11。

再查阅子目，由于子目没有“芦荟属叶纤维的织物”的相关列名，因此，本题商品只能按“其他”归入子目 5311.0090。

5. 由椰壳纤维 35%、大麻纤维 20%、羊毛纤维 45% 制成的未漂白机织物（幅宽超过 30 厘米）

【答案】5311.0090

【解析】本题商品是以椰壳纤维、大麻纤维和羊毛纤维为原料，用机织的方法混纺制得的织物。归类时查阅章，椰壳纤维和大麻纤维属于第五十三章的植物纤维纺织品，羊毛纤维属于第五十一章的动物纤维纺织品。根据第十一类类注二（一）的归类规定：“由两种或两种以上纺织材料混合制成的货品，应按其中重量最大的那种纺织材料归类。”由于椰壳纤维和大麻纤维同属第五十三章，两者相加为 55%，超过了羊毛纤维的含量，因此，本题商品应按“其他植物纺织机织物”归入第五十三章。

查阅品目，由于品目没有“椰壳机织物”和“大麻机织物”的相关列名，因此，本题商品应按“其他纺织用的植物纤维机织物”归入品目 53.11。

再查阅子目，由于椰壳纤维的含量超过了大麻纤维的含量，因此，本题商品应归入子目 5311.0090。

四、历届报关员考试中的本章归类考题

按重量计，由 35% 的亚麻、25% 的黄麻和 40% 的棉花织成的匹状印花机织物（幅宽≤30 厘米）（1998 年上半年考题）

【答案】5309.2900

【解析】本题商品是以亚麻、黄麻和棉花纤维为原料，用机织的方法混纺制得的织物。归类时查阅章，亚麻和黄麻属于第五十三章的天然纤维，由于亚麻和黄麻两者可视为同一种纤维，两者含量相加为 60%，超过了棉含量，因此，本题商品应按“麻机织物”归入第五十三章。

查阅品目，亚麻属于品目 53.09 的机织物，黄麻属于品目 53.10 的机织物，由于亚麻含量超过黄麻含量，因此，本题商品应按“亚麻机织物”归入品目 53.09。

参照其成分含量（35%）、印染工艺（印花），本题商品应归入子目 5309.2900。

第五十四章　化学纤维长丝；化学纤维纺织材料制扁条及类似品

一、本章商品范围概述

本章包括化学纤维长丝、普通纱线和机织物，以及作为化纤长丝归类的混纺材料。但长丝废料归第五十五章。

二、本章归类注意要点

本章不包括：①碳化纤维长丝制成的碳纤维及其未列名制品（品目 68.15）；②化学纤维长丝丝束（品目 55.01 至 55.04）；③消毒的合成纤维单丝和经药物浸渍或零售用的

绷带（品目30.05、30.06）；④截面尺寸（如是非圆形，以最小截面计）超过1毫米的化纤单丝或表观宽度超过5毫米的扁条及类似品（第三十九章）及其编结织物（品目46.01）；⑤带鱼钩或以其他方式制成的钓鱼线的合成纤维单丝（品目95.07）；⑥供制刷用的成束或成簇的材料（品目96.03）。

三、商品归类练习

1. 聚丙烯腈长丝变形纱线

【答案】5402.3900

【解析】“变形纱线”是指用机械或物理方法（如加捻、退捻、假捻、压缩、起皱纹、热定型几种方法结合起来）进行变形加工，使每根纤维独立变为卷曲、皱缩起圈等形状的纱线。这些变形可以通过拉力部分或全部拉直，可是一旦松弛下来都会回到原来形状。变形纱线具有高膨体性或极高延伸性特点。变形纱线是长丝纱线的一种。归类时参照其属性应按“化学纤维长丝”归入第五十四章。

查阅品目，由于聚丙烯腈属于合成纤维，因此，本题商品应按“合成纤维长丝纱线”而归入品目54.02。

参照其材质属性（聚丙烯腈），纱线种类（变形纱线），本题商品应归入子目5402.3900。

2. 粘胶单丝（截面尺寸0.9毫米、细度80分特）

【答案】5405.0000

【解析】“单丝”是指单根的、未被切断的连续丝条。由于粘胶属于化学纤维中的人造纤维，归类时参照其属性应按“化学纤维长丝”归入第五十四章。

查阅品目，由于其截面尺寸为0.9毫米，纱线细度为80分特，因此，本题商品应按“截面尺寸不超过1毫米，细度在67分特及以上的人造纤维单丝”归入品目54.05。

再查阅子目，本题商品应归入子目5405.0000。

3. 粘胶单丝（截面尺寸12毫米、细度90分特）

【答案】3916.9090

【解析】“单丝”是指单根的、未被切断的连续丝条。粘胶属于化学纤维中的人造纤维。归类时似可按“化学纤维长丝”归入第五十四章，但根据第十一类类注一（七）的规定，“第十一类不包括截面尺寸超过1毫米的塑料单丝（第三十九章）”，由于本题商品其截面尺寸为12毫米，不属于第十一类的商品范畴，因此，不能按“纺织单丝”归入第五十四章，而应按“塑料单丝”归入第三十九章。

查阅品目，由于该粘胶单丝截面尺寸为12毫米，因此，本题商品应按“塑料制的单丝（截面直径超过1毫米）”归入品目39.16。

参照其材料属性（粘胶），本题商品应归入子目3916.9090。

4. 聚丙烯扁条（表面宽3毫米）

【答案】5404.9000

【解析】“聚丙烯”是化学纤维中的合成纤维。扁条属于长丝纱线中的一种，归类时参照其属性应按“化学纤维长丝”归入第五十四章。

查阅品目，由于该扁条的表面宽为3毫米，因此，本题商品应按“表面宽度不超过5

毫米的合成纤维纺织材料扁条”归入品目54. 04。

再查阅子目，本题商品应归入子目5404. 9000。

5. 聚丙烯扁条（表面宽6毫米，非发泡，非自粘）

【答案】3920. 2090

【解析】“聚丙烯”是化学纤维中的合成纤维。扁条属于长丝纱线中的一种，归类时似可按“化学纤维长丝”归入第五十四章。但根据第十一类类注一（七）的规定，“第十一类不包括表面宽度超过5毫米的塑料扁条及类似品（如人造草）（第三十九章）”，由于本题商品其表面宽为6毫米，不属于品目54. 04的商品范畴，因此，本题商品不能归入第五十四章，而只能归入第三十九章。

查阅品目，由于该扁条为非发泡，因此，本题商品应按“其他非泡沫塑料的扁条”归入品目39. 20。

参照其材料属性（聚丙烯），本题商品应归入子目3920. 2090。

四、历届报关员考试中的本章归类考题

1. 由粘胶纤维长丝纱线纺制、经漂白的机织物（1998年上半年考题）

【答案】5408. 2110

【解析】“粘胶纤维”是化学纤维中的人造纤维，本题商品是以粘胶纤维长丝为原料而制得的机织物。归类时参照其属性应按“化学纤维长丝机织物”归入第五十四章。

查阅品目，由于粘胶属于人造纤维，因此，本题商品应按“人造纤维长丝纱线的机织物”归入品目54. 08。

根据其纤维属性（粘胶）、印染工艺（经漂白），本题商品应归入子目5408. 2110。

2. 粘胶空气变形丝（仿棉型纱线，非缝纫线，非零售用，捻度每米100转）（1998年下半年考题）

【答案】5403. 3190

【解析】“空气变形丝”是高膨松性的变形纱线，属于长丝纱线的一种。粘胶纤维是化学纤维中的人造纤维。归类时参照其属性应按“化学纤维长丝”归入第五十四章。

查阅品目，由于粘胶属于人造纤维，且非缝纫线，非零售用，因此，本题商品按“人造纤维长丝纱线”归入品目54. 03。

参照其纱线的股数（即单纱）和捻度（每米100转），本题商品应归入子目5403. 3190。

（提示：原1998年版子目答案为5403. 2000，转换为2012年版子目应为5403. 3190。）

3. 涤纶丝缝纫线，双股，捻度约600捻/米，终捻变Z捻，长度为5000米，卷绕成单边宝塔形，经硅油乳液处理，总重量<1000克（1999年上半年考题）

【答案】5401. 1010

【解析】“涤纶丝缝纫线”是以涤纶长丝为原料纺制而成的缝纫线。归类时参照其属性应按“化学纤维长丝”归入第五十四章。

查阅品目，根据第十一类类注五对“缝纫线”的规定，本题商品应按“化学纤维长丝纺制的缝纫线”归入品目54. 01。

再查阅子目，由于其长度（5000米）及卷绕方式（单边宝塔形）不符合第十一类类

注四对零售用缝纫线的规定。因此，本题商品应按“合成纤维长丝纺制的非零售用缝纫线”归入子目5401.1010。

4. 涤纶弹力丝单纱（每根单纱细度小于50特），供针织用（2001年考题）

【答案】5402.3310

【解析】“弹力丝”是利用合成纤维的热塑性而制得的高弹性的长丝变形纱线，该种纱线的弹性是靠将长丝制成的弹簧形状来实现。本题商品属于化学长丝纱线。归类时参照其属性应按“化学纤维长丝纱线”归入第五十四章。

查阅品目，由于涤纶（即聚酯）属于合成纤维，因此，本题商品应按“合成纤维长丝纱线”归入品目54.02。

再查阅子目，由于弹力丝属于变形纱线，且为涤纶成分，因此，本题商品应按“聚酯纺制弹力丝”归入子目5402.3310。

5. 涤纶弹力丝（由聚酯化学纤维长丝加工成的变形纱线），非供零售用（2007年考题）

【答案】5402.3310

【解析】“弹力丝”是一种采用假捻变形法（即加捻—热定型—退捻）得到的变形纱线，属于化学长丝纱线。归类时参照其属性应按“化学纤维长丝纱线”归入第五十四章。

查阅品目，由于涤纶（即聚酯）属于合成纤维，因此，应按“合成纤维长丝纱线”归入品目54.02。

再查阅子目，由于弹力丝属于变形纱线，且为涤纶成分，因此，本题商品应按“聚酯纺制弹力丝”归入子目5402.3310。

6. 一种金拉线，又称烟用拆封拉带，材料是涂有特种黏合剂的聚丙烯，主要用于开拆包装卷烟条盒和小盒的薄膜，也可用于光碟、扑克等外包装薄膜的拆封，厚25微米，宽2.5毫米，长5000米（2008年考题）

【答案】5404.9000

【解析】“金拉线”实为涂有特种黏合剂的聚丙烯扁条。归类时根据第十一类类注一（七）的规定，“本类不包括表面宽度超过5毫米的塑料扁条及类似品（第三十九章）”，即如果扁条的表面宽度超过5毫米，则应归入第三十九章，反之则应归入第十一类的纺织品。由于该金拉线宽度为2.5毫米，不符合第三十九章的商品范畴，因此应归入第五十四章。

查阅品目，由于该金拉线宽度为2.5毫米，因此，本题商品应按“表面宽度不超过5毫米的合成纤维纺织材料制扁条”归入品目54.04。

再查阅子目，本题商品应归入子目5404.9000。

第五十五章　化学纤维短纤

一、本章商品范围概述

本章包括短纤（即切段纤维）状或某些长丝丝束状的化学纤维及其普通纱线和机织物，也包括作为化纤短纤归类的混纺材料。化学纤维长丝或短纤的废料（包括落绵、废纱和拉松的废碎化学纤维布）也归入本章。

二、本章归类注意要点

本章不包括：长度不超过 5 毫米的化纤屑（品目 56.01）；碳纤维及其制品（品目 68.15）；经药物浸渍或供零售用的绷带（品目 30.05）。

三、商品归类练习

1. 聚丙烯长丝丝束

【答案】5501.4000

【解析】“长丝丝束”是指由成千根或更多互相平行的化学纤维连续单丝聚在一起，形成无捻的线型集合体。丝束是制短纤纱的原料，它看起来很长但必定要切断作混纺用。归类时参照其属性应按“化学纤维短纤”归入第五十五章。

查阅品目，由于聚丙烯属于合成纤维，因此，本题商品应按“合成纤维长丝丝束”归入品目 55.01。

参照其材质属性（聚丙烯），本题商品应归入子目 5501.4000。

2. 已梳醋酸短纤

【答案】5507.0000

【解析】“短纤”是由化纤长丝丝束经切割而成的各种长度规格的短纤维。醋酸属于化学纤维中的人造纤维。归类时参照其属性应按“化学纤维短纤”归入第五十五章。

查阅品目，由于醋酸属于人造纤维，且加工程度为已梳，因此，本题商品应归入品目 55.07。

再查阅子目，本题商品应归入子目 5507.0000。

3. 含聚酯短纤 60%、羊毛 40% 的纱线（非零售用）

【答案】5509.5200

【解析】本题商品是以聚酯短纤和羊毛为原料混纺制成的纱线。归类时查阅章，聚酯短纤纱线属于第五十五章的商品，羊毛纤维纱线属于第五十一章的商品，两章相比较，由于聚酯短纤含量超过羊毛，因此，本题商品应视为以聚酯短纤为主要成分的纱线，按“化学纤维短纤”归入第五十五章。

查阅品目，由于其聚酯属于合成纤维，且包装状态为非零售用，因此，本题商品应按“合成纤维短纤纺制的纱线，非供零售用”归入品目 55.09。

再查阅子目，本题商品应归入子目 5509.5200。

4. 含黄麻 40%、涤纶长丝 30%、粘胶短纤 30% 的未漂白机织物（210 克/平方米，幅宽 60 厘米）

【答案】5516.9100

【解析】本题商品是以黄麻、涤纶长丝和粘胶短纤为原料，用机织的方法混纺制成的织物。归类时查阅章，黄麻属于第五十三章的商品，涤纶长丝属于第五十四章的商品，粘胶短纤属于第五十五章的商品，由于涤纶长丝和粘胶短纤同为化学纤维（两者可视为一种纤维），二者含量相加为 60%，超过了棉的含量，因此，根据第十一类类注二（一）“两者比例应按重量大的归类”规定，本题织物应按化学纤维机织物归类。

又由于涤纶长丝和粘胶短纤含量相等，根据第十一类类注二（一）“比例相同从后归类”的规定，本题商品应以粘胶短纤为主，按“化学纤维短纤织物”归入第五十五章。

查阅品目，由于粘胶属于人造纤维，因此，本题商品应按“人造纤维短纤机织物”归入品目55.16。

参照其成分含量（粘胶短纤30%）、印染工艺（未漂白）、主要混纺对象（黄麻），本题商品应归入子目5516.9100。

5. 含亚麻30%、尼龙短纤30%、富强短纤40%的色织平纹机织物（110克/平方米，幅宽40厘米）。

【答案】5516.9300

【解析】本题商品是以亚麻、尼龙短纤和富强短纤为原料，用机织的方法混纺制成的织物。归类时查阅章，亚麻属于第五十三章的天然纤维，尼龙短纤和富强短纤两者属于第五十五章的化学纤维短纤（两者可视为一种纤维），由于两者含量相加为70%，超过了亚麻的含量，因此，根据第十一类类注二（一）“两者比例应按重量大的归类”规定，本题商品应按“化学纤维短纤机织物”归入第五十五章。

查阅品目，由于富强短纤（40%）超过了尼龙短纤（30%）的含量，且富强短纤属于人造纤维，因此，本题商品应按“人造纤维短纤纺制的机织物”归入品目55.16。

参照其成分含量（富强短纤40%）、织物重（110克/平方米）及印染工艺（色织），本题商品应归入子目5516.9300。

四、历届报关员考试中的本章归类考题

1. 由40%的棉、30%的人造纤维短纤和30%的合成纤维短纤混纺制成的未漂白机织物（该织物每平方米重量为220克/平方米，幅宽超过30厘米）（1997年考题）

【答案】5516.4100

【解析】本题商品是以棉、人造纤维短纤和合成纤维短纤为原料，用机织的方法混纺制成的机织物。归类时查阅章，棉属于第五十二章的天然纤维，人造纤维短纤和合成纤维短纤二者同为第五十五章的化学纤维短纤，由于两者含量相加为60%，超过了棉的含量，因此，根据第十一类类注二（一）“两者比例应按重量大的归类”规定，本题商品应按“化学纤维短纤机织物”归入第五十五章。

查阅品目，由于人造纤维短纤和合成纤维短纤成分含量一样，根据第十一类类注二“比例相同时从后归类”的规定，本题商品应按“人造纤维短纤纺制的机织物”归入品目55.16。

再查阅子目，由于棉的比例高于合成纤维比例，因此，本题商品的主要混纺对象应确定为棉。本题商品应视作“按重量计人造纤维短纤含量在85%以下，主要与棉混纺的未漂白机织物”归入子目5516.4100。

2. 按重量计，含涤纶短纤50%、醋酸短纤25%、粘胶纤维短纤25%，每平方米重170克的四线斜纹色织机织物（幅宽110厘米）（1998年下半年考题）

【答案】5516.9300

【解析】本题商品是以涤纶短纤、醋酸短纤和粘胶短纤为原料混纺制成的机织物。归类时查阅章，涤纶短纤、醋酸短纤和粘胶短纤同属于化学纤维短纤，因此，本题商品应按

“化学纤维短纤机织物”归入第五十五章。

查阅品目，涤纶短纤属于品目 55.15 的合成纤维，醋酸短纤和粘胶短纤属于品目 55.16 的人造纤维。由于品目 55.15 的涤纶短纤和品目 55.16 的醋酸短纤、粘胶短纤的成分含量相同，根据第十五类类注二“比例相同时从后归类”的规定，本题商品应按“人造纤维短纤纺制的机织物”归入品目 55.16。

参照其人造纤维含量（50%）、主要混纺对象（涤纶）、印染工艺（色织），本题商品应归入子目 5516.9300。

3. 按重量计含棉 35%，含涤纶短纤 65%，重 210 克/平方米的染色平纹机织物（幅宽 110 厘米）（1999 年上半年考题）

【答案】5514.2100

【解析】本题商品是以棉和涤纶短纤为原料混纺制成的机织物。归类时查阅章，棉属于第五十二章的天然纤维，涤纶短纤属于第五十五章的化学纤维，由于涤纶纤维含量为 65%，超过了棉的含量，因此，根据第十一类类注二（一）“两者比例应按重量大的归类”规定，本题商品应按“化学纤维短纤机织物”归入第五十五章。

查阅品目，由于涤纶属于合成纤维，且合成纤维短纤含量为 65%，织物重量为 210 克/平方米，符合 55.14 的商品范畴，因此，本题商品应归入品目 55.14。

参照其印染工艺（染色），本题商品应归入子目 5514.2100。

4. 按重量计，含羊毛 45%、粘胶短纤 30%、锦纶短纤 25%，190 克/平方米的色织平纹精纺机织物（幅宽 180 厘米）（1999 年下半年考题）

【答案】5516.3300

【解析】本题商品是以羊毛、粘胶短纤和锦纶短纤为原料混纺制成的机织物。归类时查阅章，羊毛属于第五十一章的天然纤维，粘胶短纤和锦纶短纤同属于第五十五章的化学纤维短纤，由于两者含量为 55%，超过了羊毛的含量。因此，根据第十一类类注二（一）“两者比例应按重量大的归类”规定，本题商品应按“化学纤维短纤机织物”归入第五十五章。

查阅品目，由于粘胶短纤超过了锦纶短纤含量，而粘胶属于人造纤维，因此，本题商品应按“人造纤维短纤纺制的机织物”归入品目 55.16。

再查阅子目，参照其人造纤维含量（30%）、印染工艺（色织）、主要混纺对象（羊毛），本题商品应归入子目 5516.3300。

5. 蓝色平纹机织物，按重量计含棉 40%，含粘胶短纤 30%，含锦纶短纤 30%（210 克/平方米，幅宽 110 厘米）（2000 年考题）

【答案】5516.4200

【解析】本题商品是以棉、粘胶短纤和锦纶短纤为原料混纺制成的机织物。归类时查阅章，棉属于第五十二章的天然纤维，粘胶短纤和锦纶短纤同属于第五十五章的化学纤维短纤，由于两者相加为 60%，超过了棉的含量，因此，根据第十一类类注二“两者比例应按重量大的归类”规定，本题商品应按“化学纤维短纤机织物”归入第五十五章。

查阅品目，由于合成纤维（锦纶）与人造纤维（粘纤）的比例相同，根据第十五类类注二“比例相同时从后归类”的规定，本题商品应按“人造纤维短纤纺制的机织物”归入品目 55.16。

参照其纤维含量（人造纤维短纤 30%）、主要混纺对象（棉）、染整方法（蓝色），本题商品应归入子目 5516.4200。

6．粘胶纤维短纤维制成的多股纱线，12 000 分特（2003 年考题）

【答案】5607.9090

【解析】“多股（合股）纱线”是指由两根或两根以上有捻单纱再经一次合股加捻而成的纱线。本题商品为粘胶短纤制成的多股纱线。归类时参照其属性似应按化学纤维短纤纱线归入第五十五章。但根据第十一类类注三（一）2 的规定，本题商品不能按普通纱线归入第五十至五十五章，而应按线、索、绳、缆等特种纱线归入第五十六章。

本题商品应归入品目 56.07，并归入子目 5607.9090。

7．由漂白的棉线与黄色的人造棉线织成的平纹机织物，300 克/平方米，棉和人造棉含量各为 50%（2005 年考题）

【答案】5516.4300

【解析】本题商品是以棉纤维和人造棉纤维为原料，用机织的方法混纺制得的织物。归类时查阅章，棉纤维属于第五十二章的植物纤维纺织品，人造棉纤维属于第五十五章的化学纤维短纤纺织品。根据第十一类类注二“比例相同时从后归类”的规定，本题商品应归入第五十五章。

查阅品目，由于人造棉属于人造纤维，因此，应按“人造纤维短纤机织物”归入品目 55.16。

参照其纤维含量、染整方法（漂白），本题商品应归入子目 5516.4300。

8．天丝棉单股纱线，由天丝 65%、棉 35% 混纺而成，其中的天丝（tencel）是一种新型纤维，是由木质浆粕为原料进行再生的纤维素纤维（2006 年考题）

【答案】5510.3000

【解析】本题商品是以天丝和棉为原料经混纺而成的纱线。归类时查阅章，天丝属于第五十五章的化学纤维短纤纺织品，棉属于第五十二章的天然纤维纺织品，两者相比较，由于天丝的含量超过棉，因此，根据第十一类类注二（一）的规定：“可归入第五十章至第五十五章的由两种或两种以上纺织材料混合制成的货品，应按其中重量最大的那种纺织材料归类。”该纱线应按“化学纤维短纤”归入第五十五章。

查阅品目，由于天丝属于人造纤维短纤，因此，本题商品按“人造纤维短纤纺制的纱线”归入品目 55.10。

根据其含量，本题商品应归入子目 5510.3000。

9．棉 30%、羊毛 30%、涤纶短纤 25%、腈纶短纤 15% 的浅黄色平纹机织物，250 克/平方米（2006 年考题）

【答案】5515.1900

【解析】本题商品是以棉、羊毛、涤纶短纤和腈纶短纤为原料混纺制成的机织物。归类时查阅章，棉属于第五十二章的天然纤维，羊毛属于第五十一章的天然纤维，涤纶短纤和腈纶短纤同属于第五十五章的化学纤维短纤，由于两者相加为 40%，超过了棉或羊毛的含量，因此，根据第十一类类注二“两者比例应按重量大的归类”的规定，本题商品应按“化学纤维短纤机织物”归入第五十五章。

查阅品目，由于涤纶短纤和腈纶短纤同属合成纤维，根据其含量，本题商品应按

"合成纤维短纤纺制的机织物"归入品目55.15。

参照其纤维含量、主要混纺对象及染整方法，本题商品应归入子目5515.1900。

10. 50%棉、50%涤纶短纤的平纹机织布，未漂白，宽1.5米，成卷，200克/平方米（2008年考题）

【答案】5514.1110

【解析】本题商品是一种以棉纤维和涤纶短纤为原料，用机织的方法混纺制得的织物。归类时查阅章，棉纤维属于第五十二章的植物纤维纺织品，涤纶短纤维属于第五十五章的化学纤维短纤纺织品。根据第十一类类注二"比例相同时从后归类"的规定，本题商品应按"化学纤维短纤"归入第五十五章。

查阅品目，由于涤纶短纤属于合成纤维，因此，本题商品应按"合成纤维短纤机织物"归入品目55.14。

参照其染整方法（未漂白）、织物组织（平纹），本题商品应归入子目5514.1110。

11. 一种桃皮绒，由一种新型超细纤维（70%涤纶短纤和30%锦纶短纤）织成平纹机织物，染色，再在表面砂磨出一层精致细密似桃皮的小绒毛（2009年考题）

【答案】5512.9900

【解析】"普通机织物"是由一组经纱与一组纬纱织成，属于第五十章至第五十五章的织物。"起绒机织物（即特种机织物）"是由至少三组纱织成（紧经和紧纬构成底布，另一组经纱或纬纱形成绒面），属于第五十八章的织物。本题商品的桃皮绒，其绒面是由普通织物经表面砂磨而成。归类时查阅章，桃皮绒不属于"起绒机织物"，因此，不能归入第五十八章。由于由化纤短纤制成，因此，应按"化学纤维短纤"归入第五十五章。

查阅品目，桃皮绒由70%涤纶短纤和30%锦纶短纤织成，由于涤纶和锦纶属于合成纤维，因此，本题机织物应按"合成纤维短纤纺制的机织物"归入品目55.12。

再查阅子目，涤纶（即聚酯纤维）含量为70%，因此，本题商品应归入子目5512.9900。

第五十六章　絮胎、毡呢及无纺织物；特种纱线；线、绳、索、缆及其制品

一、本章商品范围概述

本章包括一些具有专门特性的非织造类纺织品，例如絮胎、毡呢及无纺织物；特种纱线；线、绳、索、缆及其制品。

二、本章归类注意要点

本章不包括：①用各种物质或制剂浸渍、涂层、包覆的絮胎、毡呢及无纺织物，其中纺织材料仅作为承载介质；②品目58.11的被褥状纺织产品；③以毡呢及无纺织物为底的砂布及类似品（品目68.05），粘聚云母（品目68.14），以及金属箔（第十五类）。

三、商品归类练习

1. 用于作枕头填充料的棉制絮胎

【答案】5601.2100

【解析】絮胎是由粗梳纺织纤维网或气流成网法制成的网，经层层叠加，然后压紧以增强纤维间抱合力而制成。其特点是呈蓬松柔韧海绵状，厚度均匀，其中内层纤维很容易分开。归类时参照其属性应按“絮胎”归入第五十六章。

查阅品目，由于本题商品为絮胎，因此，本题商品应按“纺织材料絮胎及其制品”归入品目56.01。

参照其材质（棉），本题商品应归入子目5601.2100。

2. 用橡胶浸渍的聚酯长丝纱线

【答案】5604.9000

【解析】“聚酯”是化学纤维中的合成纤维。本题商品为用橡胶浸渍的聚酯长丝纱线。归类时似应按“化学纤维长丝”归入第五十四章，但由于其经橡胶浸渍加工，因此，不能视为普通纱线归入第五十四章，而应作为一种特种纱线归入第五十六章。

查阅品目，由于该纱线已用橡胶浸渍，因此，应按“用橡胶或塑料浸渍、涂布、包覆或套裹的纺织纱线”归入品目56.04。

再查阅子目，本题商品应归入子目5604.9000。

3. 用橡胶浸渍的聚酯绳索

【答案】5607.5000

【解析】由纺织纤维组成的具有一定细度的连续的线型集合体称为纱线。直径较粗的多股纱线称为绳索。本题商品为用橡胶浸渍的聚酯绳索。归类时查阅章，绳索属于第五十六章商品，无论是否用橡胶浸渍加工，仍归入第五十六章。

查阅品目，由于本题商品为绳索，因此应按“线、绳、索、缆”的具体列名归入品目56.07。

再查阅子目，由于聚酯属于合成纤维，因此，参照其材料属性，本题商品应归入子目5607.5000。

4. 粗松螺旋花线

【答案】5606.0000

【解析】“粗松螺旋花线”是以一根或数根纺织纱线为芯（常见棉制），用另一根或数根纱线螺旋卷绕于该纱芯上而制成的。归类时查阅章，由于粗松螺旋花线属于特种纱线，因此，不能按“普通纱线”归入第五十至五十五章，而应按“特种纱线”归入第五十六章。

查阅品目，由于品目56.06已有“粗松螺旋花线”的具体列名，因此，本题商品应按具体列名归入品目56.06。

再查阅子目，本题商品应归入子目5606.0000。

5. 聚酯短纤无纺织物（110克/平方米，未经浸渍）

【答案】5603.9390

【解析】“无纺织物”也称非织布、非织造布，是一种将定向或随机排列的纤维通过摩擦、抱合或黏合或者这些方法的组合而相互结合制成的薄片、纤网或絮垫。归类时参照其属性应按“无纺织物”归入第五十六章。

查阅品目，由于品目 56.03 已有“无纺织物”的具体列名，因此，本题商品应按具体列名归入品目 56.03。

参照其纤维种类（聚酯）、织物重量（110 克/平方米）及加工程度（未经浸渍），本题商品应归入子目 5603.9390。

四、历届报关员考试中的本章归类考题

1. 聚酯薄膜真空镀铝扁条（表观宽度为 1 毫米）（1998 年下半年考题）

【答案】5605.0000

【解析】本题商品是以聚酯薄膜为基料经镀铝制得的扁条。归类时似可按“塑料扁条”归入第三十九章的品目 39.21，又可按“用金属包覆的合成纤维扁条”归入第五十六章的品目 56.05。根据第十一类类注一的规定：“表观宽度小于 5 毫米的塑料扁条应作为纺织材料归类。”因此，本题商品应按“金属包覆的合成纤维扁条”归入第五十六章。

查阅品目，由于本题商品为镀铝扁条，因此应按“用金属包覆的合成纤维扁条”归入品目 56.05。

再查阅子目，本题商品应归入子目 5605.0000。

2. 正方形台布，涤纶短纤维无纺织物裁切而成（110 克/平方米），塑料袋装（2002 年考题）

【答案】5603.9390

【解析】本题商品是以无纺织物为原料制得的台布，属于纺织物的制成品。归类时似应按“纺织制成品”归入第六十三章，但由于该台布是以无纺织物作材质，而根据第六十三章章注二的规定，第六十三章不包括第五十六章的无纺织物制品。因此，本题商品不能按“纺织制成品”归入第六十三章，而要按“无纺织物”归入第五十六章。

查阅品目，由于品目 56.03 已有“无纺织物”的具体列名，本题商品应按具休列名归入品目 56.03。

参照其材质（涤纶短纤维）、织物重量（110 克/平方米），本题商品应归入子目 5603.9390。

第五十七章　地毯及纺织材料的其他铺地制品

一、本章商品范围概述

本章包括使用时以纺织材料为面的地毯及其他纺织材料铺地用品，也包括具有上述铺地用品特征但作其他用途（如挂在墙上或铺在桌上等）的物品。归入本章的物品可以是制成的，也可以是呈大段供剪裁铺设的，还可以是经浸渍或用机织物、无纺织物、海绵橡胶或泡沫塑料衬背的。

二、本章归类注意要点

本章不包括：①铺地用品衬垫（按其材料归类）；②列诺伦（油漆布）及其他以织物为底布加以涂层或盖面的铺地用品（品目59.04）。

三、商品归类练习

1. 羊毛植绒地毯

【答案】5705.0010

【解析】“植绒地毯”是指把纺织纤维垂直植于涂有橡胶、塑料等的纺织底布上制成的地毯。归类时参照其属性应按“地毯”归入第五十七章。

查阅品目，参照其织造工艺，由于品目没有“植绒”的相关列名，因此，本题商品只能按“其他地毯”归入品目57.05。

参照其羊毛的材质，本题商品应归入子目5705.0010。

2. 未制成的粘胶簇绒地毯

【答案】5703.3000

【解析】“簇绒地毯”是指用簇绒机生产的地毯，即用一套针和钩的设备把纱线插入预先织好的底布上以产生毛圈簇绒，形成绒头的纱线通常用橡胶或塑料涂层的方法固定，并在涂层干燥以前用烯松机绢材料辅助衬背，或用泡沫橡胶衬底。归类时参照其属性应按“地毯”归入第五十七章。

查阅品目，参照其簇绒的织造工艺应按“簇绒地毯”归入品目57.03。

再查阅子目，由于粘胶属于化学纤维，因此，本题商品应按“化学纤维制的簇绒地毯”归入子目5703.3000。

3. 具有铺地用品特征但用于挂在墙上装饰的簇绒羊毛挂毯

【答案】5703.1000

【解析】本题羊毛挂毯虽具有铺地用品的特征，但非用于铺地，而是用于装饰。归类时根据第五十七章章注一的规定：“第五十七章包括使用时以纺织材料为面的地毯及其他纺织材料铺地用品，也包括具有上述铺地用品特征但作其他用途（如挂在墙上或铺在桌上等）的物品。”因此，本题商品仍按“地毯”归入第五十七章。

查阅品目，根据其织造方法应按“簇绒地毯”归入品目57.03。

再查阅子目，本题商品应按其材质（羊毛）归入子目5703.1000。

4. 用于制铺地制品的毡呢衬垫（非针刺，经层压）

【答案】5602.9000

【解析】“铺地制品衬垫”是指置于地板与地毯之间的粗糙织物或毡呢衬垫。归类时根据第五十七章章注二的规定：“本章不包括铺地用品衬垫，这些物品应按其构成材料归类。”因此，本题商品应根据其织造方法和构成材料，按“毡呢”归入第五十六章。

查阅品目，由于该衬垫的材质是毡呢，因此，本题商品应按“毡呢”的具体列名归入品目56.02。

参照其非针刺和经层压的条件，本题商品归入子目5602.9000。

5. 1840 年法国手工结织的丝制栽绒地毯

【答案】9706.0000

【解析】“栽绒地毯”是指用绒纬至少在一根紧经上绕一圈打结或绞扭，而所嵌入的紧地纬将绒纬固定不动而成的地毯。归类时似可按“地毯”归入第五十六章，也可按“超过 100 年的古物”归入第九十七章。根据第九十七章章注四（二）的规定，品目 97.06 不适用于可以归入第九十七章其他各品目的物品，再查阅子目，本题不能按“地毯”归入第五十七章的子目 5701.9020，而应按“超过 100 年的古物”归入第九十七章的子目 9706.0000。

四、历届报关员考试中的本章归类考题

1. 用于小汽车的羊毛簇绒地毯（1997 年考题）

【答案】5703.1000

【解析】本题商品是以羊毛为原料，在织物底布上用排针机械栽绒，形成圈绒或割绒毯面的机制地毯。归类时似可按“汽车零件”归入第八十七章的品目 87.08，又可按“地毯”归入第五十七章的品目 57.03。根据归类总规则三（一）的“列名具体优先于列名一般”的归类原则。本题商品应按“地毯”归入第五十七章。

查阅品目，参照其簇绒的织造工艺应按“簇绒地毯”归入品目 57.03。

参照其羊毛的材质，本题商品应归入子目 5703.1000。

2. 结织栽绒地毯。按重量计算：栽绒层含羊毛 45%，含粘胶短纤维 30%，含涤纶短纤维 25%（2001 年考题）

【答案】5701.9010

【解析】本题结织栽绒地毯为混纺材料制的地毯。归类时参照其属性应按“地毯”归入第五十七章。

查阅品目，参照其结织栽绒的织造工艺，本题商品应按“结织地毯”归入品目 57.01。

再查阅子目，从成分看，羊毛属于天然纤维，粘胶短纤维和涤纶短纤维两者属于化学纤维短纤，由于二者含量相加为 55%，超过了羊毛的含量，因此，根据第十一类类注二“两者比例应按重量大的归类”规定，本题商品应按“化学纤维制结织地毯”归入子目 5701.9010。

第五十八章　特种机织物；簇绒织物；花边；装饰毯；装饰带；刺绣品

一、本章商品范围概述

本章包括各种纺织材料制的特种机织物、簇绒织物、花边、壁毯、装饰带、刺绣品以及金属线制的用于衣着、装饰和类似用途的机织物和物品。

二、本章归类注意要点

本章中品目58.11“被褥状纺织品”，是指一层通常是针织或机织的织物及一层胎料（如絮胎、毡呢、化纤），或由两层织物夹一层胎料。它通常用于生产绗缝外套、被褥、床罩、褥垫、衣服等。

三、商品归类练习

1. 由羊毛50%和醋酸50%混纺制成的平绒机织物（纬起绒，幅宽110厘米，360克/平方米）

【答案】5801.3300

【解析】本题商品是以羊毛和醋酸为原料经混纺制成的平绒机织物。归类时参照其起绒的织造工艺应按“特种机织物”归入第五十八章。

查阅品目，由于该商品为平绒机织物，因此应按“起绒机织物”的具体列名归入品目58.01。

再查阅子目，由于平绒机织物属于纬起绒机织物，羊毛纤维和醋酸纤维的成分含量相同，因此，根据第十五类类注二“比例相同时从后归类”的规定，本题商品应按“化学纤维制纬起绒机织物”归入子目5801.3300。

2. 红色机织灯芯绒，绒面按重量计含黄麻30%、醋酸70%（已割绒，幅宽110厘米，360克/平方米）

【答案】5801.3200

【解析】本题商品是以黄麻和醋酸纤维为原料经混纺制得的灯芯绒机织物。归类时参照其起绒的织造工艺应按“特种机织物”归入第五十八章。

查阅品目，由于本题商品为机织灯芯绒，因此应按“起绒机织物”的具体列名归入品目58.01。

再查阅子目，由于灯芯绒属于纬起绒机织物，参照其材质及含量（醋酸70%），本题商品应以醋酸为主要成分，按“化学纤维制的割绒灯芯绒”归入子目5801.3200。

3. 按重量计含羊毛60%、亚麻40%的平纹印花机织物（100克/平方米，幅宽20厘米）

【答案】5806.3920

【解析】本题商品是以羊毛和亚麻纤维为原料经混纺制得的平纹机织物。归类时似应按机织物归入第五十至五十五章，但根据五十八章章注五的规定：“品目58.06所称狭幅机织物，是指幅宽不超过30厘米的机织物。”由于本题商品其幅宽为20厘米，属于品目58.06狭幅机织物的商品范畴，因此，参照其织物幅宽应按“狭幅机织物”归入第五十八章。

查阅品目，由于本题商品的幅宽为20厘米，因此应按“狭幅机织物”的具体列名归入品目58.06。

参照其织造方法（机织）及材质（主要为羊毛），本题商品应归入子目5806.3920。

4. 床罩用被褥状纺织品，由一层全棉针织布和一层胎料组成，幅宽60厘米

【答案】5811.0030

【解析】“被褥状纺织品”一般由一层针织或机织的织物和一层胎料（如絮胎、毡呢、

棉花等）组成，或由两层织物夹一层胎料组成，多用于生产绗缝外套、被褥、床罩、褥垫等。被褥状纺织品属于特种机织物，归类时参照其属性应按“特种机织物”归入第五十八章。

查阅品目，由于本题商品为被褥状纺织品，因此应按“被褥状纺织品”归入品目58.11。

参照其全棉的织物材质，本题商品应归入子目5811.0030。

四、历届报关员考试中的本章归类考题

1. 棕色机织长毛绒，绒面按重量计含羊毛50%，含涤纶短纤50%（幅宽110厘米，重360克/平方米）（2002年考题）

【答案】5801.3720

【解析】本题商品是以羊毛和绦纶短纤为原料经混纺制得的起绒机织物。机织长毛绒属于特种机织物。归类时参照其起绒的织造工艺应按“特种机织物”归入第五十八章。

查阅品目，由于本题商品为机织长毛绒织物，因此应按“起绒机织物”的具体列名归入品目58.01。

再查阅子目，由于本题织物绒面按重量计含羊毛和涤纶各50%，没有一种成分含量为主要特征。因此，根据第十五类类注二“比例相同时从后归类”的规定，本题商品应按“化学纤维制起绒织物”归入子目5801.3720。

（提示：原2002年版子目答案为5801.3500，转换为2012年版子目答案应为5801.3720。）

2. 全棉染色的灯芯绒（已割绒）机织物，450克/平方米，幅宽<30厘米（2003年考题）

【答案】5801.2200

【解析】本题商品是起绒机织物，归类时参照其起绒的织造工艺应按“特种机织物”归入第五十八章。

查阅品目，由于本题商品为灯芯绒机织物，因此按“起绒机织物”的具体列名应归入品目58.01。

再查阅子目，由于灯芯绒属于纬起绒织物，且已割绒，因此，参照其全棉的纤维属性，本题商品应归入子目5801.2200。

3. 含棉40%、涤纶短纤40%、桑蚕丝20%的灯芯绒（已割绒），已染色，250克/平方米（2004年考题）

【答案】5801.3200

【解析】本题商品是以棉、涤纶短纤和桑蚕丝为原料经混纺制成的起绒机织物，归类时参照其起绒的织造工艺应按“特种机织物”归入第五十八章。

查阅品目，由于本题商品为灯芯绒，因此应按“起绒机织物”的具体列名归入品目58.01。

再查阅子目，本题灯芯绒是由棉、涤纶、桑蚕丝三种材料混纺而成，由于涤纶属于化学纤维，棉和桑蚕丝属于天然纤维，而棉与涤纶重量含量相等，因此，根据其从后归类原则，本题商品应按“化学纤维制的割绒灯芯绒”归入子目5801.3200。

第五十九章　浸渍、涂布、包覆或层压的纺织物；工业用纺织制品

一、本章商品范围概述

本章包括用浆料、塑料或橡胶浸渍、涂布、包覆或层压的纺织物和工业或技术用纺织制品。

二、本章归类注意要点

本章所称“纺织物”仅适用于第五十至五十五章，品目58.03和58.06的机织物、品目58.08的成匹编带和装饰带以及品目60.02至60.06的针织物或钩编织物。归入第五十六章的毡呢及无纺织物，经浸渍、涂层、包覆或层压的，不归入本章。

三、商品归类练习

1. 尼龙－6高强力纱制的帘子布（已涂胶）

【答案】5902.1010

【解析】“高强力纱制帘子布”是指用尼龙或其他聚酰胺、聚酯或粘胶人造丝高强力纱为经线，用其他纱线组成的供制造轮胎用的帘子布。归类时查阅章，由于该帘子布已涂胶，因此应按“涂布纺织物”归入第五十九章。

查阅品目，由于品目59.02已有“高强力纱制的帘子布”的具体列名，因此，本题商品应按具体列名归入品目59.02。

再查阅子目，根据第十一类类注六的规定：“有高强力纱定义的帘子线制的帘子布，不论浸渍与否，应归入子目5902.1010。”本题商品应归入子目5902.1010。

[提示：其他帘子布未经涂布的按普通织物归类（第五十至五十五章、五十八章）；已经涂布的归入品目59.06。]

2. 用聚氯乙烯涂布的绝缘织物

【答案】5903.1010。

【解析】“用聚氯乙烯涂布的绝缘织物”是一种由塑料和织物组成的复合织物。归类时应按“涂布织物”归入第五十九章。

查阅品目，根据其塑料的涂层材料，本题商品应按“用塑料浸渍、涂布、包覆或层压的纺织物”归入品目59.03。

再查阅子目，本题商品应归入子目5903.1010。

3. 尼龙纺织材料制的输送带（织物厚2毫米，幅宽20毫米）

【答案】5806.3200

【解析】“输送带”是指用于传送动力或输送货品的传送带。归类时似应按“工业用纺织品”归入第五十九章。根据第五十九章章注六（一）的规定：“品目59.10不适用于厚度小于3毫米的纺织材料制传动带或输送带。”由于本题商品纺织厚度小于3毫米，不

符合品目59.10的商品范围，因此，本题商品不能归入品目59.10，而应按“普通机织物”归类。又由于其幅宽为20毫米，因此，根据第五十八章章注五的规定，应按“狭幅机织物”归入第五十八章，并归入子目5806.3200。

（提示：①从输送带的厚度看，若其厚度大于3毫米，则应按“输送带”归入品目59.10；其厚度小于3毫米，则应按“织物”归入第五十至五十五章、第五十八章。②从输送带的幅宽看，若幅宽大于30厘米，应按“织物”归入第五十至五十五章；幅宽小于30厘米，应按“狭幅机织物”归入品目58.06。）

4. 造纸机器用筛布（500克/平方米）

【答案】5911.3100

【解析】“造纸机器用筛布”为机器用纺织物。归类时参照其用途应按“工业用纺织制品”归入第五十九章。

查阅品目，由于其专用于造纸机器，因此应按“专门技术用途的纺织产品”归入品目59.11。

参照其造纸的用途和500克/平方米的织物重，本题商品应归入子目5911.3100。

四、历届报关员考试中的本章归类考题

1. 聚氯乙烯涂布的人造革（温度在15℃～30℃时，绕于直径7毫米的圆柱体上不会发生断裂）（1998年上半年考题）

【答案】5903.1020

【解析】“人造革”是一种在纺织物底基上涂覆塑料的复合织物。归类时似可按“塑料”归入第三十九章，又可按“涂覆织物”归入第五十九章。根据第五十九章章注二（一）2的规定：“温度在15℃～30℃时，用手工将产品绕于直径7毫米的圆柱体上会发生断裂的产品，应归入第三十九章。”由于本题商品温度在15℃～30℃时，绕于直径7毫米的圆柱体上不会发生断裂，因此，本题商品应归入第五十九章，并按“涂覆织物”归入子目5903.1020。

（提示：若本题商品温度在15℃～30℃时，绕于直径7毫米的圆柱体上会发生断裂，应归入子目3921.9090。）

2. 一种牛津布，用尼龙短纤织成机织物，染成黑色，然后在其一面（此面作为背面）薄薄地涂上聚氨基甲酸酯（肉眼可见涂层）以防止雨水渗透，用于制作箱包（2007年考题）

【答案】5903.2090

【解析】本题商品是一种经塑料处理过的涂层织物，归类时似可按塑料为主要特征归入第三十九章，也可以按织物主要特征归入第五十九章，由于该涂层织物的塑料用肉眼可以辨别，因此，根据第五十九章章注二（一）1的规定，本题商品应按“塑料涂层织物”归入第五十九章。

查阅品目，由于该机织物涂上聚氨基甲酸酯（肉眼可见涂层），因此，本题商品应按“用塑料浸渍、涂布、包覆或层压的纺织物”归入品目59.03。

再查阅子目，本题商品应归入子目5903.2090。

3. 香云纱，我国特有的一种绸布，以上等桑蚕丝机制成布（幅宽大于30厘米），天

然染料染色，再经河中黑泥涂抹，漂洗，曝晒，反复多次而成（2010 年考题）

【答案】5007.2019

【解析】本题是以原料为桑蚕丝的绸（平纹组织）为坯布，经染色加工而成。归类时，似可按“蚕丝机织物”归入第五十章，也可按“涂布的纺织物”归入五十九章。但由于该产品用黑泥涂抹，其作用是为了使泥中的化学成分与薯莨汁中的鞣酸进行反应，起到特别的染色效果，因此涂抹的黑泥最后要清洗干净，不会在布上形成涂层。所以，不应按“涂布的纺织物”归入五十九章，而应按“蚕丝机织物”归入第五十章。

查阅品目，应按“丝机织物”归入品目 50.07。

根据“丝的含量在 85% 以上”、“桑蚕丝”、“染色”的条件归入子目 5007.2019。

（提示：本题的“香云纱”是一种平纹组织，而如果是以纱组织为坯料的“香云纱”，则应作为特种机织物归入品目 58.03。）

第六十章　针织物及钩编织物

一、本章商品范围概述

本章包括不论使用何种纺织材料，也不论是否有弹性纱线或橡胶线制成的针织物和钩编织物、纬编针织物、经编针织物、用纺织纱线构成链式线圈的缝编织物和钩编织物。其织造方式不同于以经纱和纬纱交织而成的机织物，而是通过一系列相互串联的线圈制成的。本章还包括明显用作衣着、家具布等类似用途的细金属线制针织物与钩编织物。

二、本章归类注意要点

本章不包括：①钩编花边（品目 58.04）；②针织地毯（品目 57.05）；③针织或钩编的标签、徽章及类似品（品目 58.07）；④归入第五十九章的浸渍、涂层、包覆或层压的针织物以及钩编织物。

三、商品归类练习

1. 全棉针织长毛绒织物（幅宽 60 厘米）

【答案】6001.1000

【解析】“起绒织物”按其织造方法可分机织起绒织物和针织起绒织物。机织起绒织物应归入第五十八章的品目 58.01，针织起绒织物应归入第六十章的品目 60.01。本题商品与品目 58.01 的机织物不同，是通过针织的织造方法而制成的，因此归类时参照其织造方法，应按“针织物”归入第六十章。

查阅品目，由于品目 60.01 已有“长毛绒织物”的具体列名，因此，本题商品应按具体列名归入品目 60.01。

再查阅子目，本题商品应归入子目 6001.1000。

2. 按重量计橡胶线含量为 5% 的全棉针织物（幅宽 20 厘米）

【答案】6002.9010

【解析】本题商品为含橡胶线的针织物，归类时参照其织造方法应按“针织物”归入

第六十章。

查阅品目，参照其橡胶线含量（5%）及幅宽（20 厘米），本题商品应归入品目 60. 02。

再查阅子目，本题商品应归入子目 6002. 9010。

3. 含羊毛纤维 70%、涤纶纤维 30%的漂白经编织物（幅宽 80 厘米）

【答案】6005. 9010

【解析】“针织物”可分纬编针织物和经编针织物。本题商品即经编针织物，是指由若干根平衡排列的经纱同时绕着经向弯曲互相缠绕成线圈而成的针织物。归类时参照其织造方法应按“针织物”归入第六十章。

查阅品目，参照其幅宽（80 厘米），本题商品应归入品目 60. 05。

再查阅子目，由于羊毛纤维所属的经编织物属于子目 6005. 9 项下商品、涤纶纤维所属的经编织物属于子目 6005. 3 项下商品，两者比较，羊毛纤维（70%）含量超过涤纶纤维（30%），因此，根据第十一类类注二“两者比例应按重量大的归类”的规定，本题织物应视为以羊毛纤维为主要成分的经编织物进行归类。

本题商品应归入子目 6005. 9010。

4. 含聚酯纤维 50%、醋酸纤维 50%的印花钩编织物（幅宽 60 厘米）

【答案】6006. 4400

【解析】“钩编织物”是指由手工通过钩针将一根连续长线钩成一系列线圈，线圈与线圈相穿，按照线圈的不同编组方式而形成的织物。归类时参照其织造方法应按“钩编织物”归入第六十章。

查阅品目，参照其幅宽（60 厘米），本题商品应归入品目 60. 06。

再查阅子目，由于聚酯纤维所属的钩编织物属于子目 6006. 3 项下商品、醋酸纤维所属的钩编织物属于子目 6006. 4 项下商品，没有一个成分含量为最大，因此，根据第十一类类注二（一）“比例相同从后归类”的规定，本题织物应视为醋酸纤维钩编织物而进行归类。

本题商品应归入子目 6006. 4400。

5. 按重量计蚕丝纤维 40%、粘胶纤维 40%、弹性纱线 20%的针织物（非起绒，幅宽 60 厘米）

【答案】6004. 1040

【解析】本题商品为含弹性纱线的针织物。归类时参照其织造方法应按“针织物”归入第六十章。

查阅品目，参照其弹性纱线含量（20%）及幅宽（60 厘米），本题商品应归入品目 60. 04。

再查阅子目，由于蚕丝纤维所属的针织物属于子目 6004. 1020 的商品，粘胶纤维所属的针织物属于子目 6004. 1040 的商品，两者比较，没有一个成分含量为最大，因此，根据第十一类类注二（一）“比例相同从后归类”的规定，本题织物应视为人造纤维（粘胶纤维）针织物而进行归类。

本题商品应归入子目 6004. 1040。

四、历届报关员考试中的本章归类考题

（无）

第六十一章　针织或钩编的服装及衣着附件

一、本章商品范围概述

本章包括以纺织材料针织或钩编的男、女服装（含童装）和衣着附件，以及上述物品的针织或钩编的零件。本章不包括针织或钩编的胸罩、束腰带、紧身胸衣、吊裤带、吊袜带、束袜带和类似品及其零件（品目62.12）。

二、本章归类注意要点

对服装的归类：①要考虑是针织（钩编）服装（第六十一章）还是非针织（钩编）服装（第六十二章）；②看是否为婴儿服装（品目61.11）；③看是否用品目56.02、56.03、59.03、59.06或59.07的织物制成的服装（品目61.13）；④如果都排除，才可归入第六十一章的其他相应品目内。

三、商品归类练习

1. 尼龙针织背心

【答案】6109.9090

【解析】本题商品是以针织物作面料而制成的背心。归类时应按“针织服装”归入第六十一章。

查阅品目，由于品目61.09已有“背心（内衣类背心）”的列名，因此，本题商品应按具体列名归入品目61.09。

根据其材质（尼龙），本题商品应归入子目6109.9090。

2. 针织女式裙子（成分含量：蚕丝50%；粘胶长丝50%）

【答案】6104.5900

【解析】本题商品是以针织物作面料而制成的裙子。归类时应按“针织服装”归入第六十一章。

查阅品目，由于品目61.04已有“裙子”的具体列名，因此，本题商品应按具体列名归入品目61.04。

由于该裙子的蚕丝与粘胶长丝的成分比例相同，因此，根据第十一类类注二（一）“比例相同从后归类”的规定，本题商品应按“其他纺织材料制裙子”（粘胶长丝制裙子）归入子目6104.5900。

3. 一套零售包装的女西服套装，内有一件针织棉西服上衣，一条针织棉裙子，上下装的颜色、尺寸大小相互般配

【答案】6104.1920

【解析】本题商品是以针织物作面料而制成的西服套装。归类时应按“针织服装”归

入第六十一章。

查阅品目，根据第六十一章章注三（一）对“西服套装”的规定，本题商品符合“西服套装”的定义范围，因此，本题西服上衣和裙子应视为“西服套装”归入品目61.04。

根据其材质（棉），本题商品应归入子目6104.1920。

4. 纯棉制针织婴儿长裤（男款）

【答案】6111.2000

【解析】本题商品是以针织物作面料而制成的婴儿长裤。归类时应按“针织服装”归入第六十一章。

查阅品目，本题商品似可按“男式长裤”归入品目61.03，又可按“婴儿服装”归入品目61.11。根据第六十一章章注六的归类规定：“既可归入品目61.11，也可归入本章其他品目的物品，应优先考虑归入品目61.11。”因此，本题商品应按“婴儿服装”优先考虑归入品目61.11，并归入子目6111.2000。

5. 涤纶制针织紧身胸衣

【答案】6212.3010

【解析】本题商品是以针织布作面料而制成的紧身胸衣。紧身胸衣属于衣着附件，归类时似应按“针织服装及衣着附件”归入第六十一章，但根据第六十一章章注二（一）的规定，“第六十一章不包括品目62.12的货品”。因此，本题商品不能归入第六十一章，只能归入第六十二章。

查阅品目，由于品目62.12已有“胸衣”的具体列名，因此本题商品应按具体列名归入品目62.12。

再查阅子目，本题商品应归入子目6212.3010。

四、历届报关员考试中的本章归类考题

1. 全棉针织婴儿服装（1998年上半年、1998年下半年考题）

【答案】6111.2000

【解析】本题商品是以针织布作面料而制成的婴儿服装。归类时参照其面料织物应按“针织服装”归入第六十一章。

查阅品目，根据第六十一章章注六规定：“似可归入品目61.11，又可归入本章其他品目的物品，应优先考虑归入品目61.11。”因此，本题商品应按“婴儿服装”优先考虑品目61.11。

再查阅子目，本题商品应归入子目6111.2000。

2. 婴儿全棉针织便服套装（供身高86厘米以下婴儿穿用，男式）（1999年上半年考题）

【答案】6111.2000

【解析】本题商品是以针织布作面料而制成的便服套装。归类时参照其面料织物应按“针织服装”归入第六十一章。

查阅品目，本题商品似可按“男式便服套装”归入品目61.03，又可按“婴儿服装”归入品目61.11。根据第六十一章章注六（二）规定：“似可归入品目61.11，又可归入

本章其他品目的物品，应归入品目 61. 11。”因此，本题商品应按“婴儿服装”优先考虑归入品目 61. 11。

再查阅子目，本题商品应归入子目 6111. 2000。

3. 已剪成手套形的针织经编纯棉布（1999 年下半年考题）

【答案】6116. 9200

【解析】本题商品是以针织布作面料的已裁剪手套。手套属于衣着附件，归类时参照其面料织物应按“针织衣着附件”归入第六十一章。

查阅品目，本题商品虽属于手套的不完整品，仍需作进一步的缝合加工才能制成手套，但由于其已具有手套的基本特征，因此，根据归类总规则二（一）的基本特征归类原则，本题商品仍应视为完整的手套归入品目 61. 16。

再查阅子目，参照其纤维属性（棉制），本题商品应归入子目 6116. 9200。

4. 单独进口的羊毛针织西服背心（2003 年考题）

【答案】6110. 1100

【解析】本题商品是以针织物作面料而制成的西服背心。归类时参照其面料织物应按“针织服装”归入第六十一章。

查阅品目，由于品目 61. 10 已有“背心（外穿类背心）”的列名，因此，本题商品应归入品目 61. 10。

再查阅子目，参照其纤维属性（羊毛），本题商品应归入子目 6110. 1100。

5. 精梳的喀什米尔山羊绒制的针织女士披巾（2004 年考题）

【答案】6117. 1011

【解析】本题商品是以针织物作面料的女士披巾，女士披巾属于衣着附件。归类时参照其面料织物应按“针织的服装及衣着附件”归入第六十一章。

查阅品目，由于披巾在第六十一章的品目中没有列名，因此，本题商品只能按“其他制成的针织或钩编的衣着附件”归入品目 61. 17。

再查阅子目，本题商品应按“披巾”的具体列名归入子目 6117. 1011。

（提示：原 2004 年版子目答案为 6117. 1000，转换为 2012 年版子目答案应为 6117. 1011。）

6. 如图所示的针织全棉服装（2008 年考题）

【答案】6105. 1000

【解析】图中所示的是一件有领、半开襟的服装，日常生活中我们都习惯称为“T 恤衫”。本题商品为针织全棉服装。归类时参照其面料织物应按“针织服装”归入第六十一章。

查阅品目，品目61.09已有“T恤衫”的具体列名，但根据品目61.09的规定：“‘T恤衫’是指针织或钩编的内衣类轻质服装，无领、无扣、领口无门襟的服装。”显然本题商品不符合品目61.09“T恤衫”的款式规定，因此，不能按“T恤衫”归入品目61.09。根据品目的条文规定，本题商品是一款针织衬衫，因此，本题商品应按“衬衫”归入品目61.05。

参照其“棉制”的材料，本题商品应归入子目6105.1000。

7. 如图所示的男式服装，以喀什米尔山羊绒针织而成（2009年考题）

【答案】6110.1200

【解析】图中所示的是一种针织背心（马甲）。归类时参照其面料织物应按“针织服装”归入第六十一章。

查阅品目，由于该商品属于外穿背心，因此，本题商品应归入品目61.10。

参照其“羊毛制”的材料，本题商品应归入子目6110.1200。

第六十二章 非针织或非钩编的服装及衣着附件

一、本章商品范围概述

本章包括用第五十至五十六章、五十八章及五十九章的纺织物（含毡呢及无纺织物，絮胎除外）制成的各式服装、衣着附件及其零件。针织或钩编的胸罩、束腰带、紧身胸衣、吊裤带、吊袜带及类似品及其零件也包括在内（品目62.12）。

二、本章归类注意要点

对服装的归类：①先要考虑是针织（钩编）服装（第六十一章）还是非针织（钩编）服装（第六十二章）；②其次看是否为婴儿服装（品目62.09）；③再次看是否用品目56.02、56.03、59.03、59.06或59.07的织物制成的服装（品目62.10）；④如果都排除，才可归入第六十二章的其他相应品目内。

三、商品归类练习

1. 机织布制男式内衣，含棉70%、聚酰胺短纤30%

【答案】6207.9100

【解析】本题商品是以机织布作面料而制成的内衣。归类时应按“机织服装”归入第六十二章。

查阅品目，根据其衣着对象（男式）及衣着款式（内衣），本题商品应归入品目62.07。

再查阅子目，本题内衣由棉纤维和聚酰胺短纤混纺制成，由于其棉含量超过聚酰胺短纤，因此，根据十一类子目类注二（一）的“两者比例应按重量大的归类”规定，本题商品应按“棉内衣”进行归类。

本题商品应归入子目6207.9100。

2. 经塑料浸渍的全棉机织女衬衫

【答案】6210.5000

【解析】本题商品是以机织布作面料而制成的女衬衫。归类时应按“机织服装”归入第六十二章。

查阅品目，由于该衬衫经塑料浸渍，似可按“女衬衫”归入品目62.06，又可按“浸渍服装”归入品目62.10。根据第六十二章章注五的归类规定：“既可归入品目62.10，也可归入本章其他品目的服装，除品目62.09所列的仍归入该品目外，其余的应一律优先考虑归入品目62.10。”因此，本题商品应优先考虑归入“浸渍服装”品目62.10。

再查阅子目，本题商品应归入子目6210.5000。

3. 一套零售包装的全棉男式服装，内由一件衬衫、一条短裤组成；上下装的面料质地、颜色、尺寸大小相互般配

【答案】6203.2200

【解析】本题商品是以机织布作面料而制成的套装。归类时应按“机织服装”归入第六十二章。

查阅品目，机织男式衬衫属于品目62.05的服装，机织男式短裤属于品目62.03的服装。由于本题商品符合第六十一章章注三（二）对便服套装的规定，因此，本题商品应按“便服套装”归入品目62.03。

再查阅子目，本题商品应归入子目6203.2200。

4. 一套零售包装的全棉男式服装，内由一件白衬衫、一条黑短裤组成；上下装的面料质地、尺寸大小相互般配

【答案】衬衫应归入子目6205.2000，短裤应归入子目6203.4290

【解析】本题商品是以机织布作面料而制成的套装。归类时应按“机织服装”归入第六十二章。

查阅品目，由于本题商品套装的上下装颜色不相般配，因此，根据第十一类类注十三及第六十一章章注三（二）对便服套装的规定，本题商品不能视为便服套装进行归类，而应分别归类。

再查阅子目，本题商品的“衬衫”应归入子目6205.2000，“短裤”应归入子目6203.4290。

5. 一条正方形的粘胶机织手帕，其中一边长为80厘米

【答案】6214.4000

【解析】本题商品是以机织布作面料而制成的手帕。手帕属于衣着附件，归类时应按“机织服装及衣着附件”归入第六十二章。

查阅品目，根据第六十二章章注七的规定：“正方形或近似正方形的围巾及围巾式样

的物品，如果每边均不超过60厘米，则应视为手帕归类（品目62.13），任何一边超过60厘米的手帕，应归入品目62.14。”本题商品虽为手帕，但由于其中一边超过60厘米，因此，不能按“手帕”归入品目62.13，而应归入品目62.14。

再查阅子目，本题商品应归入子目6214.4000。

四、历届报关员考试中的本章归类考题

1. 一盒主要供滑雪时穿着的零售套装，内装有一件带风帽、由拉链扣合的羊毛制厚夹克（非针织物）和一条羊毛机织长裤（非针织物）（1998年上半年考题）

【答案】6211.2090

【解析】本题商品是以非针织物作面料而制成的套装。归类时应按“机织服装”归入第六十二章。

根据第六十二章章注六对滑雪服的质地、款式的规定，本题商品符合品目62.11“滑雪服”的定义范畴，因此应归入品目62.11。

根据其材质，本题商品应归入子目6211.2090。

2. 纯棉妇女用针织紧身胸衣（2000年考题）

【答案】62.12

【解析】本题商品是以针织布作面料而制成的胸衣。胸衣属于服装附件。归类时似应按“针织服装”归入第六十一章，但根据第六十一章章注二（二）的规定，“第六十一章不包括品目62.12的货品”。因此，本题商品不能按“针织服装”归入第六十一章，而只能考虑归入第六十二章。

查阅品目，本题商品应归入品目62.12项下。

（提示：2000年考题是以选择形式出题，因此本题答案仅选择品目，详见附录“历届商品归类考试试题”。）

3. 染色平纹机织物制女衬衫（布料按重量计含亚麻50%，含涤纶短纤50%）（2000年考题）

【答案】6206.4000

【解析】本题商品是以机织布作面料而制成的女衬衫。归类时应按“机织服装”归入第六十二章。

查阅品目，由于品目62.06已有“女衬衫”的具体列名，因此，本题商品应按具体列名归入品目62.06。

再查阅子目，由于该服装的涤纶短纤和亚麻的比例相同，因此，根据第十一类类注二（一）的“比例相同从后归类”的规定，本题商品应按“化学纤维机织物制的衬衫”归入子目6206.4000。

4. 印花机织物制正方形围巾（边长60厘米；按重量计算，含棉花50%，含涤纶短纤维50%）（2001年考题）

【答案】6213.9090

【解析】本题商品是以机织布作面料而制成的围巾。围巾属于衣着附件，归类时应按“机织服装及衣着附件”归入第六十二章。

查阅品目，根据第六十二章章注七的规定：“正方形或近似正方形的围巾及围巾式样

的物品，如果每边均不超过60厘米，应作为手帕归类（品目62.13）。任何一边超过60厘米的手帕，应归入品目62.14。”由于本题商品边长未超过60厘米，因此应按手帕归入品目62.13。

再查阅子目，本题商品是由棉花和涤纶短纤维混纺而成的织物，两者成分含量相同，因此，根据第十一类子目类注二（一）的“比例相同从后归类”的规定，本题商品应按“涤纶短纤维围巾”归入子目6213.9090。

5. 针织束腰胸衣，材质按重量计棉占90%、莱卡（氨纶）占10%（2003年考题）

【答案】6212.3090

【解析】本题商品是以针织布作面料而制成的胸衣。胸衣属于衣着附件，归类时似应按“针织服装及衣着附件”归入第六十一章，但根据第六十一章章注二（二）的规定，“第六十一章不包括品目62.12的货品”。因此，本题商品不能按“针织服装”归入第六十一章，而要按“机织服装”归入第六十二章。

又由于棉含量超过氨纶含量，因此，根据第十一类类注二（一）的“两者比例应按重量大的归类”规定，本题商品应按“以棉为主要特征的胸衣”归入子目6212.3090。

6. 女士雨衣，由涤纶机织物表面（单面）涂布高分子树脂的面料（涂层可明显看出）制成（2004年考题）

【答案】6210.3000

【解析】本题商品是以机织物作面料的服装，归类时应按“机织服装及衣着附件”归入第六十二章。

查阅品目，由于雨衣所用织物是由可明显看出用涂布高分子树脂（即塑料）的纺织物制成，属于品目59.03“用塑料浸渍、涂布、包覆或层压的纺织物”的商品。根据第六十二章章注五的规定：“既可归入品目62.10，也可归入本章其他品目的服装，除品目62.09所列的仍归入该品目外，其余的应一律归入品目62.10。”因此，可明显看出涂层的雨衣应归入品目62.10。

再查阅子目，本题商品应归入子目6210.3000。

（提示：若本题商品的织物非明显看出涂层，则不属于品目59.03的涂层织物商品，不能归入子目6210.3000，而应按“普通面料的女式雨衣”归入子目6202.1100至6202.1900。）

7. 女式棉（含8%氨纶）牛仔短裤，机织（2006年考题）

【答案】6204.6200

【解析】本题商品是以机织布作面料而制成的牛仔短裤。归类时应按“机织服装及衣着附件”归入第六十二章。

查阅品目，由于品目62.04已有“女式短裤”的具体列名，因此，本题商品应按具体列名归入品目62.04。

根据其含量（棉），本题商品应归入子目6204.6200。

8. 男式蓝色一次性浴衣（涤纶无纺布制）（2007年考题）

【答案】6210.1030

【解析】本题商品是一件由无纺布制成的服装，归类时应按“机织服装及衣着附件”归入第六十二章。

查阅品目，该服装既可按“男式浴衣”归入品目62.07，也可按“无纺布制服装”归入品目62.10。根据第六十二章章注五的规定：“既可归入品目62.10，也可归入本章其他品目的服装，除品目62.09所列的仍归入该品目外，其余的应一律归入品目62.10。”因此，本题商品应优先考虑归入品目62.10，并归入子目6210.1030。

9. 如图所示的婚纱，由涤纶机织而成（2010年考题）

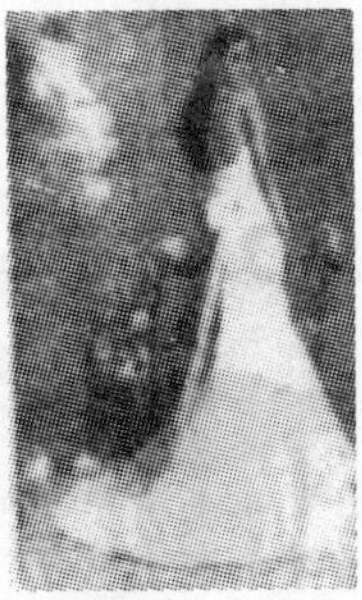

【答案】6204.4300

【解析】本题商品为机织婚纱，归类时应按“机织服装及衣着附件”归入第六十二章。

查阅品目，由于婚纱属于连衣裙，因此，本题商品应按“连衣裙”归入品目62.04。

根据其“涤纶”的条件（涤纶属于合成纤维），本题商品应归入子目6204.4300。

第六十三章 其他纺织制成品；成套物品；旧衣着及旧纺织品；碎织物

一、本章商品范围概述

本章有3个分章。第一分章为其他纺织制成品，是指用任何纺织物（机织物或针织物、毡呢、无纺织物等）制成，且在其他章未具体列名的本章所列纺织品。“制成品”是指符合第十一类类注七规定的物品。第二分章为成套物品。第三分章为旧衣着及旧纺织品、碎织物。

二、本章归类注意要点

（1）本章中所称“制成的纺织品”必须是符合第十一类注释七规定的物品，据此，裁切成正方形或长方形的无纺织物一次性使用的床单，不应归入本章，而应归入品目56.03。

（2）品目63.08成套物品，是指供手工针绣、制毯用的，至少有一幅机织物与不论是否裁成一定长度的纱线组成。还可以带有针、钩等附件。必须注意，归入本品目的物品在进出口时必须是成套零售包装的。

三、商品归类练习

1. 绵纶印花机织物制的窗帘

【答案】6303.9200

【解析】“窗帘”属于纺织物制品。归类时应按“其他纺织制成品”归入第六十三章。

查阅品目，由于品目63.03已有“窗帘”的具体列名，因此，本题商品应按具体列名归入品目63.03。

再查阅子目，由于本题商品为机织物，因此，应按“机织物制窗帘”归入子目6303.9项下。

又由于绵纶属于合成纤维，因此，本题商品应按“合成纤维机织物制窗帘”归入子目6303.9200。

2. 全棉针织物制的床单

【答案】6302.1010

【解析】“床单”属于纺织物制品。归类时应按“其他纺织制成品”归入第六十三章。

查阅品目，床单属于床上织物制品，因此，本题商品应按“床上用织物制品”归入品目63.02。

再查阅子目，由于本题商品为针织物，因此，应考虑按“针织物制的床上用织物制品”归入子目6302.1项下；又由根据其纤维成分（全棉），本题商品应按“全棉针织物制床上用织物制品”归入子目6302.1010。

3. 全棉无纺织物制的床单（层压，360克/平方米）

【答案】5603.9410

【解析】“无纺织物制的床单”是裁剪成长方形或正方形的作一次性使用的床单。床单属于纺织物制品。归类时似应按“纺织制成品”归入第六十三章的品目63.02，但由于该床单的材质为无纺织物，根据第六十三章章注二（一）的规定，“本章不包括第五十八章的货品”。因此，本题商品不能按“床单”归入第六十三章的品目63.02，而应按“无纺布”归入第五十六章的品目56.03。

查阅子目，本题商品应归入子目5603.9410。

4. 旧的装饰用机织羊毛挂毯（起绒，已制成）

【答案】5702.4100

【解析】本题挂毯属于旧的纺织制品。归类时似应按“旧纺织制品”归入第六十三章的品目63.09，但根据第六十三章章注三（一）的规定：“品目63.09仅适用于装饰用织物制品，但品目57.01至57.05的地毯及品目58.05的装饰毯除外。”因此，本题商品不能按“旧纺织制品”归入第六十三章的品目63.09，而应按“地毯（包括挂毯）”归入第五十七章的品目57.02。

查阅子目，本题商品应归入子目5702.4100。

5. 一套零售包装物品，由一幅棉机织物、一筒羊毛绣花线、一支不锈钢钩针组成，用以制作绣花台布

【答案】6308.0000

【解析】本题商品由 3 种货品组成，归类时似应分别归类："棉机织物"归入第五十二章，"羊毛绣花线"归入第五十一章，"不锈钢钩针"归入第七十三章。但由于第六十三章已有上述物品专号，即品目 63.08 包括由机织物及纱线构成的零售包装成套物品，且不论是否带附件，用以制作小地毯、装饰毯、绣花台布、餐巾或类似的纺织物品。因此，本题商品应按"零售包装成套物品"归入品目 63.08。

查阅子目，本题商品应归入子目 6308.0000。

四、历届报关员考试中的本章归类考题

1. 机织印花纯棉浴巾（毛巾组织织造）（1998 年下半年考题）

【答案】6302.6010

【解析】"棉浴巾"是以毛巾组织织造的纺织制品。归类时应按"其他纺织制品"归入第六十三章。

再查阅子目，浴巾属于盥洗用织物制品，因此，本题商品应按用途归入品目 63.02。

根据其织造工艺（毛巾组织）、纤维成分（纯棉），本题商品应归入子目 6302.6010。

2. 手工钩编的涤纶餐台布（2006 年考题）

【答案】6302.4010

【解析】本题商品为钩编涤纶餐台布，属于纺织制成品。归类时应按"其他纺织制品"归入第六十三章。

查阅品目，由于餐台布属于"餐桌用的织物制品"，因此，本题商品应归入品目 63.02。

根据其织造工艺（手工钩编），本题商品应归入子目 6302.4010。

3. 快速吸水浴巾，由一种新型超细纤维（70% 涤纶和 30% 锦纶）织成的毛巾布制成（2007 年考题）

【答案】6302.6010

【解析】"快速吸水浴巾"属于纺织物制品。归类时应按"其他纺织制成品"归入第六十三章。

查阅品目，由于浴巾属于"盥洗用织物制品"，因此，本题商品应归入品目 63.02。

再查阅子日，由丁毛巾布属于毛圈织物，因此，本题商品应按"盥洗用浴巾"归入子目 6302.6010。

（提示：原 2007 年版子目答案为 6302.9300，转换为 2012 年版子目答案应为 6302.6010。）

4. 如图所示的手机挂绳，编带部分以涤纶纱线用编带机织成（2008 年考题）

【答案】6307.9000

【解析】图中所示的是一款带挂钩的手机用编带挂绳。该商品中，编带挂绳是该商品的主要特征，因此，该编带挂绳应按“其他纺织制成品”归入第六十三章。

查阅品目，由于品目没有“手机挂绳”的相关列名，因此，本题商品只能按“其他制成品”归入品目63.07。

再查阅子目，本题商品应按“其他”归入子目6307.9000。

5. 针织印花棉制床单（2009年考题）

【答案】6302.1010

【解析】“床单”为纺织制品。归类时应按“其他纺织制成品”归入第六十三章。

查阅品目，床单属于床上织物制品，因此，本题商品应按“床上用织物制品”归入品目63.02。

根据织造方法（针织）和纤维属性（棉制），本题商品应归入子目6302.1010。

（提示：该题子目容易误归入子目6302.2110。）

6. 如图所示的睡眠用眼罩，外表面为黑色尼龙针织面料，内表面为蓝色棉质无纺布，内衬丁苯橡胶海绵，用于旅行或日常休息，避免光线照射（2010年考题）

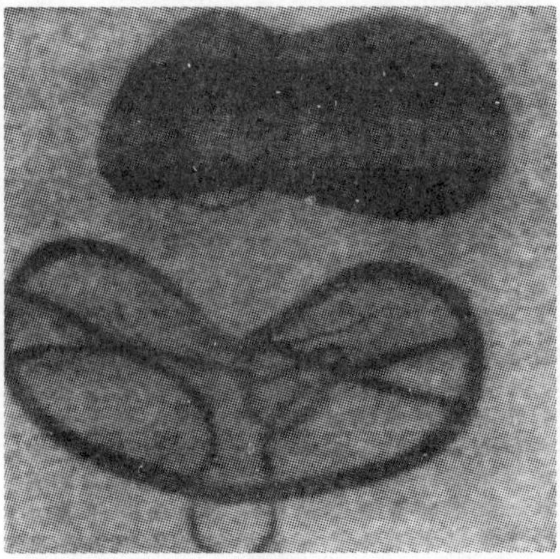

【答案】6307.9000

【解析】该睡眠用眼罩，由橡胶与纺织物两种材料复合而成，其中橡胶仅起衬垫的作用，而纺织物起到了主要作用，因此，本题商品应按纺织品归类。由于睡眠用眼罩是纺织制成品，因此，本题商品应按“其他纺织制成品”归入第六十三章。

查阅品目，由于品目没有眼罩的相关列名，因此，本题商品只能按“其他制成品”归入品目63.07。

再查阅子目，本题商品应归入子目6307.9000。

第十二类 鞋、帽、伞、杖、鞭及其零件；已加工的羽毛及其制品；人造花；人发制品

本类商品由四章（第六十四至六十七章）构成，包括：第六十四章的鞋靴；第六十五章的帽；第六十六章的伞、鞭、手杖；第六十七章的羽毛、人造花及人发制品。

第六十四章 鞋靴、护腿和类似品及其零件

一、本章商品范围概述

本章包括除石棉外用任何材料制作的各种类型的鞋靴（包括套鞋）、护腿和类似品及其零件。

二、本章归类注意要点

（1）鞋靴的归类主要视其外底和鞋面的材料确定品目：鞋面的材料应以占表面面积最大的那种材料为准；外底的主要材料应以与地面接触最广的那种材料为准。

（2）本章不包括：①纺织材料制的鞋、靴，没有用粘缝或其他方法将外底固定或安装在鞋面上的（品目 61.11、61.15、62.09、62.17）；②易损材料（如纸或塑料薄膜）制无外绱鞋底的一次性脚套或鞋套（按构成材料归类）；③矫形鞋或其他矫形器具及其零件（品目 90.21）；④玩偶鞋及装有冰刀或轮子的滑冰鞋。

三、商品归类练习

1．以木料制外底、纺织物制鞋面的拖鞋

【答案】6405.2000

【解析】“拖鞋”属鞋靴类商品。归类时应按“鞋靴”归入第六十四章。

查阅品目，根据其鞋底与鞋面材料，本题商品应归入品目 64.05，并根据鞋面材质归入子目 6405.2000。

2．塑料薄膜制的一次性鞋套

【答案】3926.9090

【解析】“鞋套”属鞋靴类商品。归类时应按“鞋靴”归入第六十四章，但根据第六十四章章注一（一）的规定，“易损材料（如纸或塑料薄膜）制无外绱鞋底的一次性脚套或鞋套，按其构成材料归类”。因此，本题商品不能按“鞋靴”归入第六十四章，而应按“塑料制品”归入第三十九章。

本题商品应按其构成材料（塑料）归入子目 3926.9090。

3. 矫形鞋

【答案】9021.1000

【解析】“矫形鞋”属鞋靴类商品。归类时似应按“鞋靴”归入第六十四章，但根据第六十四章章注一（五）的规定：“本章不包括矫形鞋靴或其他矫形器具及其零件（品目90.21）。”因此，本题商品不能归入第六十四章，而应归入第九十章。

本题商品应按“矫形器具”归入子目9021.1000。

4. 溜冰鞋

【答案】9506.7010

【解析】“溜冰鞋”属鞋靴类商品。归类时似应按“鞋靴”归入第六十四章，但根据第六十四章章注一（六）的规定：“本章不包括玩具鞋及装有冰刀或轮子的滑冰鞋（第九十五章）。”因此，本题商品不能归入第六十四章，而应归入第九十五章。

本题商品应按“体育用品”归入子目9506.7010。

5. 赛车鞋（皮革制鞋面、塑料制鞋底）

【答案】6403.1900

【解析】“赛车鞋”属于鞋靴类商品。归类时应按“鞋靴”归入第六十四章。

查阅品目，根据其鞋底与鞋面材料，本题商品应归入品目64.03。

由于本题商品符合第六十四章子目注释对“运动鞋靴”的定义。因此，本题商品应按“运动鞋靴”归入子目6403.1900。

四、历届报关员考试中的本章归类考题

（无）

第六十五章　帽类及其零件

一、本章商品范围概述

本章包括各种各样的帽子，不论用什么材料（石棉除外）制成及用途如何。还包括发网和帽型、帽坯、帽身、帽兜等帽类专用的零件。

二、本章归类注意要点

本章不包括：石棉帽（品目68.12）、旧帽类（品目63.09）；玩偶帽、其他玩具帽及狂欢节用品（第九十五章）。

三、商品归类练习

1. 羊毛毡呢帽坯

【答案】6501.0000

【解析】“帽坯”是指已有帽子的形状特征，但还需经过简单的加工便可以制成的帽子。羊毛毡呢帽坯属于帽的半制成品。归类时参照其用途仍应按“帽类及其零件”归入第六十五章。

查阅品目，参照其材质（毡呢），本题商品应归入品目 65.01，并归入子目 6501.0000。

2. 摩托车用头盔

【答案】6506.1000

【解析】“头盔”属于帽类商品。归类时参照其用途应按“帽类”归入第六十五章。

查阅品目，由于品目没有“头盔”的相关列名，因此，本题商品应按“其他帽类”归入品目 65.06。

再查阅子目，由于摩托车用头盔属于安全帽，因此，本题商品应按“安全帽”归入子目 6506.1000。

（提示：安全帽是指体育用帽、军事或消防员用的头盔、摩托车驾驶员、矿工或建筑工人用的头盔等帽类，不论是否装有防护垫或话筒、耳机。）

3. 石棉帽

【答案】6812.9100

【解析】“石棉帽”属于帽类商品。归类时似可按“帽类”归入第六十五章，但根据第六十五章章注一（二）的规定，“本章不包括石棉制帽类（品目 68.12）”。因此，本题商品不能归入第六十五章，而应归入第六十八章。

查阅品目，由于该帽用石棉材质，因此，本题商品应按“石棉制品”归入品目 68.12，并按“帽类”归入子目 6812.9100。

4. 旧太阳帽

【答案】6309.0000

【解析】“旧太阳帽”属于帽类商品。归类时似可按“帽类”归入第六十五章，但根据第六十五章章注一（一）的规定，“本章不包括品目 63.09 的旧帽类”。因此，本题商品不能归入第六十五章，而应归入第六十三章。

查阅品目，由于该商品为旧太阳帽，因此，本题商品应按“破旧制品”归入品目 63.09，并归入子目 6309.0000。

5. 圣诞帽

【答案】9505.1000

【解析】“圣诞帽”属于帽类商品。归类时似可按“帽类”归入第六十五章，但根据第六十五章章注一（三）的规定，“本章不包括玩偶帽、其他玩具帽或狂欢节用品（第九十五章）”。因此，本题商品不能归入第六十五章，而应归入第九十五章。

查阅品目，由于圣诞帽属于节日用品，因此，本题商品应按“节日用品”归入品目 95.05，并按“圣诞节用品”归入子目 9505.1000。

四、历届报关员考试中的本章归类考题

用塑料（丙烯聚合物）扁条（宽度 6 毫米）编结的缏条缝合成的遮阳帽（2002 年考题）

【答案】6504.0000

【解析】本题商品为编结帽。归类时似可按“编结品”归入第四十六章，也可按“帽类”归入第六十五章。根据第四十六章章注二（三）的规定，“第四十六章不包括第六十

四章和第六十五章的鞋靴、帽类的商品”。因此，本题商品不能按“编结品”归入第四十六章，而应按“帽类”归入第六十五章。

查阅品目，本题商品应按“编结帽”归入品目65.04，并归入子目6504.0000。

第六十六章　雨伞、阳伞、手杖、鞭子、马鞭及其零件

一、本章商品范围概述

本章包括各种材料制的雨伞、阳伞、手杖、鞭子、马鞭及其类似品，以及上述物品的零件及装饰物。

二、本章归类注意要点

本章不包括：丈量用杖及类似品（品目90.17）；火器手杖、刀剑手杖及类似品（品目93.04、93.07）。

三、商品归类练习

1. 马鞭

【答案】6602.0000

【解析】“马鞭”是一种通常用于驱赶马匹的鞭子，由把手和短皮夹圈构成。归类时参照其用途应按“鞭子”归入第六十六章。

查阅品目，由于品目66.02已有“马鞭”的具体列名，因此，本题商品应按具体列名归入品目66.02。

再查阅子目，本题商品应归入子目6602.0000。

2. 带有丈量功能的手杖

【答案】9017.8000

【解析】“手杖”是用手扶着的撑杆，本题商品为带有丈量功能的手杖。归类时参照其用途似应按“手杖”的具体列名归入第六十六章。

查阅品目，根据第六十六章章注一（一）的规定，“本章不包括丈量用杖及类似品（品目90.17）”。因此，本题商品不能按“手杖”归入品目66.02，而应按“测量工具”归入品目90.17。

再查阅子目，由于子目没有该商品的相关列名，因而本题商品应按“其他”归入子目9017.8000。

3. 刀剑手杖

【答案】9307.0000

【解析】“手杖”是用手扶着的撑杆，本题商品为带有刀剑的手杖。归类时参照其用途似应按“手杖”的具体列名归入第六十六章。

查阅品目，根据第六十六章章注一（二）的规定，“本章不包括火器手杖、刀剑手杖及类似品（品目93.04、93.07）”。因此，本题商品不能按“手杖”归入66.02，而应按“武器”归入品目93.07。

再查阅子目，本题商品应归入子目9307.0000。

4. 手杖伞

【答案】6601.9900

【解析】“手杖”是用手扶着的撑杆，本题商品是一种带有一硬套，可用作雨伞的手杖。归类时参照其用途应按“雨伞、手杖”归入第六十六章。

查阅品目，似可按“雨伞”归入品目66.01，又可按“手杖”归入品目66.02。由于品目66.01已有“手杖伞”的列名，因此，根据归类总规则三（一）的“具体列名优先于列名一般”的归类原则，本题商品应归入品目66.01。

再查阅子目，由于子目没有“手杖伞”的相关列名，因此，本题商品应按“其他”归入子目6601.9900。

5. 玩具雨伞

【答案】9503.0089

【解析】本题商品为儿童用的玩具雨伞。归类时似可按“玩具”归入第九十五章的品目95.03，也可按“雨伞”归入第六十六章的品目66.01。根据第六十六章章注一（三）的规定，“本章不包括第九十五章的货品（如玩具雨伞、玩具阳伞）”。因此，本题商品不能归入第六十六章，而只能归入第九十五章。

查阅品目，应按“玩具”归入品目95.03。

再查阅子目，由于子目没有“玩具雨伞”的相关列名，因此，本题商品应按“其他”归入子目9503.0089。

四、历届报关员考试中的本章归类考题

（无）

第六十七章 已加工羽毛、羽绒及其制品；人造花；人发制品

一、本章商品范围概述

本章包括已加工的羽毛、羽绒及其制品；人造花和人发制品。

二、本章归类注意要点

品目05.05与品目67.01的羽毛、羽绒的区别：品目05.05的羽毛、羽绒是指经消毒、清洗或防腐等简单处理方法的加工；品目67.01的羽毛、羽绒是指经过漂白、染色、卷曲或波浪形的加工。

三、商品归类练习

1. 已经防腐处理的羽毛

【答案】0505.9090

【解析】“羽毛”是鸟类动物所特有的毛，有护体、保温、飞翔等功能。归类时似可按“未加工羽毛”归入第五章的品目05.05，也可按“已加工羽毛”归入第六十七章的

品目67.01。由于本题商品经防腐处理，从加工程度看，其加工程度未超出品目05.05的加工范围，因此，本题商品应归入品目05.05。

查阅子目，本题商品应归入子目0505.9090。

2. 已经漂白加工的羽毛

【答案】6701.0000

【解析】“羽毛”是鸟类动物所特有的毛，有护体、保温、飞翔等功能。归类时似可按“未加工羽毛”归入第五章的品目05.05，也可按“已加工羽毛”归入第六十七章的品目67.01。由于本题商品经漂白处理，从加工程度看，其加工程度已超出品目05.05的加工范围，因此，本题商品应归入品目67.01。

查阅子目，本题商品应归入子目6701.0000。

3. 塑料制人造花束

【答案】6702.1000

【解析】本题商品属于人造花。归类时参照其用途应按“人造花”归入第六十七章。

查阅品目，由于品目67.02已有“人造花”的具体列名，因此，本题商品应按具体列名归入品目67.02。

参照其塑料制的材质，本题商品应归入子目6702.1000。

4. 经梳理加工的人发

【答案】6703.0000

【解析】“经梳理加工的人发”属于人发制品。归类时似可按“人发产品”归入第五章的品目05.01，也可按“人发制品”归入第六十七章的品目67.03。由于本题商品已经梳理加工，其加工程度已超出品目05.01的加工范围，因此，本题商品不能归入第五章的品目05.01，而应归入第六十七章的品目67.03。

查阅子目，本题商品应归入子目6703.0000。

5. 粘胶纺织材料制的假发

【答案】6704.9000

【解析】“假发”属于人造人发制品。归类时参照其用途应按“人发制品”归入第六十七章。

查阅品目，应按“纺织材料制的假发”归入品目67.04。

再查阅子目，由于粘胶属于人造纤维，而子目没有该材质商品的相关列名，因此，本题商品应按“其他材料制”归入子目6704.9000。

四、历届报关员考试中的本章归类考题

（无）

第十三类 石料、石膏、水泥、石棉、云母及类似材料的制品；陶瓷产品；玻璃及其制品

本类商品由3章（第六十八至七十章）构成，包括：第六十八章，石料、石膏、水泥、石棉、云母及类似材料的制品；第六十九章，陶瓷产品；第七十章，玻璃及其制品。

第六十八章 石料、石膏、水泥、石棉、云母及类似材料的制品

一、本章商品范围概述

本章包括石料、石膏、水泥、石棉、云母及类似材料的制品。

二、本章归类注意要点

（1）第六十八章的货品大都是第二十五章的货品经进一步加工所得，或者其加工程度已超出第二十五章所允许的范围。

（2）品目68.12包括石棉织造的服装、鞋帽，在此注意不应将石棉织造的服装按“纺织品”归入第十一类。

三、商品归类练习

1. 经粗切的花岗岩板

【答案】2516.1200

【解析】“花岗岩”是一种非常坚硬的粒状结构火成岩，由石英晶体与长石和云母集块而成。花岗岩属于矿产品，归类时似可按“矿产品的产品”归入第二十五章的品目25.16，也可按“矿产品的制品”归入第六十八章的品目68.02。由于本题商品经粗切的简单加工，其加工程度未超出第二十五章品目25.16的加工范围，因此，本题商品应视为“矿产品的产品”归入子目2516.1200。

2. 经抛光打磨的花岗岩板

【答案】6802.9390

【解析】“花岗岩”是一种非常坚硬的粒状结构火成岩，由石英晶体与长石和云母集块而成。花岗岩属于矿产品，归类时似可按“矿产品的产品”归入第二十五章的品目25.16，也可按“矿产品的制品”归入第六十八章的品目68.02。由于本题商品经抛光打磨，其加工程度已超出第二十五章品目25.16所列商品的加工范围，因此，本题商品应视

为“矿产品的制品”归入子目6802.9390。

3. 未装支架的抛光石

【答案】6804.3090

【解析】“抛光石”是指对工件进行抛光的石材，工作时，一般用装有抛光石的机器高速旋转以擦拭工件表面，提升其表面光洁度。抛光石属于矿产品的制成品。归类时应按“石料及类似材料的制品”归入第六十八章。

查阅品目，由于品目68.04已有“未装支架石磨”的相关列名，因此，本题商品应归入品目68.04。

再查阅子目，本题商品应归入子目6804.3090。

4. 印有花纹的石膏天花板

【答案】6809.9000

【解析】“石膏”的分子组成是硫酸钙（$CaSO_4$），主要是古代盐湖或泻湖的化学沉积物。本题商品属于矿产品的制成品。归类时按“石膏及类似材料的制品”归入第六十八章。

查阅品目，本题商品应按“石膏制品”归入品目68.09。

参照其印有花纹的条件，本题商品应归入子目6809.9000。

5. 云母薄片（未粘聚或复制）

【答案】6814.9000

【解析】“云母”是天然的复杂硅酸铝类，其特点是易于剥成有光泽的各种颜色透明的弹性薄片，天然云母薄片或厚片通常可直接使用，但由于其结晶粒度小、挠性差、成本高等原因，所以使用范围受到限制，因此在很多情况下都是使用粘聚（组合）云母（如层合云母板、胶合云母箔）。云母薄片属于矿产品的制成品。归类时按“云母及类似材料的制品”归入第六十八章。

查阅品目，本题商品应按“已加工的云母”归入品目68.14。

参照其未粘聚或复制的加工程度，本题商品应归入子目6814.9000。

四、历届报关员考试中的本章归类考题

1. 每边长20厘米、厚度为1厘米、一面经平面磨光的正方形大理石块（1998年上半年考题）

【答案】6802.9190

【解析】“大理石”是一种硬质的钙质石。大理石块属于矿产品。归类时似可按“矿产品的产品”归入第二十五章的品目25.15，又可按“矿产品的制品”归入第六十八章的品目68.02。由于本题商品的大理石块已经平面磨光，其加工程度已超出第二十五章品目25.15的加工范围，因此，本题商品不能归入第二十五章，而应归入第六十八章。

本题商品应归入子目6802.9190。

（提示：原1998年版子目答案为6802.2110，转换为2012年版子目答案应为6802.9190。）

2. 成卷的沥青（1998年下半年考题）

【答案】6807.1000

【解析】“沥青”是一种黑色呈固态或黏稠状，遇热即熔化，遇冷就硬结成蜡的耐酸、防水、绝缘性好的热塑性材料。成卷的沥青是沥青制品。归类时不能按“沥青产品”归入第二十七章，而应按“沥青制成品”归入第六十八章。

查阅品目，由于品目68.07已有“沥青制品”的列名。因此，参照其状态（成卷），本题商品应归入子目6807.1000。

3．石棉制安全帽（帽内衬有纯棉机织物制衬里）（2000年考题）

【答案】6812.9100

【解析】“石棉”是一种可以劈为极细且柔韧的纤维状硅酸盐矿物。本题商品属于石棉制成品。归类时似可按“帽类”归入第六十五章的品目65.05，又可按“石棉制品”归入第六十八章的品目68.12。根据第六十五章章注一（二）的规定，“第六十五章不包括石棉制帽类（品目68.12）”。因此，本题商品不能归入品目65.05，而应归入品目68.12。

本题商品应归入子目6812.9100。

4．人造石墨制的轴承（2002年考题）

【答案】6815.1000

【解析】“轴承”是由包含滚珠或滚子的两个同心环（套圈）所组成，并配有一个定位圈，用以固定滚珠或滚柱，并使其间距保持恒定的装置。归类时由于要承受高压，因此轴承一般是用钢（特别是铬钢）制成，但具有特殊用途的轴承也可用青铜、塑料或人造石墨制成。轴承的归类应视其材质而定，钢铁制的应归入品目84.82，人造石墨制的应归入品目68.15，塑料制的应归入品目39.26。

本题商品应按其材质归入子目6815.1000。

第六十九章　陶瓷产品

一、本章商品范围概述

本章包括成形后经过烧制的陶瓷产品。本章陶瓷产品用下列两种方法制得：一种是将无机非金属材料（如泥土）或具有高熔点的材料与黏合剂相混合，经预先调制成形后进行烧结而成；另一种是将岩石（如块滑石）成形后进行烧制而成。

二、本章归类注意要点

第六十九章的某些陶瓷制品即使具有第十六类机器的特征或零件的特征，仍应归入本章。如陶瓷泵、陶瓷水龙头等均应归入本章。

三、商品归类练习

1．陶瓷泵（莫氏硬度在9以下）

【答案】6909.1900

【解析】“泵”是用于输送气体或液体的机器，本题商品是一种用陶瓷制造的泵。归类时似应按“机器”归入第八十四章，但由于第八十四章章注一（二）对其作了规定：

“某些陶瓷制品即使具有第八十四章机器的特征或零件的特征，仍应归入第六十九章。”因此，本题商品不能按“机器”归入第八十四章，而应按“陶瓷产品”归入第六十九章。

查阅品目，由于陶瓷泵属于专门技术用途的陶瓷器，因此，本题商品应归入品目69.09。

参照其莫氏硬度（9以下），本题商品应归入子目6909.1900。

2．用于贴墙的背衬纺织物的玻璃马赛克

【答案】7016.1000

【解析】本题商品为玻璃马赛克，而非陶瓷马赛克。归类时参照其玻璃材质，不能按“陶瓷制品”归入第六十九章，而是按“玻璃制品”归入第七十章。

查阅品目，由于品目70.16已有“玻璃马赛克”的具体列名，因此，本题商品应按具体列名归入品目70.16。

再查阅子目，本题商品应归入子目7016.1000。

3．陶制茶杯

【答案】6912.0010

【解析】本题商品是一种用陶土制造的茶杯。归类时参照其属性应按“陶瓷产品”归入第六十九章。

查阅品目，由于该茶杯是陶制的，因此，本题商品应按“陶餐具”归入品目69.12。

再查阅子目，本题商品应按“餐具”的具体列名归入子目6912.0010。

4．装饰用瓷制大花瓶

【答案】6913.1000

【解析】本题商品是一种用瓷土制造的花瓶。归类时参照其属性应按“陶瓷产品”归入第六十九章。

查阅品目，参照其装饰的用途，本题商品应按“装饰用陶瓷制品”归入品目69.13。

参照其瓷制的条件，本题商品应归入子目6913.1000。

5．陶瓷烟斗

【答案】9614.0010

【解析】本题商品是一种用陶瓷土制造的烟斗。归类时似可按“陶瓷制品”归入第六十九章的品目69.14，也可按“烟斗”归入第九十六章的品目96.14。根据第六十九章章注二（十一）的规定，“第六十九章不包括品目96.14的烟斗”。因此，本题商品不能按“陶瓷制品”归入品目69.14，而只能按“烟斗”归入品目96.14。

本题商品应归入子目9614.0010。

四、历届报关员考试中的本章归类考题

1．用于腐蚀性流体的瓷制龙头（莫氏硬度9以下的瓷制成）（2001年考题）

【答案】6909.1100

【解析】本题商品是一种用瓷土制造的龙头。归类时参照其属性应按“陶瓷产品”归入第六十九章。

查阅品目，品目69.09商品范围包括实验室、化学或其他专门技术用途的陶瓷器。由于腐蚀性流体的瓷制龙头属于专门技术用途的陶瓷器，因此，本题商品应归入品

目69.09。

参照其莫氏硬度（9以下），本题商品应归入子目6909.1100。

2. 上过釉的瓷砖，用于厨房、卫生间的墙面装饰，规格15厘米×15厘米（2004年考题）

【答案】6908.9000

【解析】本题商品是一种用瓷土制造的墙面砖。归类时参照其属性应按“陶瓷产品”归入第六十九章。

查阅品目，由于该商品已做上釉加工，因此，本题商品应按“上釉的陶瓷贴面砖”归入品目69.08。

参照其规格（15厘米×15厘米），本题商品应归入子目6908.9000。

3. 陶制汤碗（2010年考题）

【答案】6912.0010

【解析】本题商品是一种用陶土制造的汤碗。归类时参照其属性应按“陶瓷产品”归入第六十九章。

查阅品目，由于该汤碗是陶制的，因此应按“陶餐具”归入品目69.12。

本题商品应按“餐具”的具体列名归入子目6912.0010。

第七十章　玻璃及其制品

一、本章商品范围概述

本章包括各种形状的玻璃及玻璃制品。本章的品目按玻璃的加工程度的顺序排列。

二、本章归类注意要点

本章不包括：①仿首饰（第七十一章）；②光缆、玻璃绝缘子及绝缘配件（第八十五章）；③光导纤维、经光学加工的光学元件、注射用针管等（第九十章）；④有永久固定光源的灯具及照明装置、灯箱标志或铭牌和类似品及其零件（第九十四章）；⑤纽扣、保温瓶等第九十六章的货品。

三、商品归类练习

1. 钟表玻璃

【答案】7015.9010

【解析】“钟表玻璃”是钟表的一个零件。归类时似可按“钟表玻璃”归入第七十章的品目70.15，也可按“钟表零件”归入第九十一章的品目91.14。但根据归类总规则三（一）的“具体列名归类”原则，本题商品应按“钟表玻璃”的具体列名归入第七十章的品目70.15，而不按“钟表零件”归入第九十一章的品目91.14。

本题商品应归入子目7015.9010。

2. 未封口的电子玻璃管（非阴极射线管用）

【答案】7011.9010

【解析】“未封口的电子玻璃管”由于其未封口、装配，因此，归类时仍作为半成品按“玻璃制品”归入第七十章，而非按“电子零件”归入第八十五章。

查阅品目，由于品目 70.11 已有“玻璃管”的相关商品列名，因此，本题商品应归入品目 70.11。

根据其用途，本题商品应归入子目 7011.9010。

3. 已成形的视力矫正眼镜用的变色玻璃片（未经光学加工）

【答案】7015.1010

【解析】“光学加工”是指先用粗磨料，然后再用越来越细的磨料对玻璃表面进行研磨的加工工序，其加工顺序为粗磨、修整、磨平和抛光。归类时经过一道或数道抛光前的工序所制得的物品，应按“未经光学加工的玻璃”归入第七十章；但一面或多面、全部或部分进行过抛光，达到了所需光学性能的玻璃件，则根据其是否装配的情况而按“已经光学加工的玻璃”归入第九十章。本题商品由于未经光学加工，因此应归入第七十章。

查阅品目，参照其用途，本题商品应按“眼镜用玻璃”归入品目 70.15，并应归入子目 7015.1010。

4. 浮法夹丝玻璃板（边缘未经加工）

【答案】7005.3000

【解析】“浮法夹丝玻璃板”是指把原料在熔炉中熔化，玻璃液出炉后流入熔融金属浮槽内再嵌入金属丝而形成的玻璃。归类时参照其属性应按“玻璃”归入第七十章。

查阅品目，从其加工程度看，本题商品边缘未经加工，因此，根据其加工方法（浮法）和加工程度（边缘未经加工）应归入品目 70.05。

再查阅子目，本题商品应按“浮法夹丝玻璃”归入子目 7005.3000。

5. 浮法夹丝玻璃板（边缘已经加工但未用其他材料镶框和装配）

【答案】7006.0000

【解析】“浮法夹丝玻璃板”是指把原料在熔炉中熔化，玻璃液出炉后流入熔融金属浮槽内再嵌入金属丝而形成的玻璃。归类时参照其属性应按“玻璃”归入第七十章。

查阅品目，从其加工程度看，本题商品边缘已经加工但未用其他材料镶框和装配，属于品目 70.06 的商品范畴。

再查阅子目，本题商品应归入子目 7006.0000。

四、历届报关员考试中的本章归类考题

1. 钢化玻璃制未镶框安全玻璃，已制成一定形状，专用于飞机上（1998 年下半年考题）

【答案】7007.1110

【解析】本题商品实为专用于飞机的钢化玻璃。归类时似可按“钢化安全玻璃”归入第七十章的品目 70.07，又可按“飞机零部件”归入第八十八章的品目 88.03。

查阅品目，根据归类总规则三（一）“列名比较具体的品目优先于列名一般品目”的规定，本题商品应按“钢化安全玻璃”的具体列名归入品目 70.07。

参照其飞机的用途，本题商品应按“飞机用钢化玻璃”归入子目 7007.1110。

2. 轿车用后视镜（已镶框）（2008 年考题）

【答案】7009.1000

【解析】“轿车用后视镜”属于汽车零件。归类时似可按“汽车零件”归入第八十七章的品目 87.08，也可按“玻璃后视镜”归入第七十章的品目 70.09。根据归类总规则三（一）“具体列名优先”的原则，由于品目 70.09“玻璃镜（包括后视镜）”的列名优先于 87.08“机动车辆的零件”，因此，本题商品应归入品目 70.09。

本题商品应按“车辆后视镜”的具体列名归入子目 7009.1000。

第十四类　天然或养殖珍珠、宝石或半宝石、贵金属、包贵金属及其制品；仿首饰；硬币

本类商品仅由一章（第七十一章）构成，主要包括贵金属、包贵金属及其制品，以及天然或养殖珍珠、宝石、半宝石的制品，也包括一些贱金属制的仿首饰。

第七十一章　天然或养殖珍珠、宝石或半宝石、贵金属、包贵金属及其制品；仿首饰；硬币

一、本类（章）商品范围概述

本章是第十四类商品的唯一一章，主要包括贵金属、包贵金属及其制品，以及天然或养殖珍珠、宝石、半宝石的制品，同时也包括一些贱金属制的仿首饰，但不包括镀贵金属的货品和品目 28.43 的贵金属汞齐、胶态贵金属和贵金属的无机或有机化合物。

二、本类（章）归类注意要点

（1）贵金属的定义。根据第七十一章章注四的规定：“第七十一章所称‘贵金属’是指银、金、铂；所称‘铂’，是指铂、铱、锇、钯、铑及钌；所称‘宝石或半宝石’，不包括琥珀、海泡石、粘聚琥珀、粘聚海泡石、黑玉及其矿物代用品。”

（2）贵金属合金的归类原则。根据第七十一章章注五的规定：“只要其中一种贵金属含量达到合金重量的 2%，便视为贵金属合金。”应用本章章注五时应注意先后顺序，即注释五（一）最优先，五（二）其次，最后应用五（三）。

（3）包贵金属和表面镀贵金属的贱金属的归类。根据第七十一章章注一（二）和六的规定：“包贵金属的覆盖层无论多薄都应按贵金属归入本章，表面镀贵金属的贱金属无论镀层多厚都应按内部底料归类。”

三、商品归类练习

1. 含铝 80%、锌 10%、银 10% 的合金板材

【答案】7106.9290

【解析】本题商品是由铝、锌和银 3 种金属元素混合制得的合金板材。归类时似可按“贵金属”（银）归入第十四类（第七十一章），又可按“贱金属”（铝、锌）归入第十五类（第七十二至八十三章）。根据第七十一章章注五的规定：“凡含有贵金属的合金，只要其中任何一种贵金属的含量达到合金重量的 2%，即应视为贵金属合金。”由于本题商品金属元素银的含量高于 2%，因此本题商品仍应按“贵金属”归入第七十一章。

查阅品目，由于本题商品属于贵金属合金，因此应按“银合金”归入品目 71.06。

根据其状态（板材），本题商品应归入子目 7106.9290。

2. 含铁 80%、铜 10%、银 8%、金 2% 的合金（未经锻造）

【答案】7108.1200

【解析】本题商品是由铁、铜、银和金多种金属元素混合制得的合金。归类时似可按“贵金属”（银、金）归入第十四类（第七十一章），又可按“贱金属”（铁、铜）归入第十五类（第七十二至八十三章）。根据第七十一章章注五的规定：“凡含有贵金属的合金，只要其中任何一种贵金属的含量达到合金重量的 2%，即应视为贵金属合金。”由于本题商品金属元素银或金含量达到 2%，因此本题商品仍应按“贵金属”归入第七十一章。

查阅品目，根据第七十一章章注五（二）的规定：“只要金含量达到 2%（铂含量不得超过 2%），就应按金合金归类，而不管其他金属的含量多少。”由于本题商品符合“金合金”的定义范围，因此，本题商品应归入按“金合金”归入品目 71.08，并按“非货币用金合金”归入子目 7108.1200。

3. 银制餐具

【答案】7114.1100

【解析】“银制餐具”属于贵金属制的器具。归类时应按“贵金属”归入第七十一章。

查阅品目，由于银制餐具属于贵金属制的金银器，因此本题商品应归入品目 71.14。

参照其材质（银制），本题商品应归入子目 7114.1100。

4. 镀金的铜手镯

【答案】7117.1900

【解析】本题商品是以铜为基料经镀金加工的手镯。归类时似可按“贵金属”（金）归入第十四类（第七十一章），又可按“贱金属”（铜）归入第十五类（第七十二至八十三章）。但由于镀金的铜手镯属于贱金属制的仿首饰，应按“仿首饰”归入第七十一章。

查阅品目，由于品目 71.17 已有“仿首饰”的具体列名，因此，本题商品应按具体列名归入品目 71.17。

本题商品应归入子目 7117.1900。

5. 镀金的铜碗

【答案】7418.1090

【解析】本题商品是以铜为基料经镀金加工的铜碗。归类时似可按“贵金属”（金）

归入第十四类（第七十一章），又可按“贱金属”（铜）归入第十五类（第七十二至八十三章）。根据第十四类（第七十一章）注释六的规定：“除条文另有规定的以外，第七十一章所称贵金属不包括包贵金属或表面镀以贵金属的贱金属及非金属。”因此，镀金的铜碗应按内部底料（铜）进行归类。本题商品应按“铜金属”归入第七十四章。

查阅品目，由于碗属于餐桌用品，因此，本题商品应按“餐桌用铜制器具”归入品目74.18，并归入子目7418.1090。

四、历届报关员考试中的本章归类考题

1. 按重量计含铁80%、含铜15%、含银3%、含金2%的金属合金（未经锻造，非货币用）(1999年上半年考题)

【答案】7108.1200

【解析】本题商品是由铁、铜、银、金的金属元素制成的金属合金。归类时似可按“贵金属”（银、金）归入第十四类（第七十一章），又可按“贱金属”（铁、铜）归入第十五类（第七十二至八十三章）。根据第十四类（第七十一章）类注五的规定：“凡含有贵金属的合金，只要其中任何一种贵金属的含量达到合金重量的2%，即应视为贵金属合金。”由于本题商品属于贵金属，而非贱金属，因此应按“贵金属”归入第七十一章。

查阅品目，根据第七十一章章注五（二）的规定，只要金含量达到2%（铂含量不得超过2%），就应按金合金归类，而不管其他金属的含量多少。由于本题商品符合“金合金”的定义范围，因此，本题商品应按“金合金”归入品目71.08，并归入子目7108.1200。

2. 银制茶叶罐（1999年下半年考题）

【答案】7114.1100

【解析】“银制茶叶罐”属于贵金属器皿。归类时应按“贵金属”归入第七十一章。

查阅品目，本题商品符合品目71.14（贵金属制的金银器及其零件）的商品范畴。

因此，本题商品应归入子目7114.1100。

3. 成套的银制餐叉（2001年考题）

【答案】7114.1100

【解析】“银制餐叉”属于贵金属制品，归类时应按“贵金属”归入第七十一章。

查阅品目，由于本题商品符合品目71.14的商品范畴，因此，应按“贵金属制的金银器”归入品目71.14。

本题商品应归入子目7114.1100。

4. 一种工业用的钯基绕组线材，直径0.15毫米，按重量计含银36%、铜4%，其余为钯（2003年考题）

【答案】7110.2990

【解析】本题商品是由银、铜、钯3种金属元素组成的贵金属合金线材。归类时由于钯的金属元素含量为60%，其成分含量已构成该商品的基本特征，因此，根据第七十章章注四和五的规定，本题商品应根据其主要成分归入第七十一章。

查阅品目，参照其材质，本题商品应归入品目71.10，并归入子目7110.2990。

5. 一种戴在手腕处的装饰品，用樟木制成圆珠状，再用线串成（2005年考题）

【答案】7117.9000

【解析】本题商品为木制的首饰装饰品。归类时似可按“木制品”归入第四十四章的品目44.21，也可按“仿首饰”归入第七十一章的品目71.17。根据第四十四章章注一（十）的规定：“第四十四章的木制品不包括品目71.17的仿首饰。”因此，本题商品不能归入第四十四章的品目44.21，而应归入第七十一章的品目71.17。

本题商品应归入子目7117.9000。

6. 铜制镀金领带夹（2006年考题）

【答案】7117.1900

【解析】本题商品是以铜为基料经镀金加工的领带夹。归类时似可按“贵金属”（金）归入第十四类，又可按“贱金属”（铜）归入第十五类。但由于镀金的铜领带夹属于贱金属制的仿首饰，应按“仿首饰”归入第七十一章。

查阅品目，由于品目71.17已有“仿首饰”的具体列名，因此，本题商品应按具体列名归入品目71.17。

本题商品应归入子目7117.1900。

第十五类　贱金属及其制品

本类商品由12章（第七十二至八十三章）构成，包括贱金属、金属陶瓷及其制品，其可分为3部分：第一部分，钢铁及其制品（第七十二、七十三章）；第二部分，有色金属、金属陶瓷及其制品（第七十四至八十一章）；第三部分，结构较为简单的贱金属制品（第八十二、八十三章）。

第七十二章　钢　铁

一、本章商品范围概述

本章包括钢铁冶炼的金属原料、钢铁的初级产品以及成品钢材。

本章有四个分章：第二、三、四分章内，又根据加工程度，按初级产品、半制成品、平板轧材、条、杆、角材、型材、异型材和丝的顺序排列。

二、本章归类注意要点

本章不包括钢铁板桩、焊接的钢铁角材、型材及异型材（品目73.01）、铁道及电车道铺轨用钢铁材料（品目73.02）和钢铁管（品目73.03至73.07）。

三、商品归类练习

1. 生铁块（含碳3%、铬9%、铁70%、磷10%、其他金属元素8%）

【答案】7201.2000

【解析】“生铁”是含碳量在2%以上并含有非铁杂质较多的铁碳合金。本题商品为生铁，属于钢铁的原料。归类时应按“钢铁”归入第七十二章。

查阅品目，应按“生铁”的具体列名归入品目72.01。

根据第七十二章章注一（一）对生铁的规定，本题商品属于“生铁”的定义范畴。因此，本题商品应按“生铁”归入子目7201.2000。

2. 经压花纹的热轧非合金钢板（屈服强度300 N/mm^2、长2000毫米、宽600毫米、厚4毫米）

【答案】7208.4000

【解析】本题商品是钢铁板材，归类时应按“钢铁”归入第七十二章。

查阅品目，根据第七十二章章注一（十）对平板轧材的规定，本题商品符合“平板轧材”的定义范畴。因此，根据其宽度（600毫米）及加工情况（热轧），本题商品应归入品目72.08。

根据其状态（非卷材）及加工情况（压花、热轧），本题商品应归入子目7208.4000。

3. 镀锡冷轧非合金钢板（宽600毫米、长2000毫米、厚4毫米）

【答案】7210.1100

【解析】本题商品是钢铁板材。归类时应按“钢铁”归入第七十二章。

查阅品目，根据七十二章章注一（十）对平板轧材的规定，本题商品符合“平板轧材”的定义范畴。根据其宽度（600毫米）及加工情况（镀锡），本题商品应归入品目72.10。

根据其加工程度（镀锡）及厚度（4毫米），本题商品应归入子目7210.1100。

4. 空心钻钢（外径30厘米，内径10厘米）

【答案】7228.8000

【解析】“空心钻钢”也称钻钢，通常将合金或非合金钢小方坯中心穿孔后再轧制即得钻钢，其横截面通常是圆形、六角形、八角形或四边八角形（截角正方形）等。本题商品是钢铁材料。归类时应按“钢铁”归入第七十二章。

查阅品目，根据第七十二章章注一（十五）对“空心钻钢”的规定，本题商品符合“空心钻钢”的定义范畴，因此，根据其列名应归入品目72.28，并按具体列名归入子目7228.8000。

[提示：本题商品若不符合第七十二章章注一（十五）对“空心钻钢”的规定，则应按“空心异型材”归入品目73.04。]

5. 非取向性硅电钢卷材（宽500毫米、长2000毫米、厚4毫米）

【答案】7226.1900

【解析】“硅电钢”是合金钢的一种。归类时应按“钢铁”归入第七十二章。

查阅品目，根据其宽度（500毫米）及材质（硅电钢），本题商品应归入品目72.26，并归入子目7226.1900。

四、历届报关员考试中的本章归类考题

1. 未经包覆、镀层、涂层，厚度0.8毫米、宽度700毫米的非合金钢冷轧平板卷材（1998年上半年、1998年下半年考题）

【答案】7209.1790

【解析】本题商品是钢铁卷材。归类时应按“钢铁”归入第七十二章。

查阅品目，根据第七十二章章注一（十）对“平板轧材”的归类规定，本题商品符合“平板轧材”的定义范畴。按照其加工情况（冷轧），加工程度（未经包覆、镀层、涂层），钢材种类（非合金钢）和宽度（700 毫米），本题商品应归入品目 72.09。

根据其厚度（在 0.5 毫米以上 1 毫米以下），本题商品应归入子目 7209.1790。

（提示：原 1998 年版子目答案为 7209.1700，转换为 2012 年版子目答案应为 7209.1790。）

2. 合金生铁（初级形状）（1999 年下半年考题）

【答案】7201.5000

【解析】“合金生铁”是用含有共生金属（如铜、钒等）的铁矿石为原料炼成的生铁，是无实用可锻性的铁碳合金，是炼钢的原料。归类时应按“钢铁”归入第七十二章。

查阅品目，应按生铁的列名归入品目 72.01，并归入子目 7201.5000。

3. 截面为矩形的不锈钢材，除轧制外未经进一步加工，钢材的宽度为 50 毫米，厚度为 5 毫米，冷成形笔直状报验（1999 年下半年考题）

【答案】7222.2000

【解析】本题商品为不锈钢材。归类时应按“钢铁”归入第七十二章。

查阅品目，根据第七十二章章注一（十）、（十一）、（十二）、（十四）的规定，再对照本题钢材的规格尺寸和报验状态，由于其符合第七十二章章注一（十二）“其他条、杆”的归类规定，因此，本题商品应作为“不锈钢其他条、杆”归入品目 72.22，并归入子目 7222.2000。

4. 截面为矩形的、非合金钢经电镀法加工而成的平板镀锌铁皮（规格为 750 毫米 × 1500 毫米，厚度为 1 毫米）（2000 年考题）

【答案】7210.3000

【解析】本题商品为平板镀锌铁皮。归类时应按“钢铁”归入第七十二章。

查阅品目，根据第七十二章章注一（十）对“平板轧材”的尺寸规定，本题商品符合“平板轧材”的定义范畴。根据其宽度，应按宽度超过 600 毫米的经镀层加工的非合金钢平板轧材归入品目 72.10。

根据其加工状态（电镀锌），本题商品应归入子目 7210.3000。

5. 截面为矩形的非合金钢材，除冷轧外未经进一步加工，钢材宽度 80 毫米，厚度 5 毫米，盘卷状报验（2001 年考题）

【答案】7217.1000

【解析】本题商品为钢铁材料。归类时应按“钢铁”归入第七十二章。

查阅品目，根据第七十二章章注一（十）关于平板轧材的定义，本题商品不符合“平板轧材”的标准，因此，不能按“平板轧材”归类。再根据第七十二章章注一（十四）关于“钢丝”的定义，本题商品符合此定义，因此，本题商品应按“钢丝”归入品目 72.17。

根据其加工程度（未经进一步加工），本题商品应归入子目 7217.1000。

6. 不规则盘卷状报验的不锈钢钢材（截面为矩形，宽为 50 毫米，厚为 5 毫米），除

热轧外未经进一步加工（2002 年考题）

【答案】7221.0000

【解析】本题商品为不锈钢钢材。归类时应按“钢铁”归入第七十二章。

查阅品目，由于品目 72.21 已有“不规则盘卷状不锈钢热轧条、杆”的具体列名，因此，本题商品应归入品目 72.21，并归入子目 7221.0000。

7. 按重量计含硅 35%、钡 30%、铝 3%、锰 0.4%、碳 0.3% 的铁合金（2003 年考题）

【答案】7202.9999

【解析】“铁合金”是铁与一种或几种元素组成的中间合金，其与生铁不同，含铁量较少，其中的铁仅作为含量很大的合金元素（如锰、铬、钨、硅、硼或镍）的溶剂，含碳量在 2% 及以下。铁合金的种类很多，按所含元素可分二元合金、三元合金、四元合金，其中对于一种元素超出第七十二章章注一（三）规定的最低百分比的铁合金，如果有两种或三种合金元素超出最低百分比，可分别作为三元或四元合金。本题商品为铁合金，归类时应按“钢铁”归入第七十二章。

查阅品目，根据第七十二章章注一（三）对“铁合金”的规定，本题商品符合“铁合金”的定义范畴。因此，本题商品应按“铁合金”归入品目 72.02。

根据第七十二章子目注释二及本题商品的金属元素含量，本题商品属于三元合金，因此，本题商品应按“硅钡铁三元合金”归入子目 7202.9999。

（提示：原 2003 年版子目答案为 7202.9900，转换为 2012 年版子目答案应为 7202.9999。）

8. 宽 1 米、厚 2 毫米的非合金钢热轧卷板，表面涂有防锈剂（2004 年考题）

【答案】7210.7000

【解析】本题商品属于钢板卷材。归类时应按“钢铁”归入第七十二章。

查阅品目，根据第七十二章章注一（十）的规定，本题商品符合“平板轧材”的定义，根据其钢材种类（非合金钢制）、宽度（600 毫米及以上）、加工程度（表面经涂层处理），本题商品应归入品目 72.10，并按“涂漆钢板”归入子目 7210.7000。

9. 螺纹钢，负非合金钢经热轧扭曲成表面起螺纹的实心直条状，直径 2 厘米，长 4 米（2006 年考题）

【答案】7214.2000

【解析】本题商品为钢铁实心条。归类时应按“钢铁”归入第七十二章。

查阅品目，根据第七十二章章注一（十二）关于“其他条杆”的定义，本题商品符合此定义，因此，本题商品应归入品目 72.14，并归入子目 7214.2000。

10. 由高速钢（一种合金钢）热轧制得的圆钢，截面为实心圆形，直条状，直径 4 厘米，长 4 米（2007 年考题）

【答案】7228.1000

【解析】本题商品为实心的合金钢条。归类时应按“钢铁”归入第七十二章。

查阅品目，根据其条状物理状态应按“合金钢条”归入品目 72.28。

本题商品应归入子目 7228.1000。

11. 如图所示的不锈钢热轧材料，每根长 3.5 米（2009 年考题）

【答案】7222.4000

【解析】图中所示的是一种角钢。归类时应按“钢铁”归入第七十二章。

查阅品目，本题商品应按“不锈钢角材、型材及异型材”归入品目72.22，并归入子目7222.4000。

第七十三章　钢铁制品

一、本章商品范围概述

本章钢铁制品是由第七十二章的产品进一步加工而得的。本章的钢铁制品是一些结构形状不复杂的制品。

二、本章归类注意要点

在注释中对本章所称的“管”及“空心异型材”的解释：

（1）管：全长截面相同并只有一个闭合空间的同心中空产品，其内表面及外表面形状相同。钢管横截面主要是圆形、椭圆形或矩形（包括正方形）的。全长边角已磨圆的非圆形的产品以及带有法兰形端部的管子都应视为管子归类。它们可以抛光、涂层、弯曲（包括盘管）、攻丝（不论是否两管相接）、钻孔、缩腰、胀口、成锥形或装法兰、颈圈或套环。

（2）空心异型材：不符合“管”定义的且主要是内外表面形状不同的空心产品。

三、商品归类练习

1. 钻探石油用的不锈钢无缝钢钻管（外径20厘米，内径12厘米）

【答案】7304.2290

【解析】本题商品为钢铁管材。归类时参照其材质似应按“钢铁”归入第七十二章。但根据第七十二章章注一（十五）对空心钻钢的规定，本题商品不符合“空心钻钢”的定义范畴。不能按“钢铁产品”归入第七十二章，而应按“钢铁制品”归入第七十三章。

查阅品目，根据此注释，本题商品应按“无缝钢铁管”归入品目73.04。

根据用途（钻探石油）和外径尺寸（20厘米），本题商品应归入子目7304.2290。

2. 汽车减震器用的钢铁制弹簧片

【答案】7320.1020

【解析】“汽车减震器用的钢铁制弹簧片”是汽车的一个零件。归类时似可按“汽车零件”归入第八十七章，也可按“弹簧片”归入第七十三章。根据第十七类类注二（二）的规定：“第十七类所称‘零件’不适用于第十五类注释二所规定的贱金属制通用零件（第十五类）。”由于本题商品符合第十五类类注二“通用零件”的商品范围，因此，不能按“汽车专用零件”归入第八十七章，而应按“通用零件”归入第七十三章。

查阅品目，本题商品应按“弹簧片”的具体列名归入品目 73.20，并根据其用途（汽车用）而归入子目 7320.1020。

3．不锈钢铁制浴缸

【答案】7324.2900

【解析】“不锈钢铁制浴缸”属于钢铁制卫生器具。归类时应按“钢铁制品”归入第七十三章。

查阅品目，浴缸属于卫生器具，因此本题商品应按“钢铁制卫生器具”归入品目 73.24，并归入子目 7324.2900。

4．圆形截面焊缝铁管（外径 20 厘米，内径 12 厘米）

【答案】7306.3090

【解析】本题商品为焊缝管。归类时应按“钢铁制品”归入第七十三章。

查阅品目，本题商品符合品目 73.06 的商品范畴。根据其材质，本题商品应归入子目 7306.3090。

5．车床用钢铁制螺母

【答案】7318.1600

【解析】“车床用钢铁制螺母”是车床的一个零件。归类时似可按“车床零件（专用零件）”归入第八十四章，也可按“螺母（通用零件）”归入第七十三章。根据第十六类类注一（七）的规定，“本类不包括第十五类注释二所规定的贱金属制通用零件（第十五类）”。由于本题商品符合第十五类类注二“通用零件”的规定范围，因此，本题商品不能按“机器专用零件”归入第八十四章，而应按“通用零件”归入第七十三章。

查阅品目，本题商品应按“钢铁制螺母”的具体列名归入品目 73.18，并归入子目 7318.1600。

四、历届报关员考试中的本章归类考题

1．装液化丙烷的零售用钢瓶（1997 年考题）

【答案】7311.0010

【解析】本题商品是钢铁容器。归类时应按“钢铁制品”归入第七十三章。

查阅品目，由于液化丙烷属液化气体，故应按“装有液化气体用的钢容器”归入品目 73.11。参照其包装状态（零售用），本题商品应归入子目 7311.0010。

2．汽车发动机（点燃式活塞内燃发动机）排气门用的螺旋弹簧（材料为合金钢）（2007 年考题）

【答案】7320.2090

【解析】本题商品实为汽车发动机用的螺旋弹簧。归类时似可按“汽车零件”归入第八十七章的品目 87.08，也可按“发动机零件”归入第八十四章的品目 84.09，也可按“贱金属制弹簧”归入第七十三章的品目 73.20。根据第十六类类注一（七）的规定，本

题商品应按“贱金属制弹簧”归入品目 73.20，并归入子目 7320.2090。

第七十四至八十一章　贱金属、金属陶瓷及其制品

一、本分章商品范围概述

《协调制度》所称的“贱金属”是指钢铁、铜、镍、铝、铅、锌、锡、钨、钼、钽、镁、钴、铋、镉、钛、锆、锑、锰、铍、铬、锗、钒、镓、铪、铟、铼、铌、铊。

在商品归类中，有 81 种金属元素，其中 25 种（碱金属、碱土金属、稀土金属、液体金属汞）归入品目 28.05；20 种（放射性金属元素）归入品目 28.44；8 种（贵金属）归入品目 71.06 至 71.10；28 种（贱金属）归入第十五类（第七十二至八十一章），其中铁、铜、镍、铝、铅、锌、锡有各自专门章号（如：第七十二章钢铁、第七十四章铜、第七十五章镍等），其余 21 种归入第八十一章。

二、本章归类注意要点

根据第十五类类注五的归类规定，贱金属合金应按贱金属合金中含量较大的金属进行归类，这不同于贵金属合金的归类原则。

三、商品归类练习

1．铜锌锡合金条（按重量计：铜 45%、锌 15%、锡 40%）

【答案】7407.2900

【解析】本题商品由铜、锌、锡 3 种金属元素组成。归类时根据第十五类类注五对“贱金属合金”的归类规定：“贱金属的合金应按其所含重量最大的金属归类。”由于本题中铜的金属元素含量最大，因此，本题商品应按以铜为主要特征的合金进行归类。本题商品应按“铜”归入第七十四章。

查阅品目，按其条状的物理状态归入品目 74.07，根据其主要成分（铜、锡）而归入子目 7407.2900。

2．由 50% 钢丝、10% 黄铜、30% 铝、5% 锡材料制成的鸟笼

【答案】7326.2090

【解析】本题商品由钢丝、黄铜、铝、锡 4 种金属组成。归类时根据第十五类类注五对“贱金属合金”的归类规定：“贱金属的合金应按其所含重量最大的金属归类。”本题商品中由于钢丝的含量最大，因此，本题商品应按以钢丝为主要特征的制品进行归类。本题商品应按“钢铁制品”归入第七十三章。

查阅品目，由于第七十三章品目并未列有钢丝条文，因此应按“钢铁制品”归入品目 73.26。

本题商品应按“钢丝制品”归入子目 7326.2090。

3．用纸衬背的锡箔（锡厚度 0.1 毫米）

【答案】8007.0030

【解析】“箔”是通过滚轧、锤锻或电解制成的，呈极薄的片状（在任何情况下，其

厚度均不超过0.15毫米)。本题商品为锡箔。归类时应按“锡金属”归入第八十章。

查阅品目，根据其锡厚度（0.1毫米），本题商品应归入品目80.07，并归入子目8007.0030。

4. 由40%镁、10%铝、50%铬制成的金属管

【答案】8112.2900

【解析】本题商品由镁、铝、铬3种金属元素组成。归类时根据第十五类类注五对“贱金属合金”的归类规定：“贱金属的合金应按其所含重量最大的金属归类。”由于本题商品中铬的金属元素含量最大，因此，本题商品应按以铬为主要特征的合金进行归类。本题商品应按“其他贱金属”归入第八十一章。

查阅品目，应按“铬金属”归入品目81.12。

根据其物理状态（管)，本题商品应归入子目8112.2900。

5. 熨斗支架，由下列零件构成：铝制支架和底座（50%)、铜镍合金制通风板（20%)、矿物棉制绝缘底板（30%)

【答案】7610.9000

【解析】本题商品由铝、铜镍合金、矿物棉等不同材料构成。归类时铝和铜镍合金已构成本题商品的基本特征。根据第十五类类注五对“贱金属合金”的归类规定：“贱金属的合金应按其所含重量最大的金属归类。”由于铝的金属元素含量最大，因此，本题商品应按以铝为主要特征的合金进行归类。本题商品应按“铝金属”归入第七十六章。

查阅品目，本题商品应按“铝制结构件”归入品目76.10，并归入子目7610.9000。

四、历届报关员考试中的本章归类考题

1. 用于包装贵重物品一面衬有铝箔的纸板（铝箔厚0.18毫米，纸板厚1.00毫米）(1997年考题)

【答案】7607.2000

【解析】本题商品是铝箔和纸的复合制品。归类时似可按“纸”归入第四十八章，又可按“铝箔”归入第七十六章。根据第四十八章章注一（十三）的规定，“纸或纸板衬底的金属箔应归入第十五类”。因此，本题商品应按“铝箔”进行归类。本题商品应按“铝金属”归入第七十六章。

查阅品目，根据其铝箔厚（0.18毫米）归入品目76.07。

本题商品应按“有衬背的铝箔”归入子目7607.2000。

2. 按重量计，锡、铋、镉、铅的比例为1:4:1:2的伍德合金（电源保险丝）(1998年下半年考题)

【答案】8106.0090

【解析】本题商品是由锡、铋、镉、铅4种金属元素组成的贱金属合金。归类时应按“贱金属”归入第十五类。根据第十五类类注五对“贱金属合金”的规定，“贱金属合金应按其重量最大的贱金属归类”。本题商品中由于铋金属元素的比例最大，因此，本题商品应以铋为主要特征的合金进行归类。本题商品应按“其他贱金属”归入第八十一章。

查阅品目，应按“铋的制品”归入品目81.06，本题商品应归入子目8106.0090。

3. 金属陶瓷管（2000 年考题）

【答案】8113. 0090

【解析】“金属陶瓷”是指金属与陶瓷成分以极细微粒不均匀结合而成的产品。归类时查阅章，根据第十五类类注四的规定，应视为一种贱金属而归入第八十一章。

查阅品目，品目 81. 13 已有“金属陶瓷”的列名。因此，本题商品应按具体列名归入品目 81. 13，并归入子目 8113. 0090。

（提示：原 2000 年版子目答案为 8113. 0000，转换为 2012 年版子目答案应为 8113. 0090。）

4. 铝制铆钉（铝壶零件）（2001 年考题）

【答案】7616. 1000

【解析】本题商品属于铝壶零件。归类时应按“铝制品”归入第七十六章。

查阅品目，品目 76. 16 已有“铝钉”的列名，因此，本题商品应按具体列名归入品目 76. 16，并归入子目 7616. 1000。

5. 废电动机，大小、形状不一，混装在一起，都已损坏，只能用于拆解并回收铜、铁等原材料，以回收铜为主（2008 年考题）

【答案】7404. 0000

【解析】本题“废电动机”是一种以回收铜为主的废旧物品。归类时应按“铜及其制品”归入第七十四章。

查阅品目，品目 74. 04 有“铜废碎料”的相关列名，因此，本题商品应按相关列名归入品目 74. 04，并归入子目 7404. 0000。

6. 如图所示的汽车遮阳板，其规格为 130 厘米 ×70 厘米，可折叠，两面反光铝箔，内部衬以聚乙烯发泡材料（2010 年考题）

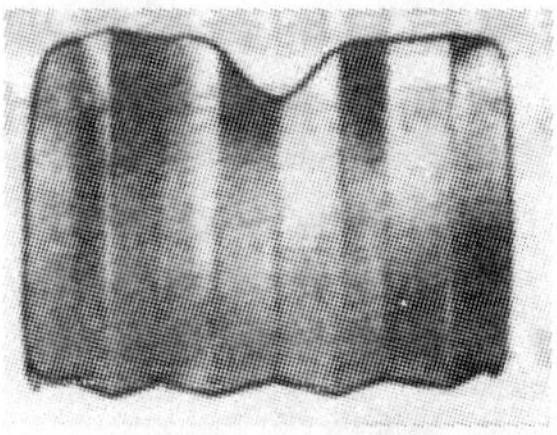

【答案】7616. 9910

【解析】“汽车用遮阳板”，虽然是用于汽车，但由于其是汽车可有可无的一部分，并非汽车的必要零件，因此不能按“汽车零件”归入第八十七章的品目 87. 08，而应按材质归类。该商品由铝金属和聚乙烯塑料两种材料组成，由于塑料仅起衬垫的作用，铝箔是反射阳光，从而起到遮阳的作用，铝箔构成了基本特征。因此，本题商品应按照“铝及其制品”归入第七十六章。

查阅品目，由于已经制成了如图所示的形状，故应按“铝制品”归入品目 76. 16，并按“其他”归入子目 7616. 9910。

第八十二章　贱金属工具、器具、利口器、餐匙、餐叉及其零件

一、本章商品范围概述

本章包括下列贱金属制品：(1) 手工工具（包括成套的和零售包装的）；(2) 供手工工具、机床、小型动力工具使用的可互换工具，机器或机械器具用的刀及刀片，工具用的硬质合金或金属陶瓷制板、杆、刀夹等；(3) 供专业用、家用、个人用利口器，某些家用机械器具，餐叉等餐具和类似的厨房用具。

二、本章归类注意要点

(1) 归入第八十二章的贱金属制品不论其是何种贱金属制，只按其使用特性来归类。

(2) 机器用可互换性工具及刀具，如锻压、冲压用模具、机床上用的刀具，虽作为第十六类机器的零件，但仍要归入第八十二章。

三、商品归类练习

1. 零售包装的成套工具（内有锤子、螺丝刀、开瓶器）

【答案】8205.9000

【解析】本题商品为成套的贱金属工具。归类时应按“贱金属工具”归入第八十二章。

查阅品目，本题商品是由子目 8205.2 的锤子、子目 8205.4 的螺丝刀、子目 8205.5 的开瓶器组成。由于子目 8205.9 列有成套工具的专号（即本品目包括由上述两个或多个子目所列物品组成的成套货品），而本题商品符合品目 8205.9 的商品范畴，因此，本题商品应按“成套工具”归入子目 8205.9000。

2. 零售包装的成套工具（内有钳子、锤子、螺丝刀、扳手、凿子、白铁剪等）

【答案】8206.0000

【解析】本题商品为成套的贱金属工具。归类时应按“贱金属工具”归入第八十二章。

查阅品目，该成套工具由子目 8203.2 的钳子、子目 8205.2 的锤子、子目 8205.4 的螺丝刀、8204.1 的扳手等组成。由于品目 82.06 列有成套工具的专号（即本品目包括由品目 82.02 至 82.05 中两个或多个品目所列工具组成的零售包装成套货品），而本题商品符合品目 82.06 的商品范畴，因此，本题商品应按“成套工具”归入子目 8206.0000。

3. 机床冲压用模具

【答案】8207.3000

【解析】“模具”是用以限定生产对象的形状和尺寸的装置；“机床冲压用模具”属于冲压工具。归类时机床冲压用模具虽是第八十四章机器的零件，但根据第十六类类注一（十）的规定：“本类不包括第八十二章或第八十三章的货品。”由于模具属于第八十二章

的商品，在此，本题商品不能按“机器零件”归入第八十四章，而应按“贱金属器具”归入第八十二章。

查阅品目，由于模具属于可互换工具，因此，应按“可互换工具”归入品目82.07。

根据其工作形式（冲压），本题商品归入子目8207.3000。

4. 割草机用刀片

【答案】8208.4000

【解析】“割草机用刀片”属于机器刀片。归类时割草机用刀片虽是第八十四章机器的零件，但根据第十六类类注一（十）的规定，“本类不包括第八十二章或第八十三章的货品”。由于刀片属于第八十二章的商品，因此，本题商品不能按“机器零件”归入第八十四章，而应按“利口器”归入第八十二章。

查阅品目，参照其割草机的用途，本题商品应按“机器用刀片”归入品目82.08，并归入子目8208.4000。

5. 手动果汁压榨机（重量不超过10千克）

【答案】8210.0000

【解析】“手动果汁压榨机”属于加工食品或饮料的手动机械器具。归类时似应按“机器”归入第八十四章，但由于其重量不超过10千克，因此，根据第十六类类注一（十）的规定，本题商品不能归入第八十四章，而应归入第八十二章。

查阅品目，由于该商品用于加工饮料，因此，应按“用于加工或调制食品或饮料的手动机械器具”归入品目82.10。

再查阅子目，本题商品应归入子目8210.0000。

（提示：若手动果汁压榨机重量超过10千克，则应归入子目8435.1000；若为电动果汁压榨机，则无论重量多少均应归入子目8509.4010。）

四、历届报关员考试中的本章归类考题

1. 装入一个金属工具箱中的成套汽车修理工具（1998年上半年考题）

【答案】8206.0000

【解析】“汽车修理工具”一般是指扳手、钳子、扳手套筒、螺丝刀等维修工具。本题商品属于成套的贱金属工具。归类时应按“贱金属工具”归入第八十二章。

查阅品目，由于本题工具箱的工具是由品目82.03的钳子、品目82.03的扳手、品目82.05的螺丝刀等组成，符合品目82.06所列成套工具的商品范畴。因此，应按“由品目82.02至82.05中两个或两个以上品目的工具组成的零售包装成套货品”归入品目82.06。

再查阅子目，本题商品应按“零售成套工具”归入子目8206.0000。

2. 成套理发工具（由一个手动理发推剪、一把木梳、一把剪刀组成，装在一只塑料盒内）（2004年考题）

【答案】8214.9000

【解析】本题商品是一套由一个手动理发推剪、一把木梳、一把剪刀组成的理发工具，归类时该成套理发工具主要由品目82.14的手动理发推剪、品目96.15的木梳、品目82.13的剪刀组成。根据归类总规则三（二）的规定：“零售的成套货品，如果不能按照规则三（一），在本款可适用的条件下，应按构成货品基本特征的材料或部件归类。”在

这套理发工具中，无论从用途和价格，推剪是这套理发工具的基本特征，因此，整套的理发工具应按其中的推剪归类。由于理发推剪为贱金属工具，属于第八十二章“贱金属工具、器具、利口器、餐匙、餐叉及其零件”的商品。

查阅品目，品目 82. 14 已列名该商品，并应归入子目 8214. 9000。

第八十三章　贱金属杂项制品

一、本章商品范围概述

本章包括贱金属制锁、铰链、小脚轮、建筑物及家具用配件及架座、保险箱、钱箱、档案柜、文件夹等办公用具和用品，铃、锣、雕塑像、相框、软管、扣、钩、盖、标志牌、焊条等特定类型的物品。

二、本章归类注意要点

归入第八十三章的贱金属制品不论其是何种贱金属制，只按其使用特性来归类。

三、商品归类练习

1. 手提包用铜扣

【答案】8308. 9000

【解析】“手提包用铜扣”属于贱金属制的扣。归类时应按“贱金属杂项制品”归入第八十三章。

查阅品目，由于品目 83. 08 已有该商品的相关列名，因此，本题商品应按“贱金属制的扣”归入品目 83. 08，并归入子目 8308. 9000。

2. 行李箱用数码锁（不锈钢制）

【答案】8301. 4000

【解析】本题商品为贱金属制的锁。归类时应按“贱金属杂项制品”归入第八十三章。

查阅品目，由于品目 83. 01 已有该商品的相关列名，因此，本题商品应按“贱金属制的锁”归入品目 83. 08。

根据其用途，本题商品应归入子目 8301. 4000。

3. 汽车车厢内铝合金制行李架

【答案】8302. 3000

【解析】本题商品是一种贱金属制的架座。归类时应按“贱金属杂项制品”归入第八十三章。

查阅品目，由于品目 83. 02 已有该商品的相关列名，因此，本题商品应按“贱金属附件及支架”归入品目 83. 02。

根据其用途（汽车用），本题商品应归入子目 8302. 3000。

[提示：在此不应按材质（铝制品）归入第七十六章，而应按用途归入第八十三章。]

4. 铝制文件夹

【答案】8305.9000

【解析】本题商品为贱金属制的文件夹。归类时应按“贱金属杂项制品”归入第八十三章。

查阅品目，由于品目83.05已有该商品的具体列名，因此，本题商品应按“贱金属制的文件夹”归入品目83.05，并归入子目8305.9000。

5. 印有“严禁吸烟”的铜制禁令牌

【答案】8310.0000

【解析】本题商品属于贱金属制标志。归类时应按“贱金属杂项制品”归入第八十三章。

查阅品目，由于品目83.10已有该商品的具体列名，因此，本题商品应按“贱金属制的标志牌”归入品目83.10。

本题商品应归入子目8310.0000。

四、历届报关员考试中的本章归类考题

（无）

第十六类 机器、机械器具、电气设备及其零件；录音机及放声机、电视图像、声音的录制和重放设备及其零件、附件

一、本类商品范围概述

本类商品由2章（第八十四、八十五章）构成，包括机械电子产品。其中第八十四章主要为机器、机械器具，第八十五章主要为电气电子产品。

二、本类归类注意要点

（1）本类商品归类要注意在了解商品结构、性能、用途及简单工作原理的基础上区分相似商品的归类情况。

（2）机器零件的归类。根据第十六类类注二零件的归类原则，机器零件的归类可按以下顺序来判断：①通用零件，按第十五类类注二进行归类；②第八十四、八十五章具体列名的通用零件，按具体列名归类；③专用零件，归入整机的零件专号；④目录既没有列名，又难以确定主要用途的机器零件，归入品目84.85、85.48（未列名的机电零件）。

（3）组合机器和多功能机器的归类。根据第十六类类注三组合机器与多功能机器的归类原则：按机器的主要功能归类；当不能确定其主要功能时，按从后归类的原则归类。

（4）功能机组的归类。根据第十六类类注四功能机组的归类原则，组合后的功能明

显符合第八十四章或八十五章某个品目所列功能时，按其功能归入品目。

第八十四章　核反应堆、锅炉、机器、机械器具及其零件

一、本章商品范围概述

本章是商品归类目录中数量最多的一章，除第十六类注释一及第八十四章注释一另有规定外，本章包括能量转换、能量变化及利用机械能（还包括其他能量）做功的机器、设备、装置及器具。但电能与机械能转换的机器不归入本章（应在第八十五章）。

本章共有 79 个品目：品目 84.01 至 84.24 范围内主要是按货品所具有的功能排列；品目 84.25 至 84.79 范围内则是按货品所应用的产业部门排列（同一行业的机器则是一般按加工程度由低到高的顺序排）；品目 84.80 至 84.85 范围内为一些加工用的模具和通用的机械零部件。

二、本章归类注意要点

（1）第八十四章章注二规定：“当出现既可按功能归入品目 84.01 至 84.24，又可按用途归入品目 84.25 至 84.79 时，可根据第八十四章章注二的优先归类原则，优先按功能列名归入品目 84.01 至 84.24 范围内。”

（2）第八十四章章注三规定：“当出现既可按‘特种加工机床’归类又可按‘普通机床’归类的情况时，可根据第八十四章章注三的优先归类原则，优先按‘特种加工机床’归入品目 84.56。”

三、商品归类练习

1. 皮革机器用研光机

【答案】8420.1000

【解析】“皮革机器用研光机”是由两个或多个平行滚筒式轧辊组成的，对皮革进行上光处理的机器。归类时本题商品应按“机器”归入第八十四章。

查阅品目，本题商品似可按“皮革机”归入品目 84.53，又可按“研光机”归入品目 84.20。根据第八十四章章注二的规定，当其机器出现既可按功能归入品目 84.01 至 84.24，又可按用途归入品目 84.25 至 84.79 时，应优先按功能列名归入品目 84.01 至 84.24 范围内。因此，本题商品应优先考虑归入品目 84.20，并归入子目 8420.1000。

2. 利用超声波抛光的金属加工机床

【答案】8456.2000

【解析】“机床”是对金属或其他材料的胚料及工件进行加工，使之获得所要求的几何形状、尺寸精度和表面质量的机器。归类时本题商品应按“机器”归入第八十四章。

查阅品目，本题商品似可按“超声波加工机床”归入品目 84.56，又可按“金属研磨和抛光机床”归入品目 84.60。根据第八十四章章注三的优先归类原则：“当出现既可按‘特种加工机床’归类又可按‘普通机床’归类的情况时，可优先按‘特种加工机床’归入品目 84.56。”因此，本题商品应优先将该机床归入品目 84.56，并根据其加工原理

（超声波）而归入子目 8456. 2000。

3. 金属铸造用压模

【答案】8480. 4110

【解析】“压模”是利用压制或复压生产特定粉末制品的整套模具。归类时本题商品应按“机器”归入第八十四章。

查阅品目，对于模具的归类涉及有 3 个品目：①品目 84. 80 用于金属铸造、玻璃热加工、陶瓷、水泥制品、橡胶、塑料制品加工的模具（又称热模）；②品目 84. 54 用于将熔融的金属暂时铸成锭、生铁块、板坯的锭模；③品目 82. 07 用于金属拉拔或挤压用模、冲模（又称冷模）。本题金属铸造用压模是一种将熔融金属在压力下注入其中的模具。由于其属于品目 84. 80 的商品范畴，因此，本题商品应按“金属铸造用型模”归入品目 84. 80，并归入子目 8480. 4110。

4. 发动机用皮革垫圈

【答案】4205. 0020

【解析】“垫圈”是一种垫在螺母（或螺栓头）与其所连接的零件之间的扁平的环，其主要用来增加接触面积，改善接触情况。本题商品是发动机的一个零件。归类时似应按“发动机零件”归入第八十四章的品目 84. 09，也可按“皮革垫圈”归入第四十二章的品目 42. 05。根据第十六类类注一（二）的规定：“用作机器、机械器具零件的皮带、皮制垫圈等应归入品目 42. 05，而不要按‘机器零件’归入第十六类。”因此，本题商品应按“皮革垫圈”归入品目 42. 05，并归入子目 4205. 0020。

5. 配有托纸辅助机器的平网印刷机器

【答案】8443. 1922

【解析】本题商品是由托纸机和印刷机组成的整套印刷机器。归类时应按“机器”归入第八十四章。

查阅品目，由于其由两台机器组成，且功能互补，因此应视为组合机器，按组合机器进行归类。根据第十六类类注三的规定，“组合机器与多功能机器的归类按机器的主要功能归类”。由于本题商品其主要功能为印刷，因此，应按“印刷机器”归入品目 84. 43，并归入子目 8443. 1922。

6. 汽车内燃机（点燃式）用活塞

【答案】8409. 9199

【解析】“活塞”是装于汽缸内并沿汽缸内表面做往复运动的圆盘形或圆筒形机件，一般用金属制成，在内燃机中，活塞在燃气压力的推动下做功。本题商品为内燃机的一个零件。归类时应按“机器”归入第八十四章。

查阅品目，参照零件的归类原则，汽车内燃机（即发动机）用活塞，既不属于第十五类类注二“通用零件”的规定范围，也不属于“第八十四、八十五章具体列名的通用零件”的规定范围，因此，本题商品应作为“专用零件”进行归类，本题商品应按“内燃机零件”归入品目 84. 09，并根据其用途而归入子目 8409. 9199。

7. 带有计量装置液体泵

【答案】8413. 1900

【解析】“液体泵”是用于输送液体的机器。归类时似可按“液体泵”归入第八十四章的品目84.13，也可按“测量仪器”归入第九十章的品目90.26。本题机器中，由于输送液体是该机器的主要功能，因此，本题商品应按“液体泵”归入品目84.13，并归入子目8413.1900。

8. 车辆用内燃发动机（排气量200毫升）

【答案】8407.3200

【解析】“内燃发动机”是燃料在发动机内部燃烧并推动活塞运动而产生动力的机器。归类时应按“机器”归入第八十四章。

查阅品目，根据其工作原理（内燃）及排气量（200毫升），本题商品应归入品目84.07。

再根据其用途（车辆用），本题商品应归入子目8407.3200。

9. 与电脑连接使用的地毯簇绒织机（其主要功能是机织）

【答案】8447.9011

【解析】“与电脑连接使用的地毯簇绒织机”是一种用电脑控制或处理地毯织造的机器。归类时应按“机器”归入第八十四章。

查阅品目，根据第八十四章章注五（五）的规定：“装有自动数据处理装置或与自动数据处理机连接使用，但却从事数据处理以外的某项专门功能的机器，应按其功能归入相应的品目。”本题地毯簇绒织机虽连接电脑，但其主要功能是机织，因此，不能按“电脑（自动数据处理设备）”归入品目84.71，而应按其机织的主要功能归入品目84.47。

本题商品应归入子目8447.9011。

10. 电脑用显示卡

【答案】8473.3010

【解析】“显示卡”是一种适配器，是主机与显示器之间的接口，其主要功能是接收CPU和主存发送的信息，并将这些信息转变成显示器能接收的视频信号和同步信号后送往显示器。电脑用显示卡属于电脑的专用零件。归类时应按“机器及其零件”归入第八十四章。

查阅品目，应按“电脑零件的用途”归入品目84.73。

本题商品应归入子目8473.3010。

四、历届报关员考试中的本章归类考题

1. 自行车充气用手动打气筒（1997年考题）

【答案】8414.2000

【解析】“自行车充气用手动打气筒”是一种通过人力将气体输送至轮胎的手提工具。归类时应根据其做功原理而按“机器”归入第八十四章。

查阅品目，品目84.14已有“空气泵”的具体列名，因此，本题商品应按具体列名归入品目84.14，并按“手动空气泵”归入子目8414.2000。

2. 四缸汽车用内燃发动机，气缸容量1500毫升（1997年考题）

【答案】8407.3410

【解析】“内燃发动机”是燃料在发动机内部燃烧并推动活塞运动而产生动力的机器。归类时查阅章，似可按“汽车零件”归入第八十七章的品目87.08，又可按“机械器具”

归入第八十四章的品目 84.07。

查阅品目，根据归类总规则三（一）“列名具体优先于列名一般”的归类规定，再比较品目 87.08 和 84.07 的条文，由于品目 84.07 的列名比 87.08 的列名更为具体，因此，本题商品应按列名具体的“发动机”归入品目 84.07，并根据其气缸容量（气缸容量 1500 毫升）而归入子目 8407.3410。

3. 照相凹版印刷机（1998 年下半年考题）

【答案】8443.1700

【解析】“照相凹版印刷机”是印刷机器。归类时应按“机器”归入第八十四章。

查阅品目，由于品目 84.43 已有“印刷机器”的列名，因此，本题商品应归入品目 84.43。

根据其印刷方式（凹版），本题商品应归入子目 8443.1700。

（提示：原 1998 年版子目答案为 8443.4000，转换为 2012 年版子目答案应为 8443.1700。）

4. 文字处理机（1998 年下半年考题）

【答案】8469.0011

【解析】“文字处理机”是指使用者能够利用其进行必要的文字编辑，能够随时存取自己编辑过的文件，并可将文件打印出来的机器。归类时应按“机器”归入第八十四章。

查阅品目，由于品目 84.69 已有“文字处理机”的具体列名，因此，本题商品应按具体列名归入品目 84.69，并归入子目 8469.0011。

（提示：原 1998 年版子目答案为 8469.1100，转换为 2012 年版子目答案应为 8469.0011。）

5. 自动打字机（1999 年上半年考题）

【答案】8469.0012

【解析】“自动打字机”是电动打字机的一种。归类时应按“机器”归入第八十四章。

查阅品目，由于品目 84.69 已有“打字机”的具体列名。因此，本题商品应按具体列名归入品目 84.69，并归入子目 8469.0012。

（提示：原 1999 年版子目答案为 8469.1200，转换为 2012 年版子目答案应为 8469.0012。）

6. 电动洗碟机（外部尺寸为 60 厘米 ×90 厘米 ×70 厘米）（1999 年上半年考题）

【答案】8422.1100

【解析】“洗碟机”又称洗碗机，是能代替人工洗涤碗、碟、杯、锅等餐具的机器。归类时应按“机器”归入第八十四章。

查阅品目，由于品目 84.22 已有“洗碟机”的具体列名，因此，本题商品应按具体列名归入品目 84.22。

根据其尺寸规格（外部尺寸为 60 厘米 ×90 厘米 ×70 厘米，小于 65 厘米 ×95 厘米 ×70 厘米），本题商品应按“家用洗碟机”归入子目 8422.1100。

（提示：参照《商品名称及编码协调制度注释》的解释，品目 84.22 所规定的家用洗碟机的尺寸应小于 65 厘米 ×95 厘米 ×70 厘米。）

7. 谷物干燥器（电热）（1999年下半年考题）

【答案】8419.3100

【解析】“谷物干燥器（电热）”是利用温度变化处理材料的机器。归类时应按“机器”归入第八十四章。

查阅品目，本题商品似可按“干燥器”归入品目84.19，又可按“谷物加工机器”归入品目84.37。根据第八十四章章注二的规定：“当机器出现似可按功能归入品目84.01至84.24，又可按用途归入品目84.25至84.79的情况时，应优先按功能列名归入品目84.01至84.24范围内。”因此，本题商品应优先考虑归入品目84.19，并应归入子目8419.3100。

8. 太阳能电池电子计算器（2000年考题）

【答案】8470.1000

【解析】“电子计算机”是一种依靠按键输入数据和控制操作来完成一系列算术运算功能的机器。归类时应按“机器”归入第八十四章。

查阅品目，由于品目84.70已有“计算器”的具体列名，因此，本题商品应按具体列名归入品目84.70，并归入子目8470.1000。

9. 离心式干衣机（干衣量为5千克）（2000年考题）

【答案】8421.1210

【解析】“离心式干衣机”是利用在固定收集器内的多孔装置高速旋转产生离心力，将湿衣中的水分分离而起到干衣作用的机器。归类时应按“机器”归入第八十四章。

查阅品目，由于品目84.21已有“离心机”的具体列名，因此，本题商品应按具体列名归入品目84.21。

根据其用途及干衣量（5千克），本题商品应归入子目8421.1210。

10. 安装在品目87.01拖拉机上的农用收割机（2000年考题）

【答案】84.33

【解析】本题商品是安装在品目87.01拖拉机上的农用收割机。归类时似可按“收割机”归入第八十四章的品目84.33，也可按“拖拉机上可互换设备”归入第八十七章的品目87.08。根据第八十七章章注二规定：“已安装在拖拉机上与拖拉机一同进口或出口的作为可互换设备的机器，仍应归入各自相应的品目。”因此，本题商品应按“收割机”归入品目84.33。

（提示：2000年考题是以选择形式出题，因此本题答案仅选择品目，详见附录“历届商品归类考试试题”。）

11. 锥形滚子轴承（2000年考题）

【答案】8482.2000

【解析】“轴承”是用于支承轴作转动的重要部件，轴承按其中的摩擦状态可分为滑动轴承和滚动轴承两种。本题商品为锥形滚动轴承。归类时应按“机器零件”归入第八十四章。

查阅品目，由于品目84.82已有该商品的列名，因此，本题商品应按具体列名归入品目84.82，并归入子目8482.2000。

12. 不锈钢制造的手柄（可用于多种机床操作）（2001年考题）

【答案】8487.9000

【解析】本题商品属于机床的一个零部件。归类时似可按"通用零件"归入第八十三章的品目83.02，又可按"专用于某一种机器的零件"归入第八十四章的品目84.87。

查阅品目，根据第十五类类注二（三）的规定，本题商品不属于通用零件的商品范畴，不能按通用零件归入品目83.02。又根据第十六类类注二的规定："（一）凡在第八十四章、第八十五章的品目列名的货品，均应归入该两章的相应品目；（二）专用于或主要用于某一种机器或同一品目的多种机器的零件，应酌情归入品目84.09、84.31、84.48、84.66、84.73、85.03、85.22、85.29或85.38；（三）所有其他零件如不能归入上述品目则应归入品目84.87或85.48。"由于本题商品未在第八十四章品目列名，又不属于品目84.09、84.31、84.48、84.66、84.73、85.03、85.22、85.29或85.38列名零件，因此，本题商品应归入品目84.87，并归入子目8487.9000。

13. 用于造纸工业的高度研光机（2001年考题）

【答案】8420.1000

【解析】"造纸工业的高度研光机"是由两个或多个平行滚筒式轧辊组成的，对纸张进行上光处理的机器，属于造纸机的辅助机器。归类时本题商品应按"机器"归入第八十四章。

查阅品目，本题商品似可按"造纸机器"归入品目84.41，又可按"研光机"归入品目84.20。根据第八十四章章注二的规定："当某机器似可按功能归入品目84.01至84.24，又可按用途归入品目84.24至84.79的情况时，应优先按功能列名归入品目84.01至84.24。"因此，本商品应优先考虑归入品目84.20，并归入子目8420.1000。

14. 用于纺织工业的整理轧布机（2002年考题）

【答案】8420.1000

【解析】"用于纺织工业的整理轧布机"是由若干表面光滑的软滚筒和硬滚筒组成的，织物在软硬滚筒间反复轧压，使织物表面变得光滑的机器。归类时本题商品应按"机器"归入第八十四章。

查阅品目，本题商品似可按"纺织工业后整理的其他机器"归入品目84.51，又可按"研光机"归入品目84.20。根据第八十四章章注二的规定，当机器出现似可按功能归入品目84.01至84.24，又可按用途归入品目84.25至84.79的情况时，应优先按功能列名归入品目84.01至84.24范围内。因此，本题商品应优先考虑归入品目84.20，并归入子目8420.1000。

15. 船舶用舵机（2002年考题）

【答案】8479.8910

【解析】"舵机"是船舶在改变航行方向时用来摆动船舵的机械，一般装在船的尾部，由驾驶人员在驾驶台上远距离操纵。"船舶用舵机"是船舶一个零部件。归类时应按"机器零件"归入第八十四章。

查阅品目，根据第十七类类注二（五）的规定，"第十七类不适用品目84.01至84.79的机器或装置及其零件和品目84.81至品目84.83的物品"。由于第八十四章的品目84.79已有"船舶用舵机"的列名，因此，本题商品应按具体列名归入品目84.79，并归入子目8479.8910。

16. “帅康”牌抽油烟机（罩平面尺寸为80厘米×45厘米）（2003年考题）

【答案】8414.6010

【解析】“抽油烟机”是一种通过风机吸力抽出油烟的机器。归类时应按“机器”归入第八十四章。

查阅品目，本题商品属于“装有风扇的通风罩”，因此，应归入品目84.14。

根据其通风罩尺寸，本题商品应归入子目8414.6010。

（提示：原2003年版子目答案为8414.6000，转换为2012年版子目答案应为8414.6010。）

17. 计算机网络通讯用的路由器（2003年考题）

【答案】8517.6236

【解析】“路由器”是计算机网络中用来判断网络地址与选择路径的一种智能连接设备。归类时应按“电气设备”归入第八十五章。

查阅品目，由于本题商品属于网络通信设备，因此应归入品目85.17。

本题商品应按“路由器”的具体列名归入子目8517.6236。

（提示：原2003年版子目答案为8471.8020，转换为2012年版子目答案应为8517.6236。）

18. 可口可乐饮料的自动灌装机（2004年考题）

【答案】8422.3010

【解析】“饮料灌装机”属于机器设备。归类时应按“机器”归入第八十四章。

查阅品目，应按“容器的装填机器”归入品目84.22，并按“饮料及液体食品灌装设备”归入子目8422.3010。

（提示：原2004年版子目答案为8422.3019，转换为2012年版子目答案应为8422.3010。）

19. 表面镀铬的铜制浴缸用水龙头（2004年考题）

【答案】8481.8090

【解析】“水龙头”是用以调节液体流速的装置，这些装置是通过开闭孔径进行流量控制。本题商品属于机器的装置部件。归类时应按“机器及其零件”归入第八十四章。

查阅品目，由于品目84.81已有“龙头及类似装置”的相关列名，因此，本题商品应按具体列名归入品目84.81，并归入子目8481.8090。

20. 安放在公共场所的饮料自动售货机（装有制冷装置）（2005年考题）

【答案】8476.2100

【解析】“饮料自动售货机”是指在投币孔中投入一个或几个硬币、辅币或一张磁卡后能供应饮料（咖啡、茶、果子汁、酒精饮料等）的机器，它们既可以将饮料装在杯子或其他任何容器（如铁罐、瓶子或纸盒）里，以即可供饮用的方式提供，也可将速溶混合粉和热水或凉水分别提供。本题商品属于机器。归类时应按“机器及其零件”归入第八十四章。

查阅品目，由于品目84.76已有“自动售货机”的具体列名，因此，本题商品应按具体列名归入品目84.76。

参照其用途，本题商品应归入子目8476.2100。

21. 吊秤，最大称重为1000千克（2006年考题）

【答案】8423.8290

【解析】“吊秤”是用以直接测定物体重量的器具（衡器）。归类时应按“机器”归入第八十四章。

查阅品目，由于品目84.23已有“衡器”的具体列名，因此，本题商品应按具体列名品目84.23。

根据其称重量（最大称重为1000千克），本题商品应归入子目8423.8290。

22. “惠普”静电感光式多功能一体机，具有复印、扫描、打印和传真功能，可通过与电脑连接进行激光打印，与电话网络连接收发传真（2007年考题）

【答案】8443.3110

【解析】本题商品为集复印、扫描、打印、传真等功能为一体的多功能机器。归类时应按“机器”归入第八十四章。

查阅品目，应按其复印、打印、传真等功能归入品目84.43。

根据其可与自动数据处理设备或网络连接的功能，本题商品应归入子目8443.3110。

23. “宝马”2.8升轿车用的汽油滤油（2007年考题）

【答案】8421.2300

【解析】本题商品属于液体过滤装置。归类时似可按“液体过滤装置”归入第八十四章的品目84.21，也可按“汽车零件”归入第八十七章的品目87.08。根据归类总规则三（一）的“具体列名优先于列名一般”的原则，本题商品应按“液体过滤装置”归入品目84.21，并归入子目8421.2300。

24. “索尼”笔记本电脑，重3千克（2008年考题）

【答案】8471.3000

【解析】“笔记本电脑”属于自动数据处理设备。归类时应按“机器”归入第八十四章。

查阅品目，由于电脑属于“自动数据处理设备”，因此，本题商品应归入品目84.71。

由于“笔记本电脑”属于“重量不超过10千克的便携式自动数据处理设备”，因此，本题商品应归入子目8471.3000。

25. ABS塑料制小轿车空调用的风向转动板（2010年考题）

【答案】8415.9090

【解析】“小轿车空调用的风向转动板”属于车辆零件。归类时似可按“车辆零件”归入第八十七章的品目87.08，又可按“空调零件”归入第八十四章的品目84.15。根据第十六类类注二（二）的规定：“专用于或主要用于某一种机器或同一品目的多种机器（包括品目84.79或85.43的机器）的其他零件，应与该种机器一并归类。”由于该零件是“轿车空调用的”，而“空调”在第八十四章有列名，因此，该商品应作为第八十四章的“空调专用零件”归入品目84.15。

本题应按“车辆用的空调零件”归入子目8415.9090。

26. 如图所示的商品，用于沐浴乳液、洗发水、洗面奶乳液等液体包装容器上，其工作原理是：按钮压下时空气从小孔迅速排出，小孔附近的压强小，容器里液面上方的空气压强大，松开按钮后液体就沿小孔下边的细管的上口流出，其结构组成：塑胶制品、不锈

钢弹簧、不锈钢滚珠，使用时用手向下挤压，容器中的液体即可流出（2010 年考题）

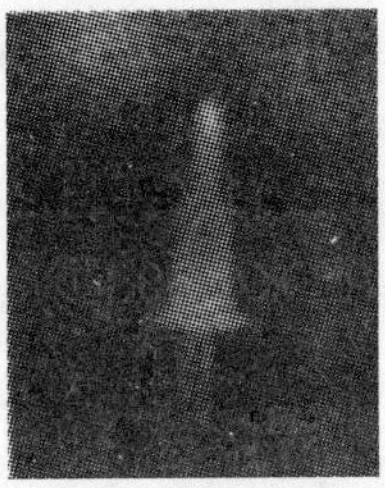

【答案】8413.2000

【解析】该商品是一种手动的液体泵，根据其工作原理应按“机器”归入第四十八章。查阅品目，由于品目 84.13 已有“液体泵”的具体列名，因此，本题商品应归入品目 84.13。

本题商品应按“手泵”的列名归入子目 8413.2000。

（提示：该商品不属于品目 84.24 的“液体或气体的喷射、散布或喷雾装置”。）

第八十五章　电机、电气设备及其零件；录音机及放声机、电视图像、声音的录制和重放设备及其零件、附件

一、本章商品范围概述

本章所涉及的商品主要是各种电气机器、设备、装置器具及一些相关的机电产品。例如：发电机、电动机、电动器具、通信设备、电视机、录像机、收录机、电阻器、电容器、集成电路、电线、电缆、绝缘器件等。

二、本章归类注意要点

（1）第八十五章章注二规定：“当出现既可归入品目 85.01 至 85.04 又可归入品目 85.11、85.12、85.40、85.41 或 85.42 的情况时，可根据第八十五章章注二的优先归类原则，优先归入后者。”

（2）第八十五章章注三规定：“品目 85.09 的家用电动器通常是供家用的。一般来说都是小型的，因此，主要用重量来衡量是否为家用。但真空吸尘器、地板打蜡机、食品研磨机及搅拌器、水果或蔬菜的榨汁器，不论其重量是多少，都归入品目 85.09；而其他电动器具必须不超过 20 千克才能归入这个品目。”

三、商品归类练习

1. 飞机用启动电动机

【答案】8511.4010

【解析】“电动机”是将电能转换为机械能的机器。本题商品为飞机用启动发动器。

归类时参照其工作原理应按“电器”归入第八十五章。

查阅品目，似可按“电动机”归入品目 85.01，又可按“启动电动机”归入品目 85.11。根据第八十五章注释二的归类规定：“当出现既可归入品目 85.01 至 85.04，又可归入品目 85.11、85.12、85.40、85.41 或 85.42 的情况时，优先归入后者。”因此，本题商品应优先归入品目 85.11，并归入子目 8511.4010。

2. 由焊头、变压器、发动机等组成的，线缆装置连接起来的手工电弧焊接机器

【答案】8515.3900

【解析】“功能机组”是指由几个具有不同功能的机器（包括机组部件）结合在一起而构成的机器，这些机器通常由管道、传动装置、电缆或其他装置连接起来。本题商品属于功能机组。归类时参照其工作原理应按“电气设备”归入第八十五章。

查阅品目，根据第十六类类注四对“功能机组”的归类规定：“组合后的功能明显符合第八十四章或八十五章某个品目所列功能时，应按其功能归入该品目。”其主要功能是焊接功能，所以应按主要功能（焊接）归入品目 85.15，并归入子目 8515.3900。在此不应将其分别归类。

3. 电动蔬菜榨汁机（重量 40 千克）

【答案】8509.4010

【解析】“电动蔬菜榨汁机”是一种能通过电能带动马达从而产生动能来完成蔬菜榨汁的机器。本题商品属于家用电动器具。归类时参照其工作原理应按“电器”归入第八十五章。

查阅品目，根据第八十五章章注三的规定，品目 85.09 的家用电动器具有些还要受重量的限制（小于 20 千克）。由于本题电动蔬菜榨汁机（重量 40 千克）符合第八十五章注释三（一）的范围，因此电动蔬菜榨汁机（重量 40 千克）应归入品目 85.09，并归入子目 8509.4010。

4. 超声波焊接机器

【答案】8515.8000

【解析】“超声波焊接机器”是指焊件可在超声波振动作用下接合在一起的机器。其焊接法可用于焊接那些普通焊接技术不能焊接的金属或合金，也可用于焊接金属箔、两种或多种不同的金属件或塑料薄膜。本题商品为超声波焊接机器。归类时参照其工作原理应按“电器”归入第八十五章。

查阅品目，根据其超声波做功的工作原理归入品目 85.15，并归入子目 8515.8000。

5. 对讲机

【答案】8517.1220

【解析】“对讲机”是指手持式对讲机，一般在两个或数个话机之间通过约定的频率，不经过交换机而直接互相通话的通信设备。通信设备按通信方式可分有线通信、无线通信。对讲机属于无线通信设备。归类时参照其工作原理应按“电器”归入第八十五章。

查阅品目，根据其发射或收、发信号的功能而归入品目 85.17，并按具体列名归入子目 8517.1220。

6. 电子闪存卡（未录制）

【答案】8523.5110

【解析】“电子闪存卡”是从外部数据源记录数据的固态、非易失性数据存储器件。其用于从外部数据源记录数据，或向导航及全球定位系统、数据采集终端、便携式扫描仪、医疗监测仪器、音频记录设备、个人通信设备、移动电话、数字式照相机及自动数据处理设备等提供数据。通常，一旦与特定装置连接之后，即可将数据存储在该装置上，并可从中读取数据，也可将数据上载至自动数据处理设备，或从自动数据处理设备下载数据。归类时参照其工作原理应按“电器”归入第八十五章。

查阅品目，应按“其他信息用的固态非易失性数据存储器件”归入品目85.23，本题商品应归入子目8523.5110。

7. 汽车用无线收录机

【答案】8527.2100

【解析】“汽车用无线收录机”是一种带有收音和录音功能的无线电设备。归类时参照其工作原理应按“电器”归入第八十五章。

查阅品目，由于品目85.27包括无线电广播接收设备，不论是否与声音的录制、重放装置组合在同一机壳内。而本题商品符合品目85.27的商品范畴，因此，本题商品应按“无线电广播接收设备”归入品目85.27，而不应按“声音的录放设备”归入品目85.19。

本题商品应归入子目8527.2100。

8. 电器控制柜（电压800伏）

【答案】8537.1090

【解析】“电器控制柜”是由高压电器或低压电器组成的组合体装于柜子里的控制装置。归类时参照其工作原理应按“电器”归入第八十五章。

查阅品目，应按“电器控制装置”归入品目85.37。

本题商品应归入子目8537.1090。

9. 供铁道用的机械交通管理设备

【答案】8608.0090

【解析】本题商品为机械交通管理设备，而非电气交通管理设备。因此，归类时不能按“电气交通管理设备”归入第八十五章的品目85.30，而应按“机械交通管理设备”归入第八十六章的品目86.08。

本题商品应归入子目8608.0090。

10. 汽车用分电器

【答案】8511.3010

【解析】“分电器”是指可把点火电流轮流分送给各火花塞，也可装上断续器，使点火线圈上初级绕组的电路断续的一种电器。本题商品属于点燃式内燃发动机的电点火装置。归类时参照其工作原理应按“电器”归入第八十五章。

查阅品目，应按“点燃式内燃发动机的电点火装置”归入品目85.11。

本题商品应按“汽车用分电器”的具体列名而归入子目8511.3010。

四、历届报关员考试中的本章归类考题

1. 家用电动牙刷（1997年考题）

【答案】8509.8090

【解析】“家用电动牙刷”是一种通过电能产生动能的电器产品。归类时参照其工作原理应按“电器”归入第八十五章。

查阅品目，根据第八十五章章注三（二）的规定，“品目 85.09 仅包括通常重量不超过 20 千克的家用电动器具”。由于本题商品为重量不超过 20 千克的家用电动器具，符合品目 85.09 的商品范畴，因此，本题商品应按“家用电动器具”归入品目 85.09，并归入子目 8509.8090。

（提示：原 1997 年版子目答案为 8509.8000，转换为 2012 年版子目答案应为 8509.8090。）

2. 录音机用镍镉可充电电池（1997 年考题）

【答案】8507.3000

【解析】“可充电电池”也称蓄电池，是一种经充电、放电能复原继续使用的电池。归类时参照其工作原理应按“电器”归入第八十五章。

查阅品目，由于品目 85.07 已有“蓄电池”的具体列名，因此，本题商品应按具体列名归入品目 85.07。

根据其电池种类（镍镉蓄电池），本题商品应归入子目 8507.3000。

3. 钟控收音机（无须外接电源）（1997 年考题）

【答案】8527.9200

【解析】“钟控收音机”是一种既有计时功能又有接收无线电广播功能的多功能机器。归类时似可按“钟表”归入第九十一章的品目 91.05，又可按“无线电广播接收设备”归入第八十五章的品目 85.27。根据第十六类类注三“多功能机器”的归类规定，“多功能机器应按机器的主要功能归类”。由于本题商品的主要功能是接收无线电广播，因此，本题商品应按“无线电广播接收设备”归入品目 85.27，并归入子目 8527.9200。

（提示：原 1997 年版子目答案为 8527.3200，转换为 2012 年版子目答案应为 8527.9200。）

4. 电功率为 10 瓦的空气清新器（负离子发生器）（1998 年上半年考题）

【答案】8543.7099

【解析】“空气清新器”（负离子发生器）属于电气装置。归类时参照其工作原理应按“电器”归入第八十五章。

查阅品目，由于未见具体列出该种商品的品目，考虑该种商品具有独立功能，因此应按“具有独立功能的未列名电器”归入品目 85.43。

本题商品应归入子目 8543.7099。

（提示：原 1998 年版子目答案为 8543.8990，转换为 2012 年版子目答案应为 8543.7099。）

5. 阴极射线彩色电视显像管（1998 年上半年考题）

【答案】8540.1100

【解析】“显像管”是将电信号转换为光图像的电子束管，可分为黑白显像管和彩色显像管两大类。“阴极射线彩色电视显像管”是电视机的一个零附件，归类时参照其工作原理应按“电器”归入第八十五章。

查阅品目，本题商品似可按“电视机的零件”归入品目 85.29，也可按“电视显像管”归入品目85.40，但由于品目85.40已列有该商品，因此，根据归类总规则三（一）“列名具体的品目优先于列名一般”的归类原则，本商品应按具体列名的显像管归入品目85.40。

本题商品应归入子目8540.1100。

6. 以锂为负极的原电池（1998年下半年考题）

【答案】8506.5000

【解析】“原电池”是利用氧化还原反应将化学能直接变为电能的装置，是不能复原使用的电池。归类时参照其工作原理应按“电器”归入第八十五章。

查阅品目，由于品目85.06已有“原电池”的列名，因此，本题商品应按具体列名归入品目85.06。

根据其电池种类，本题商品应按“锂的原电池”归入子目8506.5000。

7. 发光二极管（1998年下半年考题）

【答案】8541.4010

【解析】“发光二极管”是一种可把电能变成可见光线、红外线或紫外线的半导体器件。归类时参照其工作原理应按“电器”归入第八十五章。

查阅品目，由于品目85.41已有“二极管”该商品的列名，因此，本题商品应按具体列名归入品目85.41，并归入子目8541.4010。

8. 真空吸尘器（1999年上半年考题）

【答案】8508.1100或8508.6000

【解析】“真空吸尘器”是利用高速风扇在强力抽吸时所造成的负压（真空）将尘埃及脏物吸集排走的家用电动器具。归类时参照其工作原理应按“电器”归入第八十五章。

查阅品目，品目85.08已有“真空吸尘器”的列名，因此，本题商品应按具体列名归入品目85.08。

根据其电动原理，本题商品应按“电动式真空吸尘器”归入子目8508.1100或8508.6000。

（提示：原1999年版子目答案为8509.1000，转换为2012年版子目答案应为8508.1100或8508.6000。）

9. 直流电动机（输出功率375千瓦）（1999年下半年考题）

【答案】8501.3300

【解析】“电动机”是将电能转化为机械能的机器。“直流电动机”是利用直流电工作的电动机。归类时参照其工作原理应按“电器”归入第八十五章。

查阅品目，由于品目85.01已有“电动机”的列名，因此本题商品应按具体列名归入品目85.01。

根据其输出功率（375千瓦），本题商品应归入子目8501.3300。

10. 不间断供电电源（2000年考题）

【答案】8504.4020

【解析】“不间断供电电源”是一种能实现不间断供电的电子装置。归类时参照其工作原理应按“电器”归入第八十五章。

查阅品目，由于不间断供电电源属于静止式变流器，因此，本题商品应归入品目

85.04，并按“不间断供电电源”的具体列名归入子目8504.4020。

11. 电磁式离合器（2000年考题）

【答案】8505.2000

【解析】“电磁式离合器”是利用电磁吸力来传递两机械间转矩的传动装置，电流接通或分断时，两机械轴心迅速结合或脱开，用以代替机械离合器。归类时参照其工作原理应按“电器”归入第八十五章。

查阅品目，由于品目85.05已有“电磁式离合器”的列名，因此，本题商品应按具体列名归入子目8505.2000。

12. 手提式真空吸尘器（2000年考题）

【答案】8508.1100或8508.6000

【解析】“真空吸尘器”是利用高速风扇在强力抽吸时所造成的负压（真空）将尘埃及脏物吸集排走的家用电动器具。归类时参照其工作原理应按“电器”归入第八十五章。

查阅品目，由于品目85.08已有“真空吸尘器”的具体列名，因此，本题商品应按具体列名归入品目85.08。

根据其电动原理，本题商品应按“真空吸尘器”归入子目8508.1100或8508.6000。

（提示：原1999年版子目答案为8509.1000，转换为2012年版子目答案应为8508.1100或8508.6000。）

13. “奔驰”轿车用电动风挡刮雨器（2001年考题）

【答案】8512.4000

【解析】本题商品为“奔驰”轿车用电动风挡刮雨器。归类时似可按“汽车零件”归入第八十七章的品目87.08，也可按“刮雨器”归入第八十五章的品目85.12。

查阅品目，根据归类总规则三（一）的“具体列名优先于一般列名”的归类规定，本题商品应按“风挡刮雨器”的具体列名归入品目85.12，并归入子目8512.4000。

14. 照相机（数字方式存储图像）（2001年考题）

【答案】8525.8021或8525.8022或8525.8029

【解析】本题商品也称数码相机，是指一种用电子方式替代传统的底片来储存拍摄下来的图像的摄像机。归类时参照其工作原理，本题商品不能按“传统相机”归入第九十章的品目90.06，而应按“数字照相机”归入第八十五章的品目85.25。由于品目85.25已有该商品的具体列名，因此，本题商品应归入品目85.25，并归入子目8525.8021或8525.8022或8525.8029。

（提示：原2001年版子目答案为8525.4030，转换为2012年版子目答案应为8525.8021或8525.8022或8525.8029。）

15. 高频放大器（2001年考题）

【答案】8543.7092

【解析】“高频放大器”是指能把输入信号的电压或功率放大的无线电装置。归类时参照其工作原理应按“电器”归入第八十五章。

查阅品目，由于品目85.43已有“高频放大器”的具体列名，因此，本题商品应按具体列名归入品目85.43，并归入子目8543.7092。

（提示：原2001年版子目答案为8543.8920，转换为2012年版子目答案应为 8543.7092。)

16. 光端机(2002 年考题)

【答案】8517.6221

【解析】“光端机”是光信号和电脉冲信号的转换装置,安装在光缆和通讯电缆的衔接处,属于有线通讯设备。归类时参照其工作原理应按“电器”归入第八十五章。

查阅品目,由于品目 85.17 已有“光端机”的列名,因此,本题商品应按具体列名归入品目 85.17,并归入子目 8517.6221。

(提示:原 2002 年版子目答案为 8517.5021,转换为 2012 年版子目答案应为 8517.6221。)

17. 用于半导体收音机的微调电容器(2002 年考题)

【答案】8532.3000

【解析】“微调电容器”也称半可变电容器,是电容量可作精细调整的小容量电容器。归类时参照其工作原理应按“电器”归入第八十五章。

查阅品目,本题商品似可按“收音机的零件”归入品目 85.22,也可按“微调电容器”归入品目 85.32。根据总规则三(一)的“具体列名优先于一般列名”的归类规定,本题商品应按具体列名的“电容器”归入品目 85.32,并按“微调电容器”归入子目 8532.3000。

18. 汽车用调频调幅立体声收放音组合机(2003 年考题)

【答案】8527.2100

【解析】“收放音组合机”是无线的声音录制、重放设备。归类时参照其工作原理应按“电器”归入第八十五章。

查阅品目,由于品目 85.27 已列有相关产品,因此,本题商品应按相关列名归入品目 85.27。

根据其用途(汽车用),本题商品应归入子目 8527.2100。

19. “飞利浦”牌 951 型电动剃须刀(2004 年考题)

【答案】8510.1000

【解析】“电动剃须刀”是一种采用旋转式或往复式刀具或刀片沿一个穿孔或有槽的板片内壁滑动,从而剪去伸进孔眼或槽口内的毛发的电器。归类时参照其工作原理应按“电器”归入第八丨五章。

查阅品目,由于品目 85.10 已有“电动剃须刀”的列名,因此,本题商品应按具体列名归入品目 85.10。

本题商品应归入子目 8510.1000。

20. 家用电卷发器(2004 年考题)

【答案】8516.3200

【解析】“电卷发器”属于电热的理发器具。归类时参照其工作原理应按“电气设备”归入第八十五章。

查阅品目,由于品目 85.16 已有“电热理发器具”的列名,因此,本题商品应按其具体列名归入品目 85.16,并归入子目 8516.3200。

21. “日立”牌彩色等离子电视机(显示屏幕 74 厘米)(2005 年考题)

【答案】8528.7231 或 8528.7232

【解析】“等离子电视机”又称 PDP（Plasma Display Panel）电视机，是一种由等离子体发光管形成的光点汇集而成显示画面的电视机。归类时参照其工作原理应按“电气设备”归入第八十五章。

查阅品目，由于电视机属于电视接收装置，因此，本题商品应归入品目 85.28。

本题商品应归入子目 8528.7231 或 8528.7232。

（提示：原 2005 年版子目答案为 8528.1248，转换为 2012 年版子目答案应为 8528.7231 或 8528.7232。）

22. 带有录音功能的 mp3 音乐播放器（不能接收无线广播）（2006 年考题）

【答案】8519.8131

【解析】“mp3 音乐播放器”是新一代数码播放器，它无须使用磁带或 CD 播放器，除具备均衡、重复、音量控制、播放、暂停、搜索、选曲等一般播放器所具备的功能外，更重要的是可以从互联网或计算机下载 mp3（即一种应用音频数据压缩技术制成的音乐文件）格式音乐文件并存储在 YEPP 卡（即存储器）上，放音时使用 mp3 播放工具对 mp3 文件进行实时解压缩，把还原后的声音信号输出到扬声器，随时随地欣赏完美音乐。mp3 播放器属于声音重放设备。归类时参照其工作原理应按“电器”归入第八十五章。

查阅品目，本题商品属于声音录制或重放设备，因此，应归入品目 85.19。

本题商品应按“装有声音重放装置的闪速存储器型声音录制设备”归入子目 8519.8131。

（提示：原 2006 年版子目答案为 8520.9010，转换为 2012 年版子目答案应为 8519.8131。）

23. “摩托罗拉”G20 型手机专用天线（2007 年考题）

【答案】8517.7070

【解析】本题商品属于手机零件。归类时参照其工作原理应按“电气设备”归入第八十五章。

查阅品目，本题商品似可按“手机零件”归入子目 8517.7070，也可按“各种天线”归入子目 8529.1090。由于子目 8517.7070 仅指品目 85.17“有线无线通信设备”的零件，子目 8529.1090 仅指品目 85.29“有线无线广播电视等设备”的零件，而手机属于品目 85.17 的商品范畴，因此，本题商品应归入子目 8517.7070。

24. ABS（丙烯腈－丁二烯－苯乙烯共聚物）塑料制音箱外壳（2008 年考题）

【答案】8518.9000

【解析】“音箱”属于电子设备。归类时参照其工作原理应按“电气设备”归入第八十五章。

查阅品目，“音箱外壳”属于音箱零件，根据第十六类类注二的规定：“机器零件应按下列规定归类：（一）凡在第八十四章、第八十五章的品目列名的货品，均应归入该两章的相应品目；（二）专用于或主要用于某一种机器或同一品目的多种机器的零件，应与该种机器一并归类。”由于音箱外壳并没有在第八十四章、第八十五章列名，并且音箱外壳属于音箱专用零件，因此，本题商品应与音箱归入同一品目 85.18，并按列名归入子目 8518.9000。

25. 如图所示汽车 GPS 导航仪，装于汽车上为驾驶员提供道路导航（2008 年考题）

【答案】8526. 9110

【解析】“导航仪”属于无线电导航设备。归类时参照其工作原理应按“电气设备”归入第八十五章。

查阅品目，应按“无线电导航设备”的相关列名归入品目 85. 26。

根据其用途，本题商品应按“机动车辆用导航设备”归入子目 8526. 9110。

26. 电子防丢器，由子机和主机组成，工作时子机发出稳定的无线电波，主机接收到子机的无线电信号时不报警，当主机和子机之间的距离超过预定的距离时，主机接收不到子机的无线电信号，立即发出报警声，提醒使用者的注意。用于手机、钱包、箱包、宠物、小孩等物品或人身上，防丢及防盗（2008 年考题）

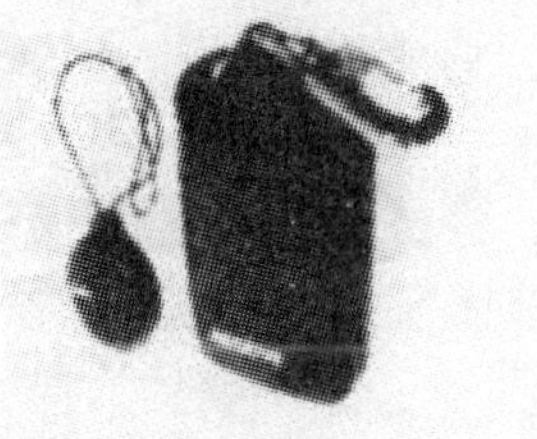

【答案】8531. 1000

【解析】“电子防丢器”属于电气音响信号装置。归类时参照其工作原理应按“电气设备”归入第八十五章。

查阅品目，由于电子防丢器类似于电子防盗或防火报警器，因此本题商品应按“电气音响或视觉信号装置”归入品目 85. 31，并归入子目 8531. 1000。

27. “现代”牌优盘（U 盘），1G（未录制任何信息）（2009 年考题）

【答案】8523. 5110

【解析】“优盘”属于信息存储媒体。归类时参照其工作原理应按“电气设备”归入第八十五章。

查阅品目，应按“录制信息用的媒体”归入品目 85. 23。

查阅子目，由于目前优盘一般都是一种闪速存储器（又称“闪存”）型的半导体媒体，因此，本题商品应按“未录制的闪速存储器”归入子目 8523. 5110。

28. “黑匣子”，用于记录飞机的飞行姿态、轨迹、速度等多种飞行数据。飞机失事时，“黑匣子”的紧急定位发射机自动向四面八方发射无线电信号，以便搜寻者溯波寻找（2009 年考题）

【答案】8543.7099

【解析】“黑匣子”是用于记录飞机数据的无线电子设备。归类时参照其工作原理应按“电气设备”归入第八十五章。

查阅品目，由于其功能并没有在有关品目列名，因此应按“本章其他品目未列名的具有独立功能的电气设备及装置”归入品目85.43。

本题商品应归入子目8543.7099。

29. 电动睫毛刷（装有纽扣电池）（2010年考题）

【答案】8509.8090

【解析】“睫毛刷”是一种小刷子。归类时似应归入第九十六章的品目96.03“帚、刷等”，但由于其装有电动机，属于家用电动器具，并且符合第八十五章章注三“品目85.09仅包括通常供家用的下列电动器具：（一）任何重量的地板打蜡机、食品研磨机及食品搅拌器，水果或蔬菜的榨汁器；（二）重量不超过20千克的其他机器”的规定，因此，本题商品应按“电气设备”归入第八十五章。

查阅品目，应按“家用电动器具”归入品目85.09，然后按“其他器具”归入子目8509.8090。

30. 如图所示的商品。其主要功能是将单个耳机插孔转换为两个耳机插孔（2010年考题）

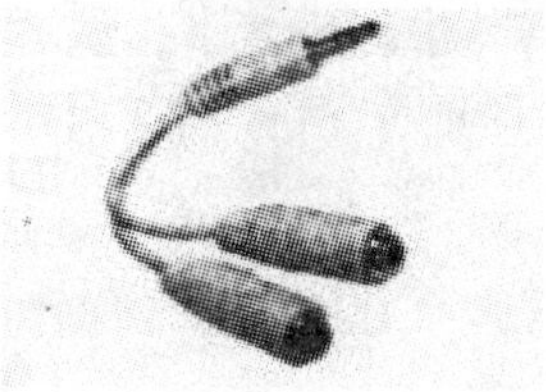

【答案】8536.6900

【解析】该图所示的商品为耳机插座。“插座”是指有一个或一个以上电路接线可插入的座，通过它可插入各种接线，便于与其他电路接通。归类时参照其工作原理应按“电气设备”归入第八十五章。

查阅品目，由于品目85.36已有“插座”的具体列名，因此本题商品应按具体列名归入品目85.36，并归入子目8536.6900。

第十七类　车辆、航空器、船舶及有关运输设备

本类商品由4章（第八十六至八十九章）构成。包括海陆空各种运输工具，其中：第八十六章主要包括各种在轨道上行驶的车辆；第八十七章主要包括各种在公路上行驶的车辆；第八十八章主要包括航空、航天器；第八十九章主要包括船舶及浮动结构体。

第八十六章 铁道及电车道机车、车辆及其零件；铁道及电车道轨道固定装置及其零件、附件；各种机械（包括电动机械）交通信号设备

一、本章商品范围概述

本章包括了铁道及电车道用的各种机车、车辆及其零件；铁道及电车道轨道的固定装置及配件；各种集装箱及各种机械，电动机械交通信号管理设备。

二、本章归类注意要点

本章所列车辆的不完整品或未制成品，只要其具有完整品或制成品的基本特征，就应与相应的完整品或已制成车辆一并归类。这些车辆包括：未装有动力装置、测量仪器、安全装置或维修设备的机车或铁道或电车道用的机动车辆；未安装座位的客车；已装有悬架及车轮的货车底架。但是，未装在车架上的铁道或电车道用机动客车、货车、敞车、煤水车的车身，应作为以上车辆的零件归入品目86.07。

本章不包括：木制或混凝土制的轨枕和导轨（品目44.06或68.10），铁道及电车道铺轨用钢铁材料（品目73.02）；品目85.30的电气信号、安全或交通管理设备。

三、商品归类练习

1. 铁道用的机动货车（未装有发动机）

【答案】8603.9000

【解析】“铁道用的机动货车”是指装有柴油机或其他内燃机等，由自身动力驱动行驶的自给式载货车辆。本题商品为未装有发动机的货车，属于车辆的不完整品，但由于其已具有完整品或制成品的基本特征，因此，本题商品仍按完整的车辆进行归类。本题商品应按“轨道车辆”归入第八十六章。

查阅品目，由于品目86.03已有“电车道用的机动货车”的具体列名，因此，本题商品应按具体列名归入品目86.03。

本题商品属于由自身动力驱动行驶的自给式载货车辆，因此，应按“非外部电力驱动的铁道用货车”归入子目8603.9000。

2. 电车道用的机动客车（未安装座位）

【答案】8603.1000

【解析】“电车道用的机动客车”是指一种电能由固定的外部电源供给的车辆，这种客车有时使用装在轨槽中的两条导电轨，通过一种叫“犁式集电器”的特殊装置将电流输入。本题商品为未安装座位的客车，属于车辆的不完整品，但由于其已具有完整品或制成品的基本特征，因此，本题商品仍按完整的车辆进行归类。本题商品应按“轨道车辆”归入第八十六章。

查阅品目，由于品目86.03已有“电车道用的机动客车”的具体列名，因此，本题

商品应按具体列名归入品目 86. 03。

本题商品属于电能由固定的外部电源供给的车辆，因此，应按“外部电力驱动的电车道用客车”归入子目 8603. 1000。

3. 铁道用非机动无风篷货车底架（已装有悬架及车轮）

【答案】8606. 9900

【解析】“非机动无风篷货车”是指不具有动力装置（如柴油机、汽油机、气动机等）的专用于载货的车辆。本题商品虽只是货车底架，但由于其已装有悬架及车轮，已具有完整品或制成品的基本特征，因此，本题商品仍按完整的车辆进行归类。本题商品应按“轨道车辆”归入第八十六章。

查阅品目，应按“铁道及电车道用的非机动有篷及无篷货车”的具体列名归入品目 86. 06。

本题商品应归入子目 8606. 9900。

4. 未装在车架上的铁道机动货车的车身

【答案】8607. 9100

【解析】“车身”属于车辆的零部件。由于其用于铁道机动货车，因此，归类时应按“轨道车辆”归入第八十六章。

查阅品目，根据第八十六章章注二的规定，应按“车辆零件”归入品目 86. 07，并归入子目 8607. 9100。

5. 供铁道用的电气交通管理设备

【答案】8530. 1000

【解析】“电气交通管理设备”属于机械交通管理设备，而非电气交通管理设备。因此，归类时不能按“机械交通管理设备”归入第八十六章的品目 86. 08，而应按“电气交通管理设备”归入第八十五章的品目 85. 30。

本题商品应归入子目 8530. 1000。

四、历届报关员考试中的本章归类考题

适于汽车运输易腐食品用保温集装箱（规格为 40 英尺，壁面为钢制）（2002 年考题）

【答案】8609. 0021

【解析】“集装箱”是运输用的包装容器。归类时应归入第八十六章。

查阅品目，由于品目 86. 09 已有集装箱的列名，因此，本题商品应按具体列名归入品目 86. 09。

根据其尺寸规格（40 英尺），本题商品应归入子目 8609. 0021。

（提示：原 2002 年版子目答案为 8609. 0020，转换为 2012 年版子目答案应为 8609. 0021。）

第八十七章 车辆及其零件、附件，但铁道及电车道车辆除外

一、本章商品范围概述

本章包括除铁道及电车道以外的各种陆路行驶车辆，不论是用手推拉还是用车辆牵引的。本章还包括在陆路行驶或兼可在陆路及某些水域行驶的车辆（如第十七类注释五所规定的），但可作为陆路车辆使用的飞机，仍应作为飞机归入品目 88.02。

二、本章归类注意要点

（1）本章所列车辆的不完整品或未制成品，只要其具有完整品或制成品的基本特征，即应按相应的完整品或制成车辆归类，例如：尚未装有车轮、轮胎及电池的机动车辆；尚未装有发动机或内部配件的机动车辆；尚未装有坐垫及轮胎的自行车。

（2）专供示范而无其他用途的剖面车辆样品、儿童乘骑的带轮玩具及儿童三轮脚踏车、雪橇及类似冬季运动设备、游乐场娱乐设备用车辆等，不包括在本章范围内。

三、商品归类练习

1. 货车用底盘（装有汽油发动机、驾驶室，车辆总重 6 吨）

【答案】8704. 3230

【解析】“底盘”是汽车（拖拉机）上除发动机和车身外，其他所有机件的组合。一般包括转向、转动、制动和行走等，有时发动机也包括在内。归类时应按“车辆及其零件（但轨道车除外）”归入第八十七章。

查阅品目，根据第八十七章章注三的规定：“装有驾驶室的底盘应作为整车归入品目 87.02 至 87.04，而不应归入品目 87.06。”由于本题商品为车辆的一个结构件，从该货车用底盘所配带的装置看，其中有驾驶室，因此，不能按“装有发动机的底盘”归入品目 87.06，而应按具有整车特征的“货车”归入品目 87.04。

本题商品应归入子目 8704. 3230。

2. 既能在道路上又能在轨道上行驶的货车（装有汽油发动机，车辆总重 5 吨）

【答案】8704. 3100

【解析】本题商品为多功能车辆。归类时似可按“道路行驶车辆”归入第八十七章，又可按“轨道行驶车辆”归入第八十六章。根据第十七类类注四（一）的规定，“既能在道路上又能在轨道上行驶的车辆应归入第八十七章”。因此，本题商品应按“道路行驶车辆”归入第八十七章。

查阅品目，根据其装货用途归入品目 87.04。

本题商品应归入子目 8704. 3100。

3. 尚未装有坐垫的山地自行车

【答案】8712. 0030

【解析】“尚未装有坐垫的山地自行车”属于车辆的不完整品。但由于其所缺的只是非关键的零部件，仍具有完整品或制成品的基本特征。因此，归类时本题商品仍按完整的车辆进行归类。本题商品应按“车辆及其零件”（但轨道车除外）归入第八十七章。

查阅品目，应按“自行车”的具体列名归入品目 87. 12。

本题商品应归入子目 8712. 0030。

4. 30 座客车用变速箱

【答案】8708. 4020

【解析】“变速箱”也称变速器，是变更转速比和运动方向的装置，常用于汽车、拖拉机、船舶、机床和各种机器上，用来按不同工作条件改变由主动轴传到从动轴上的扭矩、转速和运动方向。本题商品“客运车用变速箱”属于车辆的专用零件，归类时应按“车辆及其零件”（但轨道车除外）归入第八十七章。

查阅品目，由于其不属于第十五类类注二的“通用零件”的范围，且第八十四章、第八十五章未具体列名，因此，本题商品应按“车辆零件”归入品目 87. 08，并归入子目 8708. 4020。

5. 30 座客车用变速箱外壳

【答案】8708. 4020

【解析】“客车用变速箱外壳”属于客车部件（变速箱）的零件，因客车用变速箱（非自动换挡）属于子目 8708. 4020 的商品，而子目 8708. 4 项下不但包括变速箱这一部件，还包括其零件，因此，本题商品应按变速箱的零件归入子目 8708. 4020。

四、历届报关员考试中的本章归类考题

1. 车体由驾驶室和装存现钞的密闭箱体室两部分组成，装有防护系统，车辆总重量为 4 吨的装甲运钞车（装有柴油发动机）（1998 年上半年考题）

【答案】8704. 2100

【解析】“装甲运钞车”是一种专用于运输钞票的车辆。归类时应按“车辆及其零件”（但轨道车除外）归入第八十七章。

查阅品目，由于该车是以运输货物为主要目的，因此，应按“货车”归入品目 87. 04。

根据其发动机种类（柴油发动机），车辆总重量（4 吨），本题应归入子目 8704. 2100。

2. 装有压燃式活塞内燃发动机、气缸容量（排气量）为 2000 毫升的四轮驱动越野车（1998 年上半年考题）

【答案】8703. 2342

【解析】“越野车”是一种适于在不良道路或没有道路的野地上行驶的汽车。归类时应按“车辆及其零件”（但轨道车除外）归入第八十七章。

查阅品目，由于越野车辆是以载人为主要目的，因此，应按“客车”归入品目 87. 03。

根据其发动机类型（压燃式发动机）、汽缸容量（2000 毫升）及车型，本题商品应归入子目 8703. 2342。

（提示：原 2003 年版子目答案为 8703.3240，转换为 2012 年版子目答案应为 8703.2342。）

3. 装有点燃往复式活塞内燃发动机的快餐车（1998 年下半年考题）

【答案】8705.9090

【解析】“快餐车”是一种配有灶具、炊具等设备用于制备快餐食品的车辆。归类时应按“车辆及其零件”（但轨道车除外）归入第八十七章。

查阅品目，由于快餐车既非用于运货，也非用于载人，而是用于除载人载货外的其他目的，因此属于特种车辆，应按“特种车辆”归入品目 87.05。

本题商品应归入子目 8705.9090。

4. 货车（柴油发动机），车辆自重与最大设计载荷重量的总和为 5 吨（1999 年上半年考题）

【答案】8704.2100

【解析】“货车”是专用于载货的车辆。归类时应按“车辆及其零件”（但轨道车除外）归入第八十七章。

查阅品目，应按“货运机动车辆”的具体列名归入品目 87.04。

根据发动机的类型（柴油发动机）及车辆总重量（5 吨），本题商品应按“装有柴油发动机、车辆总重超过 5 吨但不超过 20 吨的车辆”归入子目 8704.2100。

5. 装有发动机的汽车起重机底盘（1999 年下半年考题）

【答案】8706.0040

【解析】“底盘”是汽车（拖拉机）上除发动机和车身外，其他所有机件的组合。一般包括转向、转动、制动和行走等，有时发动机也包括在内。装有发动机的汽车起重机底盘是起重汽车的一个重要组成部分。归类时应按“车辆及其零件”（但轨道车除外）归入第八十七章。

查阅品目，由于品目 87.06 已有“装有发动机的车辆底盘”的列名，因此，本题商品应按具体列名归入品目 87.06，并归入子目 8706.0040。

6. 两套缺少鞍座的摩托车未组装件（装在一个木箱内）一起报验（2000 年考题）

【答案】87.11

【解析】本题商品是一起报验的两套缺少鞍座的摩托车未组装件。首先，根据归类总规则五的包装容器归类原则，包装容器木箱应与所装摩托车未组装件一起归类。其次，该摩托车虽缺少鞍座，但由于其所缺少的是非关键零部件，因此，根据归类总归则二（一）“具有货品基本特征的不完整的未组装件应视为该货品完整品”的归类规定，本题商品仍应视为完整的摩托车进行归类，本题商品应按“车辆及其零件”（但轨道车除外）归入第八十七章。

查阅品目，应按“摩托车”的具体列名归入品目 87.11。

（提示：2000 年考题是以选择形式出题，因此本题答案仅选择品目，详见附录“历届商品归类考试试题”。）

7. 机动放射线检查车（2000 年考题）

【答案】8705.9020

【解析】“机动放射线检查车”通常为装有检查室、暗室及整套放射设备的车辆。归类时应按“车辆及其零件”（但轨道车除外）归入第八十七章。

查阅品目，由于该车是用于除载人载货以外的其他目的，因此，本题商品应按“特殊用途车辆”归入品目 87.05，并按具体列名归入子目 8705.9020。

8. 装有 18 个座位和 4 把折叠椅的普通中巴客车（汽油发动机）（2002 年考题）

【答案】8702.9020

【解析】本题商品属于载人的车辆，装有 18 个座位和 4 把折叠椅，相加共有 22 个座位。归类时应按“车辆及其零件”（但轨道车除外）归入第八十七章。

查阅品目，参照其座数（22 个座位），应按“客运机动车辆，10 座及以上（包括驾驶座）”归入品目 87.02。

根据其发动机的种类（点燃式发动机），本题商品应归入子目 8702.9020。

9. 长途客运车辆（50 座，柴油发动机）安装的防抱死制动系统（ABS）（2003 年考题）

【答案】8708.3092

【解析】“防抱死制动系统（ABS）”是汽车的零配件。归类时应按“车辆及其零件”（但轨道车除外）归入第八十七章。

查阅品目，应按“机动车辆的零件”归入品目 87.08。

由于该零配件专用于 50 座的柴油客车（即是可归入子目 8702.1091 的客车），因此，本题商品应按其用途归入子目 8708.3092。

（提示：原 2003 年版子目答案为 8708.3920，转换为 2012 年版子目答案应为 8708.3092。）

10. 装有高压水泵，并配有水炮、云梯等装置的救火车（2005 年考题）

【答案】8705.3010

【解析】“救火车”是一种专用于救火的车辆。归类时应按“车辆及其零件”（但轨道车除外）归第八十七章。

查阅品目，由于该车是用于除载人载货以外的其他目的，因此，应按“特殊用途车辆”归入品目 87.05，并按具体列名而归入子目 8705.3010。

11. “丰田”轿车用电动天窗（2006 年考题）

【答案】8708.2941

【解析】“轿车用电动天窗”属于车辆的零件。归类时应按“车辆及其零件”（但轨道车除外）归入第八十七章。

查阅品目，品目 87.08 已有“机动车辆的零附件”的列名，因此，应按具体列名归入品目 87.08。

由于电动天窗属于车辆车身的零件，因此，本题商品应归入子目 8708.2941。

12. 如图所示车辆，可称为拖修车、清障车或交通事故牵引车，使用的是柴油发动机（2008 年考题）

【答案】8705. 9090

【解析】“牵引车”主要是在道路上行驶的具有牵引运输功能的机动车辆，属于以运输为主要目的的车，而本题的牵引车具有与抢修车等车辆功能相类似之处，即它们的主要功能不是运输。车辆属于第八十七章的商品，对于既不是以载人，也不是以载货等运输为主要目的的车，应按“特殊用途的机动车辆”归入品目 87. 05，因此本题商品应归入第八十七章的品目 87. 05。

再查阅子目，由于品目 87. 05 项下没有该类型车辆的列名，因此，本题商品应按“其他车辆”归入子目 8705. 9090。

13. “三菱”全电动小轿车，5 座，使用锂电池，输出功率 47 千瓦，最高时速 130 公里/小时（2009 年考题）

【答案】8703. 9000

【解析】“轿车”属于机动车辆。归类时应按“车辆及其零件”（但轨道车除外）归入第八十七章。

查阅品目，应按“主要用于载人的机动车辆”归入品目 87. 03。

由于该轿车是电动的，既不使用汽油，也不使用柴油，因此，本题商品应按“其他车辆”归入子目 8703. 9000。

第八十八章　航空器、航天器及其零件

一、本章商品范围概述

本章包括气球、飞艇及其他无动力航空器；飞机、直升机；航天器（包括卫星）及其运载工具；某些相关装置，如降落伞、航空器的发射装置、甲板停机装置及地面飞行练习器。

二、本章归类需要注意

第八十八章具有“完整品或制成品”基本特征的“不完整品或未制成品”主要包括未装有发动机或内部设备的航空器，对于已具备“完整品或制成品”的基本特征的“不完整品或未制成品”，应按相应的“完整品或制成品”归类。

三、商品归类练习

1. 未装有发动机的直升机（空载重量 2000 千克）

【答案】8802. 1100

【解析】本题“直升机”由于缺少了发动机，因此属于不完整品，但由于其所缺的是非关键性的零部件，具有完整品的基本特征，因此，本题商品仍被视为完整的直升机进行归类。本题商品应按“航空器”归入第八十八章。

查阅品目，应按“直升机”的具体列名归入品目 88.02。

根据其空载重量（2000 千克），本题商品应归入子目 8802.1100。

2. 儿童玩具气球

【答案】9503.0089

【解析】“儿童玩具气球”为儿童娱乐用品。归类时似可按“气球”归入第八十八章的品目 88.01，也可按“玩具”归入第九十五章的品目 95.03。

查阅品目，由于品目 88.01 所包括的是专指航空或气象用气球（如探测气球、导向气球、测云气球等），因此，“儿童玩具气球”不能归入品目 88.01。

根据其用途，本题商品应作为玩具归入品目 95.03，并归入子目 9503.0089。

3. 可兼作地面车辆的航空器（空载重量 3000 千克）

【答案】8802.3000

【解析】“可兼作地面车辆的航空器”为多功能航空器。归类时似可按“车辆”归入第八十七章，又可按“航空器”归入第八十八章。根据第十七类类注四（三）的规定，可兼作地面车辆使用的特殊构造的航空器应归入第八十八章，因此，本题商品应按“航空器”归入第八十八章。

查阅品目，应按“航空器”归入品目 88.02。

参照其空载重量（3000 千克），本题商品应归入子目 8802.3000。

4. 飞艇的推进器

【答案】8803.1000

【解析】“飞艇”也称汽艇，是一种有动力装置、可控制飞行的轻于空气的航空器。“推进器”是指推动船舶或飞机前进的装置。本题商品属于飞机装置（飞艇）的一个零件。归类时应按“航空器”归入第八十八章。

查阅品目，由于推进器属于航空器零件，因此，应按“零件”归入品目 88.03。

本题商品应归入子目 8803.1000。

5. 飞机用的喷气发动机

【答案】8412.1010

【解析】“喷气发动机”是一种航空发动机，其将燃料的化学能转变为高速喷出气流的功能，借气流的动量变化所产生的反作用力推动飞行器前进。本题商品用于飞机的发动机，属于飞机的一个部件。归类时似应按“飞机零部件”归入第八十八章，但根据第十七类类注二（五）的规定，第十七类的运输工具不包括品目 84.01 至 84.79 的机器或装置及其零件，由于第八十四章品目 84.12 有“飞机用发动机”的具体列名，因此，本题商品不能作为“飞机零件”归入第八十八章的品目 88.03，而应按“发动机”归入第八十四章的 84.12。

本题商品应归入子目 8412.1010。

四、历届报关员考试中的本章归类考题

用于飞机发动机的传动轴（1999 年上半年考题）

【答案】8483. 1090

【解析】“传动轴”是机械中主要传递扭矩的转轴。本题商品是用于飞机发动机的传动轴。归类时似可按“发动机零件”归入第八十四章，也可按“飞机零件”归入第八十八章。根据第十七类类注二（五）的规定，第十七类不包括供运输工具使用的品目 84. 01 至 84. 79 的机器或装置及其零件和品目 84. 81 至品目 84. 83 的物品。由于品目 84. 83 已有“传动轴”的具体列名，因此，本题商品不应归入第八十八章的品目 88. 03，而应归入第八十四章的品目 84. 83。

本题商品应归入子目 8483. 1090。

第八十九章　船舶及浮动结构体

一、本章商品范围概述

本章包括船、艇及其他各种船舶和浮动结构体，也包括专供在水上行驶的气垫运输工具，如潜水箱、浮码头、浮筒等。此外，未制成或不完整的船舶及用各种材料制成的船体也包括在本章内。所谓未制成品或不完整品是指未装配动力装置、导航仪器、起重或搬运机器及内部设施等的船舶。

二、本章归类注意要点

（1）未制成或不完整的船舶包括：未装配动力装置、导航仪器、起重或搬运机器、内部设施等的船舶。

（2）本章与第十七类其他各章所列运输设备的规定不同，本章不包括单独进出口的所有船舶或浮动结构体的零件（船体除外）及部件；即使它们可明显确定为船舶或浮动结构体的零部件也不归本章，应归入其他章的适当品目。

三、商品归类练习

1. 浮船坞

【答案】8905. 9010

【解析】“浮船坞”是一种浮动修理厂，一般由一个平台及两个侧壁组成 U 形横断面结构体，设有泵房，使其能部分浸没在水中，以便待修理的船舶驶进船坞。归类时浮船坞应视为“船舶”归入第八十九章。

查阅品目，本题商品应根据“浮船坞”的具体列名归入品目 89. 05。

本题商品应归入子目 8905. 9010。

2. 未完工的机动游览船（不具有某种船舶的基本特征）

【答案】8906. 9010

【解析】本题商品为未完工的不具船舶特征的游览船。归类时似应按“船舶”归入第

八十九章，并按“游览船”的具体列名归入品目89.01。但根据第八十九章章注的规定：“已装配、未装配或已拆卸的船体、未完工或不完整的船舶以及未装配或已拆卸的完整船舶，如果不具有某种船舶的基本特征，应归入品目89.06。”因此，本题商品不能按“游览船舶”归入品目89.01，而应按“其他船舶”归入品目89.06。

本题商品应归入子目8906.9010。

3. 未装配导航仪器的机动散货船（载重量50万吨）

【答案】8901.9043

【解析】“未装配导航仪器的船舶”属于船舶的不完整品，但由于其已具有完整品或制成品的基本特征，因此，本题商品仍按完整的船舶进行归类。本题商品应按“船舶”归入第八十九章。

查阅品目，应按“货船”归入品目89.01。

本题商品应归入子目8901.9043。

4. 1820年制造的帆船

【答案】9706.0000

【解析】本题帆船造于1820年，归类时似可按“船舶”归入第八十九章的品目89.03，也可按“超过100年的古物”归入第九十七章的品目97.06。

查阅品目，根据第九十七章章注四（二）的规定，“品目97.06不适用于可以归入本章其他品目的物品”。因此，本题商品不能归入子目8903.9100，而仅能归入子目9706.0000。

5. 在水上行驶的气垫运输工具

【答案】8907.9000

【解析】“在水上行驶的气垫运输工具”是一种不具有船舶特征的浮动结构体。归类时根据第十七类类注五（三）的规定：“在水上航行的，不论能否在海滩或浮码头登陆及能否在冰上行驶，一律归入第八十九章。”因此，本题商品应按“船舶”归入第九十九章。

查阅品目，应按“浮动结构体”归入品目89.07。

本题商品应归入子目8907.9000。

四、历届报关员考试中的本章归类考题

船舶舷外“发动机”（点燃往复式活塞内燃发动机）（1999年下半年考题）

【答案】8407.2100

【解析】“船舶舷外发动机（点燃往复式活塞内燃发动机）”是用以装在小型船舶的舷外，推动船舶的发动机。船舶舷外发动机属于船舶的一个部件，归类时似按“船舶零件”归入第八十七章。

查阅品目，根据第十七类类注二（五）的规定，“第十七类运输工具不包括品目84.01至84.79的机器或装置及其零件”。由于品目84.07已有该发动机的列名，因此，本题商品应按具体列名归入品目84.07。

根据其用途，本题商品应归入子目8407.2100。

第十八类 光学、照相、电影、计量、检验、医疗或外科用仪器及设备、精密仪器及设备；钟表；乐器；上述物品的零件、附件

本类商品由3章（第九十至九十二章）构成，包括仪器设备、钟表、乐器，其中：第九十章主要包括光学、照相、电影、计量、检验、医疗用仪器及设备，精密仪器及设备；第九十一章主要包括钟表；第九十二章主要包括乐器。以上各章还包括分列于各章的上述货品的零件、附件。

第九十章 光学、照相、电影、计量、检验、医疗或外科用仪器及设备、精密仪器及设备；上述物品的零件、附件

一、本章商品范围概述

本章不仅包括各种光学仪器及器具用光学元件，如已加工未装配的透镜、棱镜、滤色镜、已装配的各种镜头等，而且包括了从眼镜、放大镜等简单的光学器具到复杂的天文、照相、摄影、显微、测量、医疗等用途的光学仪器、精密仪器及装置。这是范围很广的一类高技术、高精度的仪器和设备，其中大多数用于科研、医疗、专门技术或工业部门。

二、本章归类注意要点

（1）未加工的光学元件（玻璃材料）应归入第七十章；已加工但未装配的光学元件应归入品目90.01；已装配（即带有镜筒或框架）的光学元件应归入品目90.02。

（2）大部分医疗仪器及器械归入品目90.18至90.22，但也有部分医疗仪器已在其他品目列名，对于在其他品目列名的医疗仪器应归入具体列名品目。如测试体温的体温表（品目90.25）、眼底照相机（品目90.06）。

三、商品归类练习

1. 摄影机物镜用玻璃镜片（经光学加工）

【答案】9001.9090

【解析】本题商品仅经光学加工但未经光学装配。所谓“光学装配”，是指把经过光

学加工的光学元件，安装在特定的金属（或非金属）制的镜筒或框架内，以供独立使用的光学器具或作为部件、附件安装到与之相配的仪器或设备上参与光学成像的装置。本题商品属于光学镜片。归类时应按“光学用仪器及零件”归入第九十章。

查阅品目，由于该商品仅是玻璃镜片，属于未装配，因此应按“已经光学加工但未经光学装配的光学元件”应归入品目90.01。

本题商品应归入子目9001.9090。

2. 摄影机用物镜

【答案】9002.1910

【解析】“物镜”是光学仪器（如显微镜、望远镜、摄影机等）中面对着被观察物体的透镜或透镜组。摄影机用物镜由镜片和镜筒构成，归类时应按“光学用仪器及零件”归入第九十章。

查阅品目，从该物镜的组成构件及加工程度看，本题商品已装配、已经光学加工，符合品目90.02的商品范畴，因此，本题商品应归入品目90.02。

根据其用途，本题商品应归入子目9002.1910。

3. 塑料制一次性注射器

【答案】9018.3100

【解析】“塑料制一次性注射器”属于医疗器具。归类时似可按“塑料制品”归入第三十九章的品目39.26，也可按“医疗器具”归入第九十章的品目90.18。由于品目90.18已有该商品的相关列名，因此，本题商品不能按“塑料制品”归入第三十九章，而应按“医疗器具”归入第九十章。

查阅品目，由于注射器属于医疗器具，因此应按“医疗器具”归入第九十章的品目90.18。

本题商品应归入子目9018.3100。

4. 测试体温的水银体温表

【答案】9025.1100

【解析】“测试体温的水银体温表”是一种带充液玻璃管的玻璃温度计。归类时应按“检验仪器及零件”归入第九十章。

查阅品目，由于体温表属于温度测试器具，因此，本题商品应按“温度测试器具”归入品目90.25。

本题商品应归入子目9025.1100。

5. 检验血液的生化分析仪器

【答案】9027.8099

【解析】“检验血液的生化分析仪器”是为医疗诊断提供分析数据的生化分析仪器。归类时应按“检验仪器及零件”归入第九十章。

查阅品目，由于其属于“分析检测仪器”而非“诊断仪器”，因此，不能按“医疗诊断仪器”归入品目90.18，而应按“分析仪器”归入品目90.27。

本题商品应归入子目9027.8099。

6. 发动机测试台

【答案】9031.2000

【解析】“发动机测试台”是一种由一个台架和测量或校正仪器构成的专用于发动机测试的仪器。归类时应按“检验仪器及零件”归入第九十章。

查阅品目，根据其检测对象，本题商品应按“其他检验仪器”归入品目 90.31。

本题商品应归入子目 9031.2000。

四、历届报关员考试中的本章归类考题

1. 测试频率在 400 兆赫兹至 800 兆赫兹范围的阴极射线通用示波器（1998 年上半年考题）

【答案】9030.2090

【解析】“示波器”是显示某些随时间变化的物理量（如电压、电流等）波形的仪器，一般有阴极射线示波器和磁电式示波器两种。归类时应按“检验仪器及零件”归入第九十章。

查阅品目，由于品目 90.30 已有“示波器”的具体列名，因此，本题商品应按具体列名归入品目 90.30。

根据其测试频率范围，本题商品应归入子目 9030.2090。

2. 医疗用 B 型超声波诊断仪（1998 年上半年考题）

【答案】9018.1210

【解析】“超声波诊断仪”是一种应用高频超声波诊断疾病的仪器。归类时应按“医疗仪器及零件”归入第九十章。

查阅品目，由于超声波诊断仪属于医疗用仪器，因此，本题商品应按“医疗用仪器”归入品目 90.18。

本题商品应按具体列名归入子目 9018.1210。

3. 经光学加工的隐形眼镜片（1998 年上半年考题）

【答案】9001.3000

【解析】“隐形眼镜片”属于光学元件。归类时似可按“未经光学加工的光学元件”归入第七十章的品目 70.15，也可按“已经光学加工的光学元件”归入第九十章的品目 90.01。

由于本题眼镜片已经光学加工，其加工程度已超出第七十章未经光学加工的加工范围，因此，本题商品不能按“未经光学加工的眼镜片”归入第七十章，而应按“已经光学加工的眼镜片”归入第九十章。

查阅品目，由于本题商品仅是眼镜片，属于未装配，因此，本题商品应按“未装配的光学元件”归入品目 90.01，并归入子目 9001.3000。

4. 万次闪光灯（1999 年上半年考题）

【答案】9006.6100

【解析】“万次闪光灯”又称电子闪光灯，是照相闪光灯装置。归类时应按“照相设备及零件”归入第九十章。

查阅品目，由于品目 90.06 已有“照相闪光灯装置”的列名，因此，本题商品应按具体列名归入品目 90.06，并按“放电式（电子式）闪光灯装置”归入子目 9006.6100。

5. 电子显微镜（1999 年下半年考题）

【答案】9012.1000

【解析】“电子显微镜”又称电镜，是一种利用电子射线代替光来放大细微物体的仪器。归类时应按“光学仪器及零件”归入第九十章。

查阅品目，由于品目90.12已有“显微镜”的具体列名，因此，本题商品应按具体列名归入品目90.12，并归入子目9012.1000。

6. 绕在卷轴上的光导纤维（1999年下半年考题）

【答案】9001.1000

【解析】“光导纤维”是由折射率不同的玻璃或塑料同轴物构成的纤维，长度可达几千米，用于制造光导纤维束及光缆。本题商品为绕在卷轴上的光导纤维。归类时应按“光学仪器及零件”归入第九十章。

查阅品目，由于品目90.01已有“光导纤维”的具体列名，因此，本题商品应归入品目90.01，并归入子目9001.1000。

7. 速度传感器（2000年考题）

【答案】9033.0000

【解析】“传感器”是一种将非电量（如速度、压力）的变化转变为电量变化的元件，根据转换的非电量不同可分为压力传感器、速度传感器、温度传感器等，是进行测量、控制仪器及设备的零件、附件。归类时应按“光学仪器及零件”归入第九十章。

查阅品目，由于未见明确列有传感器的品目，因此，本题商品应按“第九十章未列名的零附件”归入品目90.33，并归入子目9033.0000。

8. X射线治疗仪（治疗肿瘤用）（2001年考题）

【答案】9022.1400

【解析】“X射线治疗仪”是一种利用X射线的穿透力和对某些活组织的破坏作用治疗多种疾病（如某些皮肤病及肿瘤等）的仪器，这类治疗按射线透射的深度分为“浅表”和“深部”治疗。本题商品属于射线医疗仪器。归类时应按“光学仪器及零件”归入第九十章。

查阅品目，由于X射线治疗仪属于X射线应用设备，因此，本题商品应按“X射线应用设备”归入品目90.22。

由于该设备为治疗肿瘤用X射线治疗仪，不是检查仪，因此，应按“其他医用X射线的应用设备”归入子目9022.1400。

9. 经过电镀处理的贱金属眼镜架（2002年考题）

【答案】9003.1900

【解析】“眼镜架”为光学元件的框架，属于简单的光学零件。归类时应按“光学仪器及零件”归入第九十章。

查阅品目，由于品目90.03已有“眼镜架”的列名，因此，本题商品应按具体列名归入品目90.03。

根据其镜架的材质（贱金属），本题商品应归入子目9003.1900。

10. 已制成特定形状的B型超声波诊断仪外壳（2004年考题）

【答案】9018.1210

【解析】“超声波诊断仪”属于医疗设备，超声波诊断仪的外壳，即诊断仪的零件。

归类时应按“医疗仪器及零件”归入第九十章。

查阅品目，根据第九十章章注二（二）的规定：“其他零件、附件，如果专用于或主要用于某种或同一品目项下的多种机器、仪器或器具（包括品目 90.10、90.13 或 90.31 的机器、仪器或器具），应归入相应机器、仪器或器具的品目。”因此，已制成特定形状（即专用）的诊断仪的零件应归入相应的“诊断仪”的品目。由于 B 型超声波诊断仪属于品目 90.18 的商品范畴，因此，本题商品应归入品目 90.18，并归入子目 9018.1210。

11. 电子眼压记录仪，通过记录眼动脉压、眼静脉压的变化，对眼睛进行诊断（2005 年考题）

【答案】9018.5000

【解析】“眼压记录仪”是一种用于测量眼球内压的仪器。归类时应按“医疗仪器及零件”归入第九十章。

查阅品目，由于眼压记录仪属于医用仪器，因此，本题商品应按“医用仪器”归入品目 90.18，并应归入子目 9018.5000。

12. 外科手术刀（不锈钢制）（2006 年考题）

【答案】9018.9090

【解析】“手术刀”属于医疗或外科用器械。归类时应按“医疗仪器及零件”归入第九十章。

查阅品目，由于“手术刀”属于医疗或外科用器械，因此本题商品应按“医疗或外科用器械”归入品目 90.18，并归入子目 9018.9090。

13. 立体显微镜（2007 年考题）

【答案】9011.1000

【解析】“显微镜”是由一短焦距的物镜和一个焦距较长的目镜组成，能将微小的物体加以放大，以便观察的光学仪器。归类时应按“光学仪器及零件”归入第九十章。

查阅品目，由于立体显微镜属于用以观察已放大物体影像的第二级放大透镜系统。因此本题商品应按“复式光学显微镜”归入品目 90.11，并按具体列名归入子目 9011.1000。

14. 如图所示的 DT－8806 型人体非接触红外线测温仪，适合于出入境口岸、机场、车站、宾馆等公共场所人体体表温度的检测，便于筛检具有发热症状的病人（2009 年考题）

【答案】9025.1990

【解析】“红外线测温仪”是利用红外线来检测温度的仪器。归类时参照其用途应按

“光学仪器及零件”归入第九十章。

查阅品目，由于该仪器用于温度记录，因此应按“温度计”归入品目90.25。

再查阅子目，由于该仪器是利用红外线测温，不属于液体温度计，因此，本题商品应根据其用途按“其他温度计”归入子目9025.1990。

15. 如图所示的高精度、呼吸式酒精检测仪。其核心部件采用新型高科技微变氧物半导体，当接触酒精气体后，通过电阻阻值的变化即可分析出酒精含量，且不受烟味、咖啡等非酒精类气体干扰，适用于交警等部门检查酒后驾车（2010年考题）

【答案】9027.8099

【解析】“酒精检测仪”是用于从被测者的呼气中检测酒精的成分和含量，属于一种气体检测仪器。归类时参照其用途应按“检验仪器及零件”归入第九十章。

查阅品目，由于酒精检测仪属于气体检测仪器，因此，本题商品应归入品目90.27“理化分析仪器及装置（如偏振计、折光仪、分光仪、气体或烟雾分析仪）”。

再查阅子目，本题商品应按“气体或烟雾分析仪”的具体列名归入子目9027.1000。

第九十一章　钟表及其零件

一、本章商品范围概述

本章包括主要用于计时或进行与时间有关的某些操作的器具，其中包括个人随身佩带的时计（如手表、秒表等）、其他时计（如普通钟、带有表芯的钟、闹钟、航海时计、机动车辆用钟等）、时间记录器、时间间隔测量仪以及定时开关。本章还包括以上货品的零件。

二、本章归类注意要点

（1）本章不包括用于计时的日晷、沙漏、水漏；此外，玩具钟表和作为艺术品、收藏品及古物的钟表也不包括在本章。

（2）品目91.01与91.02的区别：表壳全部用贵金属或包贵金属制得的表，应归入品目91.01；表壳用贵金属或包贵金属以外的材料制得的表、表壳用贵金属或包贵金属制得但其背面用钢制成的表、表壳用镶嵌贵金属的贱金属制得的表，应归入品目91.02。

三、商品归类练习

1. 液晶显示的电子手表（表壳镀金）

【答案】9102.1200

【解析】“电子手表”是指以微型电池作能源采用电子元件的手表。归类时应按“钟表及其零件”归入第九十一章。

查阅品目，该电子手表表壳虽经镀金处理，但根据第九十一章章注二的规定，“品目91.01仅包括表壳完全以贵金属或包贵金属制的表”。因此，本题商品不能按“贵金属制的表”归入品目91.01，而应按“非贵金属制的表”归入品目91.02。

由于电子手表属于电力驱动的手表，液晶显示属于光电指示器，因此，本题商品应归入子目9102.1200。

2. 指针式电子怀表（表壳用贵金属、背面用钢制成的）

【答案】9102.9100

【解析】“电子怀表”是指以微型电池作能源采用电子元件的怀表。归类时应按“钟表及其零件”归入第九十一章。

查阅品目，由于该怀表表壳用贵金属、背面用钢制成，根据第九十一章章注二的规定，“品目91.01仅包括表壳完全以贵金属或包贵金属制的表”。因此，本题商品不能按“贵金属制成的表”归入品目91.01，而应按“非贵金属制成的表”归入品目91.02。

又由于电子怀表属于电力驱动的怀表，因此，本题商品应按“电力驱动怀表”归入子目9102.9100。

3. 自动上弦的机械铜制手表（表壳用黄金镶嵌图案）

【答案】9102.2100

【解析】本题商品为自动上弦的机械铜制手表。归类时应按“钟表及其零件”归入第九十一章。

查阅品目，本题商品表壳用镶嵌贵金属的贱金属制成。根据第九十一章章注二的规定，用贱金属上镶嵌贵金属制成表壳的表应归入品目91.02。因此，本题商品不能按“贵金属制成的表”归入品目91.01，而应按“非贵金属制成的表”归入品目91.02。

又由于机械表属于非电动手表，因此本题商品应按“其他手表”归入子目9102.2100。

4. 钟表滚珠轴承（调心球轴承）

【答案】8482.1010

【解析】“轴承”是用于支持轴，保持轴的准确位置并承受由轴传来的力的一种机械零件。钟表滚珠轴承属于钟表零件。归类时似应按“钟表及其零件”归入第九十一章。

查阅品目，根据第九十一章章注一（六）的规定：“第九十一章不包括滚珠轴承。”因此，本题商品不能按“钟表零件”归入第九十一章的品目91.14，而应按“轴承”归入第八十四章的品目84.82。

本题商品归入子目8482.1010。

5. 不完整的全电子表芯（已组装）

【答案】9110.1200

【解析】“不完整的全电子表芯”是指除干电池外还缺少某些零件（如显示器、部分电子电路及其他零件）的已组装机芯。归类时应按“钟表及其零件”归入第九十一章。

查阅品目，由于品目91.10已有“表芯”的具体列名，因此本题商品应按具体列名归入品目 91.10，并归入子目 9110.1200。

四、历届报关员考试中的本章归类考题

表壳镀金的自动上弦的机械手表（2003 年考题）

【答案】9102.2100

【解析】本题商品为自动上弦的机械手表。归类时应按“钟表及其零件”归入第九十一章。

查阅品目，由于该手表为镀金手表，而非包金手表，因此，根据第九十一章章注二的规定，品目 91.01 仅包括表壳完全以贵金属或包贵金属制的表。本题商品不能按“包金手表”归入品目 91.01，而应按“镀金手表”归入品目 91.02。

根据结构原理，本题商品应归入子目 9102.2100。

第九十二章　乐器及其零件、附件

一、本章商品范围概述

本章包括品目 92.01 至 92.08 乐器及品目 92.09 乐器的零件。本章乐器是根据其发声原理和演奏方法归入相应品目的，基本上是按弦乐器、管乐器、打击乐器、电子乐器、未列名乐器及其零附件的顺序排列的。

二、本章归类注意要点

本章的乐器可以带有电拾音器及扩音器，但这类电气装置必须已构成乐器的不可分割部分或与乐器装在同一机壳内才可归入本章，否则应归入品目 85.18。

本章的乐器可用任何材料制成，包括用贵金属或包贵金属制成，也可镶嵌宝石或半宝石。

三、商品归类练习

1. 儿童玩具风琴

【答案】9503.0050

【解析】“儿童玩具风琴”属于玩具乐器。归类时似可按“乐器及其零件”归入第九十二章，也可按“玩具”归入第九十五章。

查阅品目，根据第九十二章章注一（三）的规定：“第九十二章不包括玩具乐器。”因此，本题商品不能按“乐器”归入第九十二章的品目 92.07，而应按“玩具”归入第九十五章的品目 95.03。

本题商品应归入子目 9503.0050。

2. 用于乐器但未与该乐器装在同一机壳内的电气扩音器

【答案】8518.4000

【解析】本题商品为可用于乐器的电器扩音器。归类时似可按“扩音器”归入第八十五章，也可按“乐器零部件”归入第九十二章。根据第九十二章章注一（二）的规定：

“本章的乐器可以带有电拾音器及扩音器，但这类电气装置必须已构成乐器的不可分割部分或与乐器装在同一机壳内才可归入本章，否则应按电器归入第八十五章。”由于本题商品并未与乐器装组合在一起，因此不能按“电子乐器”归入第九十二章，而应按“电气设备”归入第八十五章。

本题商品应按“电气扩音器”归入品目85.18，并归入子目8518.4000。

3. 带有电气拾音及扩音器的吉他（无电气装置仍可演奏）

【答案】9207.9000

【解析】本题商品为可带有电器装置的吉他。归类时应按“乐器及其零件”归入第九十二章。

查阅品目，根据品目92.07条文注释，品目92.07既包括带有电气拾音及扩音器的乐器，也包括没有电气装置时仍可像普通乐器一样演奏的乐器。由于本题商品无论是否带有电气装置均可演奏，符合品目92.07的商品范畴，因此，本题商品应归入品目92.07，并归入子目9207.9000。

4. 用黄金制成的手风琴，风琴键盘镶嵌有钻石

【答案】9205.9020

【解析】本题商品为“用黄金制成的手风琴”。归类时似可按“黄金”制品为主要特征归入第七十一章，也可按“乐器”为主要特征归入第九十二章。根据第七十一章章注三（十一）的规定：“第七十一章不包括乐器，即第九十二章的乐器可用任何材料制成，包括用贵金属或包贵金属制成，也可镶嵌宝石或半宝石。”因此，本题商品应按“乐器”归入第九十二章。

查阅品目，由于手风琴属于品目92.05的商品范畴，因此，本题商品应归入品目92.05，并归入子目9205.9020。

5. 塑料制落地式乐谱架

【答案】9503.7000

【解析】“落地式乐谱架”是一种用以承放乐谱的支架。归类时似可按“乐器及其零件”归入第九十二章。

根据品目95.03条文注释，本题商品不可按“乐器零件”归入第九十二章的品目92.09，而应作为“其他家具”归入第九十五章的品目95.03。

本题商品应归入子目9503.7000。

四、历届报关员考试中的本章归类考题

（无）

第十九类 武器、弹药及其零件、附件

本类商品仅由1章（第九十三章）构成。主要包括供军队、警察或其他有组织的机构（如海关、边防部队等）在陆、海、空战斗中使用的各种武器，个人自卫、狩猎等用

的武器及导弹等。

其他章已列名的武器及零件不应归入本章，如第八十七章的坦克、装甲车（不论是否装有武器），第九十章的武器瞄准用的望远镜，品目42.02的枪盒等。

第九十三章　武器、弹药及其零件、附件

一、本章商品范围概述

本章是第十九类商品的唯一一章，其包括所有供军事武装部队、警察或其他有组织的机构（如海关、边防部队等）在陆、海、空战斗中使用的各种武器；也包括个人自卫、狩猎及打靶用武器，靠爆炸药进行发射的其他装置，炸弹、导弹、子弹、剑、刺刀、长矛和类似武器及其零件。

本章物品可含有贵金属、包贵金属、珍珠、宝石及半宝石、玳瑁壳、珍珠母、象牙及类似品。

二、本章归类注意要点

（1）武器用的望远镜瞄准具及其他光学装置，如已安装在武器上或与有关武器一同报验的，应与武器一并归类；单独报验的这类光学装置应归入第九十章。

（2）任何运载工具，即使是军事专用的，如坦克、装甲车等，不论是否装有武器，均不归入本章。

三、商品归类练习

1. 装有望远镜瞄准仪的冲锋枪

【答案】9303.3000

【解析】“装有望远镜瞄准仪的冲锋枪”属于装有光学仪器的武器。归类时似可按“望远镜瞄准仪”归入第九十章，也可按“冲锋枪”归入第九十三章。根据第九十三章章注一（四）的规定：“武器用的望远镜瞄准具及其他光学装置，如已安装在武器上或与有关武器一同报验的，应与武器一并归类。”因此，本题商品应按“武器”归入第九十三章。

查阅品目，由于冲锋枪属于靠爆炸药发射的其他火器，因此，本题商品应归入品目93.03，并归入子目9303.3000。

2. 装有武器的军用坦克车

【答案】8710.0010

【解析】“坦克车”是装有武器和旋转炮塔的履带式装甲战斗车。本题商品为装有武器的军用坦克车。归类时似可按“武器”归入第九十三章，也可按“车辆”归入第八十七章。

根据第九十三章章注一（三）的规定：“任何运载工具，即使是军事专用的（如坦克、装甲车等），不论是否装有武器，均不归入本章。”因此，本题商品不能按“武器”归入第九十三章，而应按“车辆”归入第八十七章。

查阅品目，由于坦克车属于装甲战斗车，因此本题商品按“装甲战斗车”归入品目87.10，并归入子目8710.0010。

3. 枪把嵌有钻石的手枪

【答案】9302.0000

【解析】“手枪”是指单手发射的短枪。本题手枪的枪把嵌有钻石，归类时似可按“钻石制品”归入第七十章，也可按“武器”归入第九十三章。根据第九十三章总注释的规定：“第九十三章所列武器及其零件可含有贵金属、包贵金属、天然或养殖珍珠、宝石及半宝石等类似品。”因此，本题商品应按“武器”归入第九十三章。

查阅品目，本题商品按“手枪”的具体列名归入品目93.02，并归入子目9302.0000。

4. 手榴弹

【答案】9306.9000

【解析】“手榴弹”是手投的小型炸弹。归类时应按“弹药”归入第九十三章。

查阅品目，应按具体列名归入品目93.06。

本题商品应归入子目9306.9000。

5. 信号弹

【答案】3604.9000

【解析】“信号弹”是信号枪所用的弹药，用以发出号令、报告情况、指示目标等。信号弹属于弹药，归类时似应按“弹药”归入第九十三章。根据第九十三章章注一（一）的规定，“第九十三章不包括第三十六章的货品（例如火帽、雷管、信号弹）”。因此，本题商品不能按“弹药”归入第九十三章，而应按“火药”归入第三十六章。

查阅品目，本题商品应按“信号弹”的具体列名归入品目36.04，并归入子目3604.9000。

四、历届报关员考试中的本章归类考题

（无）

第二十类　杂项制品

本类商品由3章（第九十四至九十六章）构成。本类所称杂项制品是指前述各类、章、品目号未包括的货品。

第九十四章 家具；寝具、褥垫、弹簧床垫、软坐垫及类似的填充制品；未列名灯具及照明装置；发光标志、发光铭牌及类似品；活动房屋

一、本章商品范围概述

本章包括各种家具及其零件，这类家具或者是可移动的，或者是悬挂、固定在墙壁上的；本章还包括弹簧床垫、床褥及其他寝具或类似用品，不论是否包面；用各种材料制的未列名灯具和照明装置、装有固定光源的发光标志、发光铭牌和类似品，上述货品的未列名零件；活动房屋。

二、本章归类注意要点

第八十七章中机动车辆用的坐具及其零件（如坐椅调角器）不应按“车身零件”归入品目 87.08，而应归入品目 94.01。

三、商品归类练习

1. 木棉填充的坐垫

【答案】9404.9090

【解析】“木棉填充的坐垫”是指用木棉填充的用于座位上的垫子。本题商品属于填充制品。归类时应按“填充制品”归入第九十四章。

查阅品目，由于品目 94.04 已列有包括装有填充材料的坐垫，因此，本题商品应归入品目 94.04。

再查阅子目，本题商品应归入子目 9404.9090。

2. 船舶上用的煤油灯

【答案】9405.5000

【解析】“煤油灯”是以煤油作为光源的灯。归类时应按“照明装置”归入第九十四章。

查阅品目，由于品目 94.05 包括的灯具可以用任何材料制成，使用任何光源（如烛、灯油、汽油、煤气、煤油等），可以配有灯座、开关、花线、插头等，而本题商品为非电气的灯具，符合品目 94.05 的商品范畴，因此，本题商品应归入品目 94.05，并归入子目 9405.5000。

3. 小轿车用坐具（纺织材料包面）

【答案】9401.2090

【解析】“小轿车用坐具”属于轿车的一个结构件。归类时似可按“车辆零附件”归入第八十七章，也可按“坐具”归入第九十四章。

查阅品目，由于品目 94.01 已具体列明机动车辆坐具，因此，根据归类总规则三（一）的具体列名归类原则，本题商品不应按“车辆零件”归入品目 87.08，而应按“坐

具”归入品目94.01。

本题商品应归入子目9401.2090。

4. 车辆用刹车灯

【答案】8512.2010

【解析】“车辆用刹车灯”由灯泡和灯壳组成，属于车辆的电气照明装置。归类时似可按“车辆零件”归入第八十七章的品目87.08，也可按“车辆的照明装置”归入第八十五章的品目85.12。

查阅品目，由于品目85.12已有车辆的照明装置具体列名，因此，根据归类总规则三（一）的具体列名归类原则，本题商品应按“车辆照明装置”的具体列名归入品目85.12，并归入子目8512.2010。

5. 车辆用白炽灯（功率200瓦、额定电压200伏）

【答案】8539.2290

【解析】“白炽灯”是指灯丝（金属丝或碳丝）通电后发热至白炽而发光的灯泡，属于发光光源。归类时似可按“电器装置”归入第八十五章，也可按“车辆零件”归入第八十七章。

查阅品目，由于品目85.39已有“白炽灯”的具体列名，因此，本题商品应按具体列名归入品目85.39，并归入子目8539.2290。

四、历届报关员考试中的本章归类考题

1. 卧室用家具，红木制（2006年考题）

【答案】9403.5010

【解析】本题商品为木制家具。归类时似应按“木制品”归入第四十四章，也可按“家具”归入第九十四章。根据第四十四章章注一（十四）的规定，“第四十四章的木制品并不包括第九十四章的家具”。因此，本题商品不能按“木制品”归入第四十四章，而应按“家具”归入第九十四章。

查阅品目，由于品目94.03已有家具的具体列名，因此，本题商品应按具体列名归入品目94.03，并归入子目9403.5010。

2. 一款家庭两用沙发（晚上放开可当床睡觉），由木框架、弹簧加上软垫和化纤布面制成（2008年考题）

【答案】9401.4090

【解析】“沙发”属于家具。归类时应按“家具”归入九十四章。

查阅品目，由于沙发属于家具中的坐具，因此，本题商品应按“坐具”归入品目94.01。

又由于该沙发放开可当床睡觉，因此本题商品应按“能作床用的两用椅”归入子目9401.4090。

第九十五章　玩具、游戏品、运动用品及其零件、附件

一、本章商品范围概述

本章包括各种玩具，不论其是供儿童还是供成人娱乐用；还包括户内及户外游戏用设备，运动、体操、竞技用具及器械，某些钓鱼、狩猎或射击用具，旋转木马和其他游乐场用的娱乐设备。

二、本章归类注意要点

（1）只要是明显专用于或主要用于本章所列货品的零件、附件，且不是本章注释一所列不包括的物品，也可归入本章。

（2）第九十五章的物品若是用天然或养殖珍珠、宝石或半宝石、贵金属或包贵金属制成的物品则不能归入本章，而应归入第七十一章。

（3）品目 95.03 不包括专供动物使用的“宠物玩具”。

三、商品归类练习

1．玩具手风琴

【答案】9503.0050

【解析】“玩具手风琴”属于玩具乐器。归类时似可按“乐器”归入第九十二章，也可按“玩具”归入第九十五章。

查阅品目，根据第九十二章章注一（三）的规定，“第九十二章不包括玩具乐器”。因此本题商品不能按“乐器”归入第九十二章的品目 92.07，而应按“玩具”归入第九十五章的品目 95.03。

本题商品应归入子目 9503.0050。

2．溜冰鞋

【答案】9506.7010

【解析】“溜冰鞋”属于运动鞋靴。归类时似可按“鞋靴”归入第六十四章，也可按“体育用品”归入第九十五章。根据第六十四章章注一（六）的规定，“本章不包括玩具鞋及装有冰刀或轮子的滑冰鞋（第九十五章）”。因此，溜冰鞋不能按“鞋靴”归入第六十四章，而应按“体育用品”归入第九十五章。

查阅品目，由于溜冰属于体育或户外游戏的用品，因此，本题商品应归入品目 95.06。

再查阅子目，本题商品应归入子目 9506.7010。

3．狗用橡胶玩具

【答案】4016.9990

【解析】“狗用橡胶玩具”是宠物（动物）娱乐用的玩具。归类时似应按“玩具”归入第九十五章，但根据第九十五章章注四的规定，“品目 95.03 不包括专供动物使用的‘宠物玩具’”。因此，本题商品不能按“玩具”归入第九十五章，而只能按其材料归入第

四十章。

查阅品目，由于该玩具为橡胶材质，因此本题商品应按“橡胶其他制品”归入品目40.16，并归入子目4016.9990。

4. 儿童两轮车

【答案】8712.0090

【解析】“儿童两轮车”为儿童娱乐用车。归类时似可按“儿童乘骑的带轮玩具车”归入第九十五章品目95.03，也可按“自行车”归入第八十七章品目87.12。但根据第九十五章章注一（十四）的规定，“第九十五章不包括儿童两轮车（品目87.12）”。因此，本题商品不能按“玩具”归入第九十五章，而应按“自行车”归入第八十七章。

查阅品目，应按“自行车”的具体列名归入品目87.12，并归入子目8712.0090。

5. 塑料制滑梯

【答案】9506.9900

【解析】“滑梯”为儿童游乐场设施，属于运动及户外运动用具。归类时应根据其用途按“游戏品、运动用品”归入第九十五章。

查阅品目，应按“户外运动用品”归入品目95.06。

再查阅子目，本题商品应归入子目9506.9900。

四、历届报关员考试中的本章归类考题

1. 高尔夫球（2007年考题）

【答案】9506.3200

【解析】“高尔夫球”属于运动用品。归类时应按“运动用品”归入第九十五章。

查阅品目，根据其户外运动的特征，本题商品应归入品目95.06，并按其“高尔夫球”的具体列名归入子目9506.3200。

2. 羽毛球（2010年考题）

【答案】9506.9900

【解析】“羽毛球”为运动用品。归类时应按“运动用品”归入第九十章。

查阅品目，本题商品应按“运动用品”归入品目95.06。

由于“一般的体育活动用品”是指哑铃、骑车器等锻炼用器械，“体操用品”是指单杠、双杠、平衡木、鞍马等器械，“竞技用品”是指标枪、铁饼等器械，而羽毛球不属于上述范围，因此应按“其他”归入子目9506.9900。

（提示：本题易误归入子目9506.9190。）

第九十六章 杂项制品

一、本章商品范围概述

本章包括雕刻和模塑材料及其制品，某些扫把、刷子和筛，某些缝纫用品，某些书写及办公用品，某些烟具，某些化妆用具及本目录其他品目未具体列名的物品。

除了品目96.01至96.06及96.15的物品以外，本章所列物品可以全部或部分由天然

或养殖的珍珠、宝石或半宝石制成，或由贵金属或包贵金属制成。而且，仅将上述材料制品作为小零件的品目 96.01 至 96.06 及 96.15 所列物品仍可归入上述品目。

二、本章归类注意要点

品目 96.01 与 96.02 只包括已加工的动物物质、植物和矿物物质等雕刻材料及其制品，对于未加工的雕刻材料则要按材料性质归入相应品目（如未加工的玳瑁壳、兽牙、骨等应归入品目 05.06 至 05.08）。

三、商品归类练习

1. 成套梳妆箱（由塑料盒、刷子、梳子、剪子、镊子、指甲锉、镜子、剃刀架等组成）

【答案】9605.0000

【解析】“成套梳妆箱”由归入不同品目的物品或同一品目但不同品种的物品组成。归类时由于该商品没有相关的章列名，因此只能按“杂项制品”归入第九十六章。

查阅品目，品目 96.05 已有“成套旅行用具”的相关列名，因此，本题商品应按具体列名归入品目 96.05，并按“成套旅行用具”归入子目 9605.0000。

2. 已切割的牛角棒

【答案】9601.1000

【解析】本题商品为已切割的牛角棒。归类时由于该商品没有相关的章列名，因此只能按“杂项制品”归入第九十六章。

查阅品目，似可按“动物角的产品”归入第五章的品目 05.07，也可按“动物角的制品”归入第九十六章的品目 96.01。参照品目 96.01 条文：“品目 96.01 包括已切割成形（包括正方形和长方形）、抛光或用磨、钻、铣、车等方法制成板、片、棒等形状的兽牙、骨、玳瑁壳等。”由于本题商品符合品目 96.01 的商品范畴，因此，本题商品应归入品目 96.01。

再查阅子目，本题商品应归入子目 9601.1000。

3. 黄金制袖珍气体打火机（可充气的）

【答案】9613.2000

【解析】本题商品为可充气的黄金制袖珍气体打火机。归类时根据第九十六章章注四的规定，“本章的物品包括全部或部分用贵金属、包贵金属、宝石或半宝石等制成的物品”。因此，该打火机虽用黄金材料制造，但仍应按“打火机”归入第九十六章，而不按“黄金制品”归入第七十章。

查阅品目，应按“打火机”的相关列名归入品目 96.13，并归入子目 9613.2000。

4. 裁缝用划粉

【答案】9609.9000

【解析】“裁缝用划粉”是用滑石制成的粉块。归类时由于该商品没有相关的章列名，因此只能按“杂项制品”归入第九十六章。

查阅品目，由于品目 96.09 已有“裁缝划粉”的具体列名，因此，本题商品应按具体列名归入品目 96.09。

本题商品应归入子目 9609. 9000。

5. 台球用粉块

【答案】9504. 2000

【解析】“台球用粉块”是用滑石制成的粉块。归类时由于该商品没有相关的章列名，因此只能按“杂项制品”归入第九十六章。

查阅品目，根据第二十五章章注二（八）的规定，“品目 96. 09 不包括台球粉块”。因此，本题商品不能归入品目 96. 09，而应归入品目 95. 04。

根据其用途，本题商品应按“室内运动用品”归入子目 9504. 2000。

四、历届报关员考试中的本章归类考题

1. 牛骨制的梳妆用梳子（2002 年考题）

【答案】9615. 1900

【解析】“牛骨制的梳妆用梳子”属于制成品。归类时由于该商品没有相关的章列名，因此只能按“杂项制品”归入第九十六章。

查阅品目，由于品目 96. 15 已有“梳子”的具体列名，因此，本题商品应按具体列名归入品目 96. 15。

本题商品应归入子目 9615. 1900。

2. 海绵橡胶制粉拍，用于化妆时施敷香粉（2005 年考题）

【答案】9616. 2000

【解析】“海绵橡胶制粉拍”属于橡胶制品。归类时似可按“橡胶制品”归入第四十章，也可按“粉拍”归入第九十六章，但由于第九十六章的品目 96. 16 已有“粉拍”的具体列名，因此，根据归类总规则三（一）的具体列名归类原则，本题商品不能归入第四十章，而应归入第九十六章。

查阅品目，应按“粉拍”的具体列名归入品目 96. 16，并归入子目 9616. 2000。

第二十一类　艺术品、收藏品及古物

本类商品仅由 1 章（第九十七章）构成。主要包括艺术品和收藏品，有完全手工绘制的油画、粉画、雕版画、印制画、石印画原本、雕塑品原件、邮票、印花税票等，以及动物、植物、矿物等的收集品和超过一百年的古物。

第九十七章　艺术品、收藏品及古物

一、本章商品范围概述

本章是第二十一类商品的唯一一章，所包括的货品有：①某种艺术品的原件；②邮票、印花税票及类似票证；③具有动物学、植物学、矿物学等意义的收集品及珍藏

品；④超过一百年的古物。

二、本章归类注意要点

（1）品目97.03只包括各种材料制的雕塑品原件，而不包括成品生产的复制品。

（2）品目97.04只包括使用过的邮票或未使用过但必须是我国不承认其面值且在其他国家流通的邮票，而对于我国发行流通的未经使用的邮票则应归入品目49.07。

（3）对于超过100年的品目97.01至97.05的物品不应归入品目97.06，而仍应归入上述相应品目。

三、商品归类练习

1．未经使用过的，在美国发行的明信片

【答案】9704.0090

【解析】本题商品为未经使用过的美国明信片。归类时本题商品涉及两章，第四十九章和第九十七章。

查阅品目，似可归入第四十九章的品目49.07，也可归入第九十七章的品目97.04。由于品目97.04专指使用过的或虽未经使用但不在指运国（本国）发行（即没有使用价值只有收藏价值的票据）。而该明信片虽未经使用，但在我国不承认其面值（即只有收藏价值），因此，本题商品不能归入品目49.07，而应归入品目97.04。

本题商品应归入子目9704.0090。

2．18世纪制造的钢琴

【答案】9706.0000

【解析】本题商品为18世纪制造的钢琴。归类时本题商品涉及两章，第九十二章和第九十七章。

查阅品目，似可按“乐器”归入第九十二章的品目92.01，也可按“超过一百年的古物”归入第九十七章品目97.06。根据九十七章章注四（二）的规定，“品目97.06不适用于可以归入本章其他各品目的物品”。因此，本题商品不能按“乐器”归入品目92.01，而应按“古物”归入品目97.06。

本题商品应按“超过一百年的古物”归入子目9706.0000。

3．唐朝字画原件

【答案】9701.1010

【解析】本题商品为唐朝字画原件。归类时参照其用途应按“艺术品、收藏品及古物”归入第九十七章。

查阅品目，似可按“手绘画原件”归入品目97.01，也可按“超过一百年的古物”归入品目97.06。根据九十七章章注四（二）的规定，“品目97.06不适用于可以归入本章其他各品目的物品”。因此，本题商品不能按“古物”归入品目97.06，而应按“手绘画原件”归入品目97.01。

本题商品应按“原件”归入子目9701.1010。

4．用手绘方法复制的唐朝笔墨画

【答案】9701.1020

【解析】本题商品为手绘唐朝笔墨画。归类时参照其用途应按“艺术品、收藏品及古物”归入第九十七章。

查阅品目，似可按“手绘画原件”归入品目 97.01，也可按“超过一百年的古物”归入品目 97.06。根据九十七章章注四（二）的规定，“品目 97.06 不适用于可以归入本章其他各品目的物品”。因此，本题商品不能按“超过一百年的古物”归入品目 97.06。又由于品目 97.01 既包括手绘画原件，也包括手绘画复制品，因此，本题商品应归入品目 97.01。

本题商品应按“复制品”归入子目 9701.1020。

5. 用印刷方法复制的 19 世纪法国油画

【答案】4911.9100

【解析】本题商品为用印刷方法复制的 19 世纪法国油画的复制品。归类时参照其用途似应按“艺术品、收藏品及古物”归入第九十七章。

查阅品目，根据九十七章章注四（二）的规定，“品目 97.06 不适用于可以归入本章其他各品目的物品”。因此，本题商品不能按“超过一百年的古物”归入品目 97.06，而应按“印刷品”归入品目 49.11。

本题商品应按“印刷品”归入子目 4911.9100。

四、历届报关员考试中的本章归类考题

1. 超过 100 年的水墨画原件，有收藏价值（2000 年考题）

【答案】9701.1010

【解析】本题商品为超过 100 年的水墨画原件。归类时参照其用途应按“艺术品、收藏品及古物”归入第九十七章。

查阅品目，似可按“手绘画”归入品目 97.01，也可按“超过一百年的古物”归入品目 97.06。根据第九十七章章注四（二）的规定，“品目 97.06 不适用于可以归入木章其他各品目的物品”。因此，本题商品应按“手绘画”归入品目 97.01。

本题商品应按“原件”归入子目 9701.1010。

2. 超过 100 年的石印画原本（未使用机械或照相制版方法制作），有收藏价值（2001 年考题）

【答案】9702.0000

【解析】本题商品为超过 100 年的石印画原本。归类时参照其用途应按“艺术品、收藏品及古物”归入第九十七章。

查阅品目，似可按“石印画的原本”归入品目 97.02，也可按“超过一百年的古物”归入品目 97.06。根据第九十七章章注四（二）的规定，“品目 97.06 不适用于可以归入本章其他品目的物品”。因此，本题商品不能按“超过一百年的古物”归入品目 97.06，而应按“石印画原本”归入品目 97.02。

再查阅子目，本题商品应归入子目 9702.0000。

附 录

历届商品归类考试试题

1997 年报关员资格全国统一考试商品归类试题

请在括号内填写下列商品在《海关进出口税则》（或《统计商品目录》）中的 8 位数编码。(共 20 分，每题 1 分)

1. 水煮后经冷冻的去壳对虾（密封包装）
2. 原状铁矿砂（平均粒度 0.6 毫米）
3. 肉豆蔻（未磨）
4. 木棉
5. 初级形状的低压聚乙烯（单位体积的重量比为 0.95）
6. 纯净丙三醇（俗称甘油）
7. 活性酵母
8. 每袋毛重 10 千克的过磷酸钙
9. 平纹印花纯棉布，每平方米重量 150 克，幅宽超过 30 厘米
10. 成卷的宽度为 14.5 厘米的自粘的胶粘纸
11. 用于包装贵重物品一面衬有铝箔的纸板（铝箔厚 0.18 毫米，纸板厚 1.00 毫米）
12. 未梳山羊绒
13. 自行车充气用手动打气筒
14. 由 40% 的棉、30% 的人造纤维短纤和 30% 的合成纤维短纤混纺制成的未漂白机织物（该织物每平方米重量 220 克，幅宽超过 30 厘米）
15. 用于小汽车的羊毛簇绒地毯
16. 四缸汽车用内燃发动机，气缸容量 1500 毫升
17. 家用电动牙刷
18. 装液化丙烷的零售用钢瓶
19. 录音机用镍镉可充电电池
20. 钟控收音机（无须外接电源）

1998年上半年报关员资格全国统一考试商品归类试题

请在下列各题括号内填写该商品在《进出口商品名称及编码》中的8位数编码。（每题1分，共30分）

1. 由多种精制的植物花粉和乳糖制成的营养保健花粉制品

2. 聚氯乙烯涂布的人造革（温度在15℃～30℃时，绕于直径7毫米的圆柱体上不会发生断裂）

3. 每边长20厘米、厚度为1厘米、一面经平面磨光的正方形大理石块

4. 胶片长1.5米、宽度为35毫米的彩色胶卷（未曝光，有齿孔）

5. 精梳全棉纤维纺制的多股纱线（每根单纱细度为50公支，非供零售用）

6. 由添加食盐、味精等调味物质的土豆（马铃薯）粉制成的食用生土豆片

7. 未经包覆、镀层、涂层，厚度0.8毫米、宽度700毫米的非合金钢冷轧平板卷材

8. 电功率为10瓦的空气清新器（负离子发生器）

9. 由粘胶纤维长丝纱线纺制、经漂白的机织物

10. 测试频率在400兆赫兹至800兆赫兹范围的阴极射线通用示波器

11. 泰国产鲜芒果

12. 车体由驾驶室和装存现钞的密闭箱体室两部分组成，装有防护系统，车辆总重量为4吨的装甲运钞车（装有柴油发动机）

13. 由多种食用植物油调制而成的王牌超级烹调油

14. 装入一个金属工具箱中的成套汽车修理工具

15. 500毫升瓶装化学纯级乙酸乙酯

16. 按重量计，由35%的亚麻、25%的黄麻和40%的棉花织成的匹状印花机织物（幅宽≤30厘米）

17. 含脱脂奶粉、豆粉、植物油、矿物质和维生素等多种添加物的“爱儿乐”牌奶粉

18. 装有压燃式活塞内燃发动机、气缸容量（排气量）为2000毫升的四轮驱动越野车

19. 糖浆浸泡的桂圆肉

20. 按重量计，由2%的蚕丝、10%的精梳羊毛、33%的粘胶短纤和55%的精梳棉材料织成的匹状、色织平纹机织物（该织物每平方米重量为190克，幅宽≤30厘米）

21. 医疗用B型超声波诊断仪

22. 20千克装、化学纯级、粉末状硝酸钠

23. 表层为巴栲红柳桉木薄板、其他两层为针叶木薄板制的三合板（每层薄板厚度为1毫米）

24. 绿豆粉制的干粉丝

25. 一盒主要供滑雪时穿着的零售套装，内装有一件带风帽、由拉链扣合的羊毛制厚夹克（非针织物）和一条羊毛机织长裤（非针织物）

26. 聚氯乙烯制、宽度为2厘米的成卷电工用绝缘胶带

27. 经光学加工的隐形眼镜片

28. 经粗碾、破碎后呈不规则形状的薏米粗粒（薏米，又称“回回米”、“药玉米”，是植物薏苡的种仁）

29. 阴极射线彩色电视显像管

30. 全棉针织婴儿服装

1998 年下半年报关员资格全国统一考试商品归类试题

请在下列各题括号内填写该商品在《进出口商品名称及编码》中的 8 位数编码。(1～20题每题 1 分，21～30 题每题 2 分，共 40 分)

1. 冻整鸡
2. 马铃薯淀粉
3. 中国产生漆
4. 盒装白巧克力
5. 钨矿砂
6. 贵金属汞齐
7. 50 千克铁桶装染布用灰色分散染料
8. 零售包装供冲洗照相胶卷用显影剂
9. 粒状、比重为 0.90 的 50 千克袋装线性低密度聚乙烯
10. 氯丁橡胶胶乳
11. 亚硫酸盐未漂白针叶木浆（非溶解级）
12. 粘胶空气变形丝（仿棉型纱线，非缝纫线，非零售用，捻度每米 100 转）
13. 机织印花纯棉浴巾（毛巾组织织造）
14. 成卷的沥青
15. 照相凹版印刷机
16. 文字处理机
17. 以锂为负极的原电池
18. 发光二极管
19. 钢化玻璃制未镶框安全玻璃，已制成一定形状，专用于飞机上
20. 福尔马林
21. 盐渍海蜇
22. 聚酯薄膜真空镀铝扁条（表观宽度为 1 毫米）
23. 按重量计，锡、铋、镉、铅的比例为 1∶4∶1∶2 的伍德合金（电源保险丝）
24. 未经包覆、镀层、涂层，厚度 0.8 毫米、宽度 700 毫米的非合金钢冷轧平板卷材
25. 按重量计，含涤纶短纤 50%、醋酸短纤 25%、粘胶纤维短纤 25%，每平方米重 170 克的四线斜纹色织机织物（幅宽 110 厘米）
26. 表层为西非红豆木薄板，其他两层为针叶木薄板压制的三合板（每层薄板厚度为 1 毫米）
27. 塑料制离子交换柱（用丙烯酸聚合物填充）
28. 全棉针织婴儿服装
29. 装有点燃往复式活塞内燃发动机的快餐车
30. 纸箱包装、净重 5 千克的绿豆粉制的干粉丝

1999 年上半年报关员资格全国统一考试商品归类试题

请在下列各题括号内填写该商品在《进出口商品名称及编码》中的 8 位数编码。(1～20 题每题1 分，21～30 题每题 2 分，共 40 分)

1. 冻小虾仁
2. 鲜脐橙
3. 黄大豆种子
4. 铜矿砂
5. 饼状过氧化钠（分子式为 Na_2O_2）
6. 头孢拉啶（先锋霉素类抗菌素原药）
7. 尿素［分子式为 $CO(NH_2)_2$］每包毛重 >10 千克
8. 胡椒薄荷油
9. 烟胶片（简称 R. S. S）
10. 植物羊皮纸（卷装、宽度 >15 厘米）
11. 纯棉劳动布（经纱藏蓝色，纬纱浅灰色；织物重为 210 克/平方米，幅宽 110 厘米）
12. 纯桑蚕丝漂白双绉（幅宽 110 厘米）
13. 按重量计含棉 35%，含涤纶短纤 65%，重 210 克/平方米的染色平纹机织物（幅宽 110 厘米）
14. 金属陶瓷
15. 自动打字机
16. 真空吸尘器
17. 直接染料（铁桶装）
18. 非离子型有机表面活性剂（非零售包装）
19. 蛋形巧克力（内装小玩具）
20. 磷酸二氢铵
21. 涤纶丝缝纫线，双股，捻度约 600 捻/米，终捻变 Z 捻，长度为 5000 米，卷绕成单边宝塔形，经硅油乳液处理，总重量 <1000 克
22. 婴儿全棉针织便服套装（供身高 86 厘米以下婴儿穿用，男式）
23. 用于飞机发动机的传动轴
24. 电动洗碟机（外部尺寸为 60 厘米 ×90 厘米 ×70 厘米）
25. 按重量计由 60% 的苯乙烯单体单元与 40% 的甲苯乙烯单体单元组成的共聚物（初级形状）
26. 按重量计含铁 80%、含铜 15%、含银 3%、含金 2% 的金属合金（未经锻造，非货币用）
27. 正构烷烃
28. 货车（柴油发动机），车辆自重与最大设计载荷重量的总和为 5 吨
29. 万次闪光灯
30. 奎宁碱

1999年下半年报关员资格全国统一考试商品归类试题

请在下列各题括号内填写该商品在《进出商品名称及编码》中的8位编码。（1～20题每题1分，21～30题每题2分，共40分）

1．冷大麻哈鱼

2．硬粒小麦

3．未经过化学改性的精制豆油

4．氯化钠（符合化学定义）

5．石油原油

6．元明粉（精制硫酸钠，分子式为Na_2SO_4）

7．酪蛋白

8．初级形状的聚丙烯

9．褐色磨木浆（桦木）

10．山羊绒（未梳）

11．纯棉漂白平纹机织物（织物重为50克/平方米，幅宽110厘米）

12．合金生铁（初级形状）

13．船舶舷外发动机（点燃往复式活塞内燃发动机）

14．尼龙-66盐

15．已剪成手套形的针织经编纯棉布

16．电子显微镜

17．银制茶叶罐

18．氯丁橡胶胶乳

19．白豆蔻（未磨）

20．直流电动机（输出功率375千瓦）

21．谷物干燥器（电热）

22．装有发动机的汽车起重机底盘

23．绕在卷轴上的光导纤维

24．还原靛蓝（非零售包装）

25．白厂丝（未加捻）

26．按重量计，含羊毛45%、粘胶短纤30%、锦纶短纤25%，190克/平方米的色织平纹精纺机织物（幅宽180厘米）

27．截面为矩形的不锈钢材，除轧制外未经进一步加工，钢材的宽度为50毫米，厚度为5毫米，冷成形笔直状报验

28．氯乙烯-乙酸乙烯酯共聚物，按重量计含乙酸乙烯酯单体单元为60%（非水分散体，初级形状）

29．没药

30．磺胺嘧啶（磺胺类原药，通式为$NH_2-C_6H_4-SO_2NHR$）

2000年报关员资格全国统一考试商品归类试题

请根据所给商品名称，在下列各题的答案选项中选出最合适的一个答案，在答题卡上将该题相应答案的英文字母标号框涂满。（每题1分，共40分）

1. 纯棉妇女用针织紧身胸衣
A. 61.08　B. 61.17　C. 62.08　D. 62.12

2. 脲 $CO(NH_2)_2$（毛重 >10 千克，生产脲醛树脂用原料）
A. 2924.1000　B. 3102.1000　C. 3909.1000　D. 其他编码

3. 石棉制安全帽（帽内衬有纯棉机织物制衬里）
A. 2524.0090　B. 6505.9090　C. 6506.1000　D. 6812.5000

4. 化学机械木浆
A. 47.01　B. 47.04　C. 47.05　D. 47.06

5. 两套缺少鞍座的摩托车未组装件（装在一个木箱内）一起报验
A. 44.15　B. 87.11　C. 87.14　D. 其他品目

6. 不间断供电电源
A. 85.01　B. 85.04　C. 85.06　D. 85.07

7. 作饲料添加剂用的化学纯氨基酸（非零售包装）
A. 第23章　B. 第29章　C. 第35章　D. 第38章

8. 电磁式离合器
A. 84.83　B. 85.05　C. 87.08　D. 其他品目

9. 速度传感器
A. 84.83　B. 84.85　C. 85.48　D. 90.33

10. 按容量计浓度为95%的未改性乙醇（瓶装：500毫升）
A. 2207.1000　B. 2207.2000　C. 2208.9000　D. 2905.1990

11. 手提式真空吸尘器
A. 84.14　B. 84.67　C. 85.08　D. 85.09

12. 红色还原颜料（铁桶装）
A. 32.04　B. 32.05　C. 32.06　D. 32.12

13. 食用高粱（非种用，净重50千克）
A. 1007.0010　B. 1007.0090　C. 1104.2900　D. 1212.9999

14. 鲜水蜜桃
A. 第6章　B. 第7章　C. 第8章　D. 第20章

15. 纯羊毛纱线织造的华达呢织物（150克/平方米，幅宽180厘米）
A. 5111.1100　B. 5111.1900　C. 5112.1100　D. 5112.1900

16. 鲜的整头乳猪肉（重量不足10千克）
A. 0103.9110　B. 0203.1110　C. 0203.2110　D. 其他编码

17. 太阳能电池电子计算器
A. 8470.1000　B. 8470.2100　C. 8470.2900　D. 8471.3000

18. 铜版纸（100%漂白化学木浆制造，300 克/平方米；规格为 787 毫米 × 1092 毫米）

A. 4801.0000　B. 4802.5300　C. 4810.1200　D. 4810.3200

19. 截面为矩形的、非合金钢经电镀法加工而成的平板镀锌铁皮（规格为 750 毫米 × 1500 毫米，厚度为 1 毫米）

A. 7210.3000　B. 7210.4900　C. 7212.2000　D. 7225.9100

20. 纯棉精梳单纱（细度 100 分特，非零售用）

A. 5204.1100　B. 5205.2700　C. 5206.2500　D. 5207.1000

21. 离心式干衣机（干衣量为 5 千克）

A. 84.19　B. 84.21　C. 84.50　D. 84.51

22. 机动放射线检查车

A. 87.04　B. 87.05　C. 90.18　D. 90.22

23. 超过 100 年的水墨画原件，有收藏价值

A. 9701.1010　B. 9701.1020　C. 9706.0000　D. 其他编码

24. 氯丁橡胶胶乳

A. 3904.9000　B. 4001.1000　C. 4002.4910　D. 其他编码

25. 念有头孢克罗的药品（未配定剂量）

A. 2941.9058　B. 3003.2015　C. 3004.2015　D. 其他编码

26. 蓝色平纹机织物，按重量计含棉 40%，含粘胶短纤 30%，含锦纶短纤 30%（210 克/平方米，幅宽 110 厘米）

A. 5211.3100　B. 5514.2900　C. 5515.9900　D. 5516.4200

27. 尼龙 -66 盐

A. 2917.1200　B. 2921.2210　C. 3908.1010　D. 其他编码

28. 煤油

A. 27.04　B. 27.06　C. 27.07　D. 27.10

29. 高抗冲聚苯乙烯（初级形状）

A. 3903.1100　B. 3903.1900　C. 3903.2000　D. 3903.9000

30. 生姜（非种用，已磨）

A. 第 6 章　B. 第 7 章　C. 第 14 章　D. 其他章

31. 染色平纹机织物制女衬衫（布料按重量计含亚麻 50%，含涤纶短纤 50%）

A. 5309.2900　B. 5515.1900　C. 6206.4000　D. 6206.9000

32. 纯碱（化学纯）

A. 2815.1100　B. 2836.2000　C. 2836.3000　D. 其他编码

33. 亚麻子油（未经化学改性）

A. 15.15　B. 15.16　C. 15.10　D. 32.10

34. 合成洗衣粉（非零售包装）

A. 3402.1900　B. 3402.2010　C. 3402.9000　D. 其他编码

35. 聚丙烯颗粒（由纯聚丙烯制品的废料制得）

A. 3902.1000　B. 3902.9000　C. 3915.9000　D. 其他编码

36. 塑料盥洗盆

A. 39.22　　B. 39.24　　C. 69.10　　D. 69.11

37. 金属陶瓷管

A. 第28章　　B. 第69章　　C. 第81章　　D. 其他章

38. 安装在品目87.01拖拉机上的农用收割机

A. 84.33　　B. 87.01　　C. 87.09　　D. 87.16

39. 天然沥青（地沥青）

A. 27.14　　B. 27.15　　C. 32.10　　D. 68.07

40. 锥形滚子轴承

A. 第73章　　B. 第82章　　C. 第83章　　D. 第84章

2001 年报关员资格全国统一考试商品归类试题

这一部分题目要求考生先查出商品的编码，再将该编码的 8 个数字相加求和，然后在给出的选项中选出正确的答案。（例题：酪蛋白，经查商品编码为 3501.1000，将这 8 个数字相加，即：3 + 5 + 0 + 1 + 1 + 0 + 0 + 0 = 10。题目给出的选项 A. 23　B. 17　C. 10　D. 9 中，选出正确答案是 C，在答题卡上将字母 C 涂黑。）（每题 2 分，共 50 分）

1. 超过 100 年的石印画原本（未使用机械或照相制版方法制作），有收藏价值

A. 18　　B. 21　　C. 22　　D. 38

2. 氧化镁（符合化学定义、非培养晶体、非光学元件）

A. 18　　B. 19　　C. 35　　D. 36

3. 作饲料添加剂用的天然维生素 D 浓缩物和天然维生素 A 浓缩物的混合物（非零售包装，未配定剂量）

A. 24　　B. 14　　C. 27　　D. 29

4. 脲 $CO(NH_2)_2$（毛重 >10 千克，生产脲醛树脂用原料）

A. 18　　B. 7　　C. 22　　D. 10

5. 未印有图画的首日封（未贴邮票）

A. 29　　B. 33　　C. 22　　D. 21

6. 成套的银制餐叉

A. 17　　B. 18　　C. 15　　D. 32

7. 木制的衣箱

A. 15　　B. 18　　C. 29　　D. 39

8. 结织栽绒地毯。按重量计算：栽绒层含羊毛 45%，含粘胶短纤维 30%，含涤纶短纤维 25%

A. 14　　B. 19　　C. 23　　D. 20

9. 截面为矩形的非合金钢钢材，除冷轧外未经进一步加工，钢材宽度 80 毫米，厚度 5 毫米，盘卷状报验

A. 18　　B. 26　　C. 14　　D. 24

10. 玻璃卡纸（100% 漂白化学木浆制造；300 克/平方米；规格 787 毫米 ×1092 毫米）

A. 16　　B. 22　　C. 31　　D. 35

11. 不锈钢制造的手柄（可用于多种机床操作）

A. 34　　B. 27　　C. 28　　D. 36

12. 用于造纸工业的高度研光机

A. 14　　B. 15　　C. 26　　D. 27

13. 用于腐蚀性流体的瓷制龙头（莫氏硬度 9 以下的瓷制成）

A. 17　　B. 26　　C. 38　　D. 27

14. 印花机织物制正方形围巾（边长 60 厘米；按重量计算，含棉花 50%，含涤纶短纤维 50%）

A. 22　　B. 16　　C. 30　　D. 23

15. X 射线治疗仪（治疗肿瘤用）

A. 32　　B. 36　　C. 18　　D. 20

16. 冷冻的煮熟甜玉米粒，塑料袋装

A. 15　　B. 12　　C. 34　　D. 13

17. 猴枣

A. 7　　B. 19　　C. 27　　D. 34

18. “奔驰”轿车用电动风挡刮雨器

A. 43　　B. 50　　C. 36　　D. 20

19. 装入肠衣的熏腌牛肉（未经绞碎、未经调味、供食用）

A. 5　　B. 8　　C. 23　　D. 6

20. 涤纶弹力丝单纱（每根单纱细度小于 50 特），供针织用

A. 19　　B. 25　　C. 18　　D. 22

21. 照相机（数字方式存储图像）

A. 17　　B. 18　　C. 27　　D. 29

22. 聚乙烯（比重 0.92）与聚乙酸乙烯酯组成的聚合物混合体（颗粒状）。按占聚合物混合体总重量计算：乙烯单体单元为 50%、乙酸乙烯酯单体单元为 50%

A. 20　　B. 16　　C. 28　　D. 41

23. 重醋酸

A. 31　　B. 29　　C. 28　　D. 13

24. 铝制铆钉（铝壶零件）

A. 21　　B. 29　　C. 24　　D. 47

25. 高频放大器

A. 23　　B. 26　　C. 33　　D. 39

2002年报关员资格全国统一考试商品归类试题

这部分试题要求考生先查出商品编码，再将该编码的几位数字相加求和，然后根据求得的和数在答题卡上将对应的选项栏数字标号涂黑（十位数涂在上一栏0～9的数字框内，个位数涂在下一栏0～9的数字框内）。（每题2分，共50分）

例题：酪蛋白，经查商品编码为3501.1000，将这8位数字相加，即：3+5+0+1+1+0+0+0=10，将答题卡上两行0～9数字框涂成：

0	1	2	3	4	5	6	7	8	9
0	1	2	3	4	5	6	7	8	9

1. 装有18个座位和4把折叠椅的普通中巴客车（汽油发动机）
2. 光端机
3. 氢化可的松（原药，未配定剂量，非零售包装）
4. 溶于挥发性有机溶剂中的丙烯酸聚合物，丙烯酸聚合物占溶液总重量的45%
5. 用塑料（丙烯聚合物）扁条（宽度6毫米）编结的缏条缝合成的遮阳帽
6. 菠萝原汁中加入了20%的水组成的混合物（白利糖度值小于20，供饮用）
7. 附有证书的牛奶检定参照物（该奶粉具有确定的组分）
8. 密封塑料袋婴儿均化食品，成分含量：30%牛肉（可见小肉块）、65%胡萝卜、5%其他配料，净重500克
9. 不规则盘卷状报验的不锈钢钢材（截面为矩形，宽为50毫米，厚为5毫米），除热轧外未经进一步加工
10. 用于纺织工业的整理轧布机
11. 人造石墨制的轴承
12. 牛骨制的梳妆用梳子
13. 经过电镀处理的贱金属眼镜架
14. 供食用的活珍珠鸡（重量大于2千克）
15. 正方形台布，涤纶短纤维无纺织物裁切而成（110克/平方米），塑料袋装
16. 船舶用舵机
17. 隐形眼镜片用药水
18. 男式大衣，布料为纯羊毛华达呢，衬里为兔毛皮
19. 棕色机织长毛绒，绒面按重量计含羊毛50%，含涤纶短纤50%（幅宽110厘米，重360克/平方米）
20. 用于半导体收音机的微调电容器
21. 氯乙烯－乙酸乙烯酯共聚物，按重量计含氯乙烯单体单元为45%，乙酸乙烯酯单体单元为55%（水分散体，初级形状）
22. 适于汽车运输易腐食品用保温集装箱（规格为40英尺，壁面为钢制）

23. 天然圣诞树（未经装饰）

24. 钴 60

25. 颗粒状综合营养性专用狗粮，包装袋印刷精美并标有喂食方法，每袋净重 18 千克

2003年报关员资格全国统一考试商品归类试题

这部分试题要求考生先查出商品编码，再将该编码的8位数字相加求和，然后根据求得的和数在答题卡上将对应的选项栏数字标号涂黑（十位数涂在上一栏0~9的数字标号框，个位数涂在下一栏0~9的数字标号框；如相加结果为个位数，十位数将0标号框涂黑）。(每题2分，共40分)

例题：酪蛋白，经查商品编码为3501.1000，将这8位数字相加，即：3+5+0+1+1+0+0+0=10，将答题卡上两行0~9数字框涂成：

0	1	2	3	4	5	6	7	8	9
0	1	2	3	4	5	6	7	8	9

1. 单独进口的羊毛针织西服背心
2. 液化煤气
3. 汽车用调频调幅立体声收放音组合机
4. 煮熟的猪肝罐头
5. 全棉染色的灯芯绒（已割绒）机织物，450克/平方米，幅宽<30厘米
6. 表壳镀金的自动上弦的机械手表
7. 有机玻璃板（有机玻璃的化学名称为聚甲基丙烯酸甲酯）
8. 供早餐用的加有少量糖的燕麦片，已经烘炒加工，冲泡后即可食用
9. 氯霉素眼药水，10毫升/支
10. 粘胶纤维短纤维制成的多股纱线，12000分特
11. 硫酸铵，以每袋5千克包装
12. 用机器将回收的废可乐饮料瓶粉碎成的细小碎片（该饮料瓶是由化学名称为聚对苯二甲酸乙二酯的热塑性塑料制成的）
13. “帅康”牌抽油烟机（罩平面尺寸为80厘米×45厘米）
14. 长途客运车辆（50座，柴油发动机）安装的防抱死制动系统（ABS）
15. 针织束腰胸衣，材质按重量计棉占90%、莱卡（氨纶）占10%
16. 一种工业用的钯基绕组线材，直径0.15毫米，按重量计含银36%、铜4%，其余为钯
17. 按重量计含硅35%、钡30%、铝3%、锰0.4%、碳0.3%的铁合金
18. 炒熟的夏威夷果，250克袋装
19. 成卷的半透明纸，宽30厘米
20. 计算机网络通讯用的路由器

2004年报关员资格全国统一考试商品归类试题

这部分试题要求考生先查出商品编码，再将该编码的8位数字相加求和，然后根据求得的和数在答题卡上将对应的选项数字标号涂黑（十位数涂在上一栏0~9的数字框内，个位数涂在下一栏0~9的数字框内；如相加结果为个位数，十位数将0涂黑）。

例题：酪蛋白，经查商品编码为3501.1000，将这8位数字相加，即：3+5+0+1+1+0+0+0=10，将答题卡上两行0~9数字框涂成：

0	1	2	3	4	5	6	7	8	9
0	1	2	3	4	5	6	7	8	9

1. 500克袋装干制的小白蘑菇
2. 精制玉米油
3. 一种用微波炉加热的方便快餐食品，净含量250克，其中面条150克、鸡腿块50克、卷心菜30克、鱿鱼丝20克、食品已预先烧制过，装于一次性塑料泡沫盒内
4. 上过釉的瓷砖，用于厨房、卫生间的墙面装饰，规格15厘米×15厘米
5. 可口可乐饮料的自动灌装机
6. 宽1米、厚2毫米的非合金钢热轧卷板，表面涂有防锈剂
7. 洗手液，400毫升塑料瓶装，含有表面活性剂、杀菌剂、香精等成分
8. 一次成像平片，未曝光
9. 表面镀铬的铜制浴缸用水龙头
10. “飞利浦”牌951型电动剃须刀
11. 家用电卷发器
12. 甜杏仁（1千克，塑料瓶装，已炒熟）
13. 经研光处理的书写纸，A4规格（21厘米×29.7厘米）、80克/平方米，用化学木浆制得
14. 成套理发工具（由一个手动理发推剪、一把木梳、一把剪刀组成，装在一只塑料盒内）
15. 云南白药药粉含三七等中草药成分，有止血消炎等功效，5千克装
16. 乙烯-乙酸乙烯酯-氯乙烯接枝共聚物，其中乙烯单体单元30%、乙酸乙烯酯单体单元30%、氯乙烯单体单元40%，外观为白色粉末，未加增塑剂
17. 含棉40%、涤纶短纤40%、桑蚕丝20%的灯芯绒（已割绒），已染色，250克/平方米
18. 精梳的喀什米尔山羊绒制的针织女士披巾
19. 女士雨衣，由涤纶机织物表面（单面）涂布高分子树脂的面料（涂层可明显看出）制成
20. 已制成特定形状的B型超声波诊断仪外壳

2005 年报关员资格全国统一考试商品归类试题

请先查出商品编码，再将该编码的 8 位数字相加求和，然后根据求得的和数在答题卡上将对应的选项栏数字标号涂黑，十位数涂在上一栏 0 ~9 的数字框内，个位数涂在下一栏 0 ~9 的数字框内；如相加结果为一位数，十位数将 0 涂黑。(每题 2 分，共 40 分)

例题：酪蛋白，先查出商品编码为 3501.1000，再将这 8 位数字相加，即：3 +5 +0 +1 +1 +0 +0 +0 =10，然后将答题卡两行 0 ~9 数字框涂成：

0	1	2	3	4	5	6	7	8	9
0	1	2	3	4	5	6	7	8	9

1. “日立”牌彩色等离子电视机（显示屏幕 74 厘米）
2. 装有高压水泵，并配有水炮、云梯等装置的救火车
3. 全棉的漂白平纹机织物，250 克/平方米
4. “鳄鱼”牌牛皮公文包
5. 晒干的莲子，500 克袋装
6. “美丽”牌柠檬香型亮光液，600 毫升压力罐装，使用时喷于家具表面
7. 电子眼压记录仪，通过记录眼动脉压、眼静脉压的变化，对眼睛进行诊断
8. 早孕自测卡，纸质，涂有检测试剂，通过与尿液接触后的颜色变化来初步判断是否怀孕
9. 安放在公共场所的饮料自动售货机（装有制冷装置）
10. 一种戴在手腕处的装饰品，用樟木制成圆珠状，再用线串成
11. 冷藏的中华绒螯蟹
12. “女儿红”牌米酒（酒精浓度 15%），用 2 升的陶罐盛装
13. 由漂白的棉线与黄色的人造棉线织成的平纹机织物，300 克/平方米，棉和人造棉含量各为 50%
14. 绿豆汤罐头，由绿豆煮熟并加糖制成，含固形物约 35%
15. “龙井”绿茶，150 克塑料袋装
16. 线性低密度聚乙烯粒子
17. “天天”牌盒装面巾纸，250 张/盒，规格 19 厘米 ×20 厘米
18. 用作局部麻醉的普鲁卡因针剂
19. 美味鸭舌，一种风味小吃，真空包装，15 克/包
20. 海绵橡胶制粉拍，用于化妆时施敷香粉

2006 年报关员资格全国统一考试商品归类试题

请先查出商品编码，再将该编码的 8 位数字相加求和，然后根据求得的和数在答题卡上将对应的选项栏数字标号涂黑，十位数涂在上一栏 0 ~ 9 的数字框内，个位数涂在下一栏 0 ~ 9 的数字框内；如相加结果为一位数，十位数将 0 涂黑。(每题 2 分，共 40 分)

例题：酪蛋白，先查出商品编码为 3501.1000，再将这 8 位数字相加，即：3 + 5 + 0 + 1 + 1 + 0 + 0 + 0 = 10，然后将答题卡两行 0 ~ 9 数字框涂成：

0	1	2	3	4	5	6	7	8	9
0	1	2	3	4	5	6	7	8	9

1. 酸性红 B，一种有机合成染料，红色，主要用于化学纤维的染色，25 千克包装

2. MS 非泡沫板，MS 即甲基丙烯酸甲酯（单体单元占 30%）－苯乙烯（单体单元占 70%）共聚物

3. 液体口香糖，20 克/支，成分为食用酒精、香精、阿巴斯甜、甘油、山梨醇等，使用时喷于口腔，起清新口气的作用

4. 达菲，一种抗 H_5N_1 型禽流感病毒的口服药物（0.25 克/粒），化学名称磷酸奥司他韦

5. 日本手卷水果寿司，用紫菜裹以大米饭、少许水果丁和调料后切成小卷

6. 韩式大麦茶，由大麦烘炒磨碎制得，每 10 克装于纸袋，食用时连袋一起在热水中浸泡

7. “长寿”牌西洋参片，干的，50 克/盒

8. 活的淡水小龙虾

9. 吊秤，最大称重为 1000 千克

10. 带有录音功能的 mp3 音乐播放器（不能接收无线广播）

11. 一种大芯板，厚 12 毫米，由两面是针叶木饰面，中间层为碎木料的芯板（厚 8 毫米）胶合而成

12. 铜制镀金领带夹

13. 外科手术刀（不锈钢制）

14. “丰田”轿车用电动天窗

15. 天丝棉单股纱线，由天丝 65%、棉 35% 混纺而成，其中的天丝（tencel）是一种新型纤维，是由木质浆粕为原料进行再生的纤维素纤维

16. 卧室用家具，红木制

17. 螺纹钢，负非合金钢经热轧扭曲成表面起螺纹的实心直条状，直径 2 厘米，长 4 米

18. 棉 30%、羊毛 30%、涤纶短纤 25%、腈纶短纤 15% 的浅黄色平纹机织物，250 克/平方米

19. 手工钩编的涤纶餐台布

20. 女式棉（含 8% 氨纶）牛仔短裤，机织

2007年报关员资格全国统一考试商品归类试题

请先查出商品编码，再将该编码的8位数字相加求和，然后根据求得的和数在答题卡上将对应的选项栏数字标号涂黑，十位数涂在上一栏0~9的数字框内，个位数涂在下一栏0~9的数字框内；如相加结果为一位数，十位数将0涂黑。（每题2分，共40分）

例题：酪蛋白，先查出商品编码为3501.1000，再将这8位数字相加，即：3+5+0+1+1+0+0+0=10，然后将答题卡两行0~9数字框涂成：

0	1	2	3	4	5	6	7	8	9
0	1	2	3	4	5	6	7	8	9

1. 普洱茶，净重1千克/包
2. “SK-Ⅱ”洗发香波，500毫升/瓶
3. 涤纶弹力丝（由聚酯化学纤维长丝加工成的变形纱线），非供零售用
4. 立体显微镜
5. 高尔夫球
6. 由高速钢（一种合金钢）热轧制得的圆钢，截面为实心圆形，直条状，直径4厘米，长4米
7. “达能”草莓果粒酸奶，125克/瓶
8. “惠普”静电感光式多功能一体机，具有复印、扫描、打印和传真功能，可通过与电脑连接进行激光打印，与电话网络连接收发传真
9. “立邦”梦幻系列硝基木器漆，以硝酸纤维素为基本成膜成分，加上有机溶剂、颜料和其他添加剂调制而成
10. 男式蓝色一次性浴衣（涤纶无纺布制）
11. 一种牛津布，用尼龙短纤织成机织物，染成黑色，然后在其一面（此面作为背面）薄薄地涂上聚氨基甲酸酯（肉眼可见涂层）以防止雨水渗透，用于制作箱包
12. 汽车发动机（点燃式活塞内燃发动机）排气门用的螺旋弹簧（材料为合金钢）
13. “远洋”牌烤鱿鱼丝，用新鲜的鱿鱼配以白砂糖、盐、味精后烤制而成，125克/袋
14. 纳米隔热膜，宽1.524米，成卷，一种新型的汽车玻璃用隔热膜，它将氮化钛材料用真空溅射技术在优质的聚对苯二甲酸乙二酯薄膜上形成纳米级的涂层，起隔热、防紫外线、防爆等效果
15. 快速吸水浴巾，由一种新型超细纤维（70%涤纶和30%锦纶）织成的毛巾布制成
16. “宝马”2.8升轿车用的汽油滤油
17. 硫化汞
18. 利福平胶囊，24粒/盒，抗结核病药

19. “摩托罗拉”G20型手机专用天线

20. 牛奶包装盒用纸板，由漂白过的纸（重350克/平方米）与塑料薄膜复合而成，其中纸构成了基本特征，宽1.6米，成卷

2008 年报关员资格全国统一考试商品归类试题

请先查出商品编码，再将该编码的 8 位数字相加求和，然后根据求得的和数在答题卡上将对应的选项栏数字标号涂黑，十位数涂在上一栏 0 ~ 9 的数字框内，个位数涂在下一栏 0 ~ 9 的数字框内；如相加结果为一位数，十位数将 0 涂黑。（每题 2 分，共 40 分）

例题：酪蛋白，先查出商品编码为 3501.1000，再将这 8 位数字相加，即：3 + 5 + 0 + 1 + 1 + 0 + 0 + 0 = 10，然后将答题卡两行 0 ~ 9 数字框涂成：

0	1	2	3	4	5	6	7	8	9
0	1	2	3	4	5	6	7	8	9

1. “索尼”笔记本电脑，重 3 千克

2. 全脂奶粉（脂肪含量 23%），未加糖，450 克/袋

3. 头孢西丁胶囊，一种抗菌素药物，0.5 克/粒，12 粒/盒

4. ABS（丙烯腈 - 丁二烯 - 苯乙烯共聚物）塑料粒子

5. 50% 棉、50% 涤纶短纤的平纹机织布，未漂白，宽 1.5 米，成卷，200 克/平方米

6. 废电动机，大小、形状不一，混装在一起，都已损坏，只能用于拆解并回收铜、铁等原材料，以回收铜为主

7. 一种韩国泡菜，将大白菜、萝卜先用盐腌制，然后配上由葱、洋葱、蒜、虾酱、糖、辣椒等做成的调料，再经发酵一段时间即成，2 千克/坛

8. 一盒零售食品，内有少量薯条和番茄酱，以及一个牛肉汉堡（上下两层面包片，中间是牛肉，牛肉重量占 60%）

9. 香烟滤嘴成型用热熔胶，由乙烯 - 乙酸乙烯酯共聚物树脂、增粘树脂、蜡、抗氧剂等组成，20 千克/桶

10. 一款家庭两用沙发（晚上放开可当床睡觉），由木框架、弹簧加上软垫和化纤布面制成

11. ABS（丙烯腈 - 丁二烯 - 苯乙烯共聚物）塑料制音箱外壳

12. “王老吉”凉茶，易拉罐装，含有水、白砂糖、仙草、布渣叶、菊花、金银花、夏枯草、甘草等成分，有清热去火的功效

13. 轿车用后视镜（已镶框）

14. 一种强化复合地板，规格 700 毫米 × 190 毫米 × 10 毫米，由耐磨层（三氧化二铝膜）、表层（印木纹的纸）、基层（干法生产的中密度纤维板，密度 0.85 克/立方厘米，厚 9.5 毫米）、背板平衡层（一种纸）经树脂浸渍后高温强压复合而成，边、端制成杆接企口以便于安装

15. 如图所示的手机挂绳，编带部分以涤纶纱线用编带机织成

16. 一种金拉线，又称烟用拆封拉带，材料是涂有特种黏合剂的聚丙烯，主要用于开拆包装卷烟条盒和小盒的薄膜，也看用于光碟、扑克等外包装薄膜的拆封，厚25微米，宽2.5毫米，长5000米

17. 如图所示的针织全棉服装

18. 电子防丢器，由子机和主机组成，工作时子机发出稳定的无线电波，主机接收到子机的无线电信号时不报警，当主机和子机之间的距离超过预定的距离时，主机接收不到子机的无线电信号，立即发出报警声，提醒使用者的注意。用于手机、钱包、箱包、宠物、小孩等物品或人身上，防丢及防盗

19. 如图所示汽车GPS导航仪，装于汽车上为驾驶员提供道路导航

20. 如图所示车辆，可称为拖修车、清障车或交通事故牵引车，使用的是柴油发动机

2009年报关员资格全国统一考试商品归类试题

请先查出商品编码，再将该编码的8位数字相加求和，然后根据求得的和数在答题卡上将对应的选项栏数字涂黑，十位数涂在上一栏0～9的数字框内，个位数涂在下一栏0～9的数字框内；如相加结果为一位数，十位数将0涂黑。(每题2分，共40分)

例题：饲料用鱼粉，先查出商品编码为2301.2010，再将这8位数字相加，即：2+3+0+1+2+0+1+0=9，然后将答题卡两行0～9数字框涂成：

0	1	2	3	4	5	6	7	8	9
0	1	2	3	4	5	6	7	8	9

1. 书籍：《中华人民共和国进出口税则》
2. 桶装方便面，内有一块面饼、两包调料和一把塑料餐叉
3. 新的“米其林”牌充气轮胎，轿车用
4. “三菱”全电动小轿车，5座，使用锂电池，输出功率47千瓦，最高时速130公里/小时
5. 如图所示的不锈钢热轧材料，每根长3.5米

6. 干的猪蹄筋，500克/袋
7. 如图所示的男式服装，以喀什米尔山羊绒针织而成

8. 针织印花棉制床单
9. 如图所示的柚木实木地板，规格910毫米×122毫米×18毫米

10. 北京奥运会游泳馆“水立方”使用的一种 ETFE 薄膜材料，中文名乙烯－四氟乙烯共聚物（其中四氟乙烯单体单元占 75%），厚 0.1 毫米，宽 1.5 米，长 30 米

11. “现代”牌优盘（U 盘），1G（未录制任何信息）

12. 如图所示的 32 公支粗梳多股羊毛绒线，每盒 500 克，有 6 个线团

13. 如图所示的 DT－8806 型人体非接触红外线测温仪，适合于出入境口岸、机场、车站、宾馆等公共场所人体体表温度的检测，便于筛检具有发热症状的病人

14. “舒适”牌男士抑汗清新喷雾，成分为三氯化铝、香精、防腐剂等，使用时喷于腋下，能有效抑制汗液，保持皮肤干爽，避免出汗引起过重汗味

15. 一种桃皮绒，由一种新型超细纤维（70% 涤纶短纤和 30% 锦纶短纤）织成平纹机织物，染色，再在表面砂磨出一层精致细密似桃皮的小绒毛

16. “黑匣子”，用于记录飞机的飞行姿态、轨迹、速度等多种飞行数据。飞机失事时，“黑匣子”的紧急定位发射机自动向四面八方发射无线电信号，以便搜寻者溯波寻找

17. “暖宝宝”牌一次性使用取暖片，由铁粉、水、活性炭、蛭石、吸水性树脂、食盐等混合置于无纺布袋内，并密封成片状。使用时打开包装，贴于人体的肩部、背部、腰部、胃部或者关节部位，取暖片中的成分在空气中氧气的作用下发生放热反应，可在 12～20小时内持续不断地释放热量，起到驱寒保暖的作用

18. 大麻哈鱼，经切块加入调料烹煮加工后制成罐头

19. 一种热敏传真纸，规格 210 毫米 ×30 毫米，由热敏原纸为纸基，在其一面涂布一层热敏发色层，发色层是由胶粘剂、显色剂、无色染料组成。当热敏纸遇到发热的打印头时，打印头所打印之处的显色剂与无色染料即发生化学反应而变色并形成图文

20. 超市出售的复合氨基酸口服液，含多种氨基酸、维生素和微量元素，能保持人体营养平衡，增强机体免疫力，提高健康水平

2010年报关员资格全国统一考试商品归类试题

请先查出商品编码，再将该编码的8位数字相加求和，然后根据求得的和数在答题卡上将对应的选项栏数字涂黑，十位数涂在上一栏0~9的数字框内，个位数涂在下一栏0~9的数字框内；如相加结果为一位数，十位数将0涂黑。(每题2分，共40分)

例题：酪蛋白，先查出商品编码为3501.1000，再将这8位数字相加，即：3+5+0+1+1+0+0+0=10，然后将答题卡两行0~9数字框涂成：

0	1	2	3	4	5	6	7	8	9
0	1	2	3	4	5	6	7	8	9

1. 绿豆（晒干的，非种用）2千克/袋
2. 熟芦笋罐头
3. 牛皮制公文包
4. 陶制汤碗
5. 如右图所示的“LOCK&LOCK”牌食品储藏盒，每套由不同大小、形状的盒子组成，用于厨房间存放各种食品和调料，由聚碳酸酯（PC）制成

6. 活的海参
7. 香云纱，我国特有的一种绸布，以上等桑蚕丝机制成布（幅宽大于30厘米），天然染料染色，再经河中黑泥涂抹，漂洗，曝晒，反复多次而成
8. 电动睫毛刷（装有纽扣电池）
9. “天使”牌保养面膜，16片/盒，该面膜是将调配好的营养美容液（含有去除粉刺、死皮、老化角质、油污的清洁成分和保湿成分、皮肤营养成分）涂在薄型无纺布上，对改善肤质有一定效果。
10. 如图所示的婚纱，由涤纶机织而成

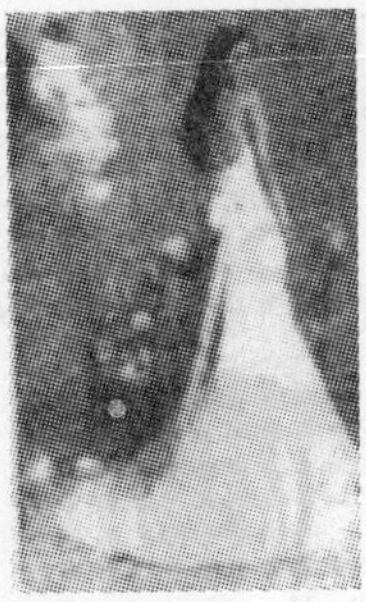

11．“宝路”牌宠物专用罐头，由精细研磨的牛肉（占60%），蔬菜（30%），和其他营养成分混合而成，400克每袋

12．F－1硝基漆防潮剂，由沸点较高、挥发速度较慢的酯类、醇类、酮类等有机溶剂混合而成，该防潮剂与硝基漆的稀释剂配合使用，可在湿度较高的环境下施工，以防止硝基漆发白

13．ABS塑料制小轿车空调用的风向转动板

14．如图所示的汽车遮阳板，其规格为130厘米×70厘米，可折叠，两面反光铝箔，内部衬以聚乙烯发泡材料

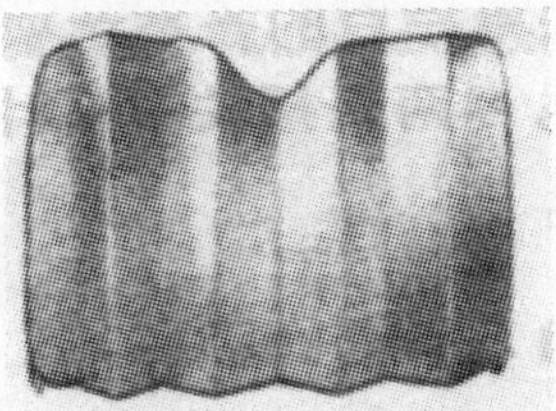

15．如图所示的商品。其主要功能是将单个耳机插孔转换为两个耳机插孔

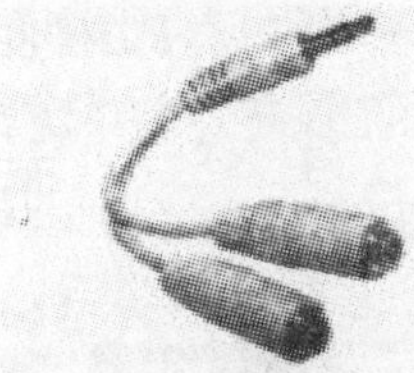

16．如图所示的睡眠用眼罩，外表面为黑色尼龙针织面料，内表面为蓝色棉质无纺布，内衬丁苯橡胶海绵，用于旅行或日常休息，避免光线照射

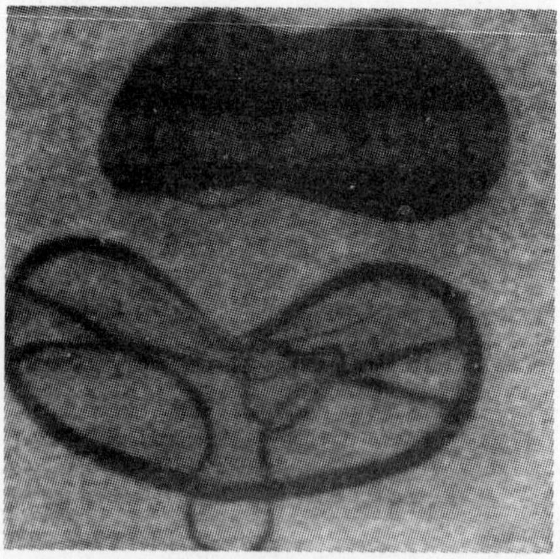

17．一种印度咖喱粉，以丁香、小茴香子、芥末、姜黄粉和辣椒粉等香料调配而成

18．羽毛球

19．如图所示的高精度、呼吸式酒精检测仪。其核心部件采用新型高科技微变氧物半导体，当接触酒精气体后，通过电阻阻值的变化即可分析出酒精含量，且不受烟味、咖啡等非酒精类气体干扰，适用于交警等部门检查酒后驾车

20．如图所示的商品。用于沐浴乳液、洗发水、洗面奶乳液等液体包装容器上，其工作原理是：按钮压下时空气从小孔迅速排出，小孔附近的压强小，容器里液面上方的空气压强大，松开按钮后液体就沿小孔下边的细管的上口流出，其结构组成：塑胶制品、不锈钢弹簧、不锈钢滚珠，使用时用手向下挤压，容器中的液体即可流出

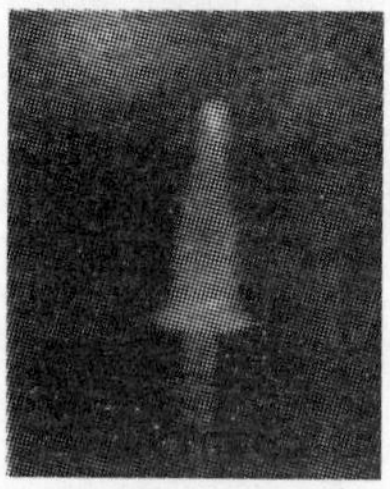

2011年报关员资格全国统一考试商品归类试题

请对下列商品进行归类，并在商品编码栏的输入框内输入其8位数编码。（每题2分，共40分）

1. 棒棒糖

2. “苹果”牌iPad平面电脑，长242.8毫米，宽189.7毫米，厚13.4毫米，重680克。配有1GHz苹果A4处理器，具有浏览互联网、收发电子邮件、阅读电子书、播放音频或视频文件等功能

3. 小麦胚芽，400克/罐。加工方法：新鲜采收，低温烘培。功效：富含维生素E，帮助补充体力、养颜美容

4. 一种压纹的高级书信用纸，表面压有仿大理石花纹，由亚硫酸盐纸浆制得，规格787毫米×1092毫米，35克/平方米

5. 男式全棉灯芯绒（机织）休闲西服上衣

6. 氟碳铈镧矿，用于制取铈族稀土元素

7. 羊陀毛皮床毯，由8块经过处理的羊陀的毛皮缝制加工而成

8. 包心鱼丸，1000克/袋。配料：鳗鱼肉50%、面粉20%、猪肉20%、河虾5%、香菇5%。制作过程：将鳗鱼肉泥与面粉混合加水搅拌，挤捏成丸状，以猪肉、河虾、香菇剁碎做馅，煮熟、冷却后装袋速冻

9. 蜂胶胶囊，400粒/瓶。成分：蜂胶、玉米粉、甘油、明胶等，长期服用可调节血糖、降血脂、增强免疫力

10. 唾液酒精快速检测条，将能与酒精起高特异性化学反应的双酶试剂固化于吸水纸上，使用时将检测试条的反应端沾上被测试者的唾液，根据颜色变化判定测试者体内酒精含量，用于交警部门检查酒后驾车

11. 大理石板材，规格120厘米×200厘米，表面、底面切割平整，并且表面经过磨平、抛光处理，用于建筑装修

12. 机器人刀削面机。用途：用于代替人工技师削面；结构：外体大部分用不锈钢材料依照人体外形压制而成，内设动力装置和传动装置，外设数控箱装置

13. 黑线鳕鱼片，用盐腌制后晒干

14. 引线框架。产品成分：铜99.6%以上，铁0.05%～0.15%，磷0.015%～0.05%。用途：专用于生产集成电路，引线框架是集成电路的芯片载体，使用焊膏等黏合剂将芯片粘贴于引线框架焊盘上，利用合金丝连接芯片和引线框架的引脚，以实现外部电路与芯片内部电路的连接

15. 全棉静电植绒布，宽1.5米，成卷，220克/平方米。加工方法：在全棉机织平纹布的表面涂胶，以粘胶短纤作为绒毛，利用异电荷相吸的原理，使绒毛垂直下落到印有胶粘剂图案的底布上

16. “美孚”牌5W－40车用机油，由全合成基础油加上特有的添加剂配置而成，用于汽车发动机的润滑

17. 小客车专用烟灰缸，镀锌钢铁材料制

18．微波烘干机，又称“超级微波炉”，长18米，宽1.3米，高2米。用于烘干纱线、织物

19．玉米纤维短纤（以玉米淀粉发酵制得的乳酸为原料，经聚合成乳酸，再经纺丝而成纤维）

20．TPU薄膜（TPU是Thermoplastic Urethane的缩写，中文名称为热塑性聚氨酯弹性体），规格：300毫米×100米。用于制作手机按键

历届商品归类考试试题答案

（注意：①加注“＊”号表示原答案与现行 2012 年版答案不同，现已在 2012 年版的基础上作修改。②括号内为具体编码。）

1997 年报关员资格全国统一考试商品归类试题答案

1．1605.2900 ＊
2．2601.1110 ＊
3．0908.1100 ＊
4．1404.9090 ＊
5．3901.2000
6．2905.4500
7．2102.1000
8．3105.1000
9．5208.5200
10．4811.4100 ＊
11．7607.2000
12．5102.1920 ＊
13．8414.2000
14．5516.4100
15．5703.1000
16．8407.3410
17．8509.8090 ＊
18．7311.0010
19．8507.3000
20．8527.9200 ＊

1998 年上半年报关员资格全国统一考试商品归类试题答案

1．0207.1200
2．1108.1300
3．1302.1910
4．1704.9000
5．2611.0000
6．2843.9000
7．3204.1100
8．3707.9010
9．3901.1000
10．4002.4100
11．4704.1100
12．5403.3190 ＊
13．6302.6010
14．6807.1000
15．8443.1700 ＊
16．8469.0011 ＊
17．8506.5000
18．8541.4010 ＊
19．7007.1110
20．2912.1100
21．1605.9010 ＊
22．5605.0000
23．8106.0090
24．7209.1790 ＊
25．5516.9300
26．4412.3100 ＊
27．3926.9090
28．6111.2000
29．8705.9090
30．1902.3020

1998 年下半年报关员资格全国统一考试商品归类试题答案

1. 2106.9090
2. 5903.1020
3. 6802.9190 *
4. 3702.5410
5. 5205.4300
6. 1902.3090
7. 7209.1790 *
8. 8543.7099 *
9. 5408.2110
10. 9030.2090
11. 0804.5020 *
12. 8704.2100
13. 1517.9090
14. 8206.0000
15. 2915.3100
16. 5309.2900
17. 1901.1000
18. 8703.2342 *
19. 2008.9990
20. 5210.4100
21. 9018.1210
22. 3102.5000
23. 4412.3100 *
24. 1902.3020
25. 6211.2090
26. 3919.1099 *
27. 9001.3000
28. 1104.2990 *
29. 8540.1100
30. 6111.2000

1999 年上半年报关员资格全国统一考试商品归类试题答案

1. 0306.1100
2. 0805.1000
3. 1201.1000 *
4. 2603.0000
5. 2815.3000
6. 2941.9054
7. 3102.1000
8. 3301.2400
9. 4001.2100
10. 4806.1000
11. 5209.4200
12. 5007.2011
13. 5514.2100
14. 8113.0090 *
15. 8469.0012 *
16. 8508.1100 或 8508.6000 *
17. 3204.1400
18. 3402.1300
19. 1806.9000
20. 3105.4000
21. 5401.1010
22. 6111.2000
23. 8483.1090
24. 8422.1100
25. 3903.9000
26. 7108.1200
27. 2710.1919 *
28. 8704.2100
29. 9006.6100
30. 2939.2000 *

1999 年下半年报关员资格全国统一考试商品归类试题答案

1. 0302.1300 *
2. 1001.1900 *
3. 1507.9000
4. 2501.0020
5. 2709.0000
6. 2833.1100
7. 3501.1000
8. 3902.1000
9. 4701.0000
10. 5102.1920 *
11. 5208.2100
12. 7201.5000
13. 8407.2100
14. 2921.2210
15. 6116.9200
16. 9012.1000
17. 7114.1100
18. 4002.4100
19. 0908.3100 *
20. 8501.3300
21. 8419.3100
22. 8706.0040
23. 9001.1000
24. 3204.1510
25. 5002.0011 *
26. 5516.3300
27. 7222.2000
28. 3905.2900
29. 1301.9020
30. 2935.0010

2000 年报关员资格全国统一考试商品归类试题答案

1．D 62. 12　　2．B 3102. 1000　　3．D 6812. 9100 *

4．C 47. 05　　5．B 87. 11　　6．B 85. 04

7．B 第 29 章　　8．B 85. 05　　9．D 90. 33

10．A 2207. 1000　　11．D 8508. 1100 或 8508. 6000 *　　12．A 32. 04

13．B 1007. 9000 *　　14．C 第 8 章　　15．C 5112. 1100

16．B 0203. 1110　　17．A 8470. 1000　　18．C 4810. 1300 *

19．A 7210. 3000　　20．B 5205. 2700　　21．B 84. 21

22．B 87. 05　　23．A 9701. 1010　　24．D 其他编码

25．B 3003. 2015　　26．D 5516. 4200　　27．B 2921. 2210

28．D 27. 10　　29．D 3903. 1910　　30．D 其他章

31．C 6206. 4000　　32．B 2836. 2000　　33．A 15. 15

34．C 3402. 9000　　35．A 3902. 1000　　36．A 39. 22

37．C 第 81 章　　38．A 84. 33　　39．A 27. 14

40．D 第 84 章

2001 年报关员资格全国统一考试商品归类试题答案

1．A 18（9702. 0000）　　2．D 36（2519. 9091）

4．B 7（3102. 1000）　　5．D 21（4817. 1000）　　3．D 29（2936. 9000）

7．B 18（4202. 1900）　　8．C 23（5701. 9010）　　6．B 18（7114. 1100）

10．B 22（4810. 1900） *　　11．A 34（8487. 9000） *　　9．A 18（7217. 1000）

13．B 26（6909. 1100）　　14．C 30（6213. 9090）　　12．B 15（8420. 1000）

16．B 12（0710. 4000）　　17．A 7（0510. 0010）　　15．C 18（9022. 1400）

19．A 5（0210. 2000）　　20．C 18（5402. 3310）　　18．D 20（8512. 4000）

22．C 28（3905. 2900）　　23．C 28（2845. 9000）　　21．C 27（8525. 8021 或 8525. 8022 或 8525. 8029）*

24．A 21（7616. 1000）　　25．D 38（8543. 7092） *

2002 年报关员资格全国统一考试商品归类试题答案

1. 28（8702.9020）
2. 32（8517.6221）*
3. 24（2937.2100）
4. 16（3208.2010）
5. 15（6504.0000）
6. 15（2202.9000）
7. 24（3822.0090）
8. 27（1602.5090）
9. 12（7221.0000）
10. 15（8420.1000）
11. 21（6815.1000）
12. 31（9615.1900）
13. 22（9003.1900）
14. 36（0105.9993）
15. 35（5603.9390）
16. 46（8479.8910）
17. 22（3307.9000）
18. 12（4303.1010）
19. 22（5801.3720）*
20. 21（8532.3000）
21. 20（3905.2100）
22. 25（8609.0021）*
23. 20（0604.9100）*
24. 24（2844.4020）
25. 24（2309.1090）

2003 年报关员资格全国统一考试商品归类试题答案

1. 10（6110.1100）
2. 14（2705.0000）
3. 25（8527.2100）
4. 11（1602.2000）
5. 18（5801.2200）
6. 15（9102.2100）
7. 20（3920.5100）
8. 15（1904.1000）
9. 18（3004.2090）
10. 36（5607.9090）
11. 10（3105.1000）
12. 34（3907.6090）
13. 23（8414.6010）*
14. 37（8708.3092）*
15. 23（6212.3090）
16. 29（7110.2990）
17. 29（7202.9999）*
18. 38（2008.1999）
19. 35（4823.9090）
20. 30（8517.6236）*

2004 年报关员资格全国统一考试商品归类试题答案

1. 14（0712.3100）
2. 23（1515.2900）
3. 32（1602.3299）*
4. 32（6908.9000）
5. 29（8422.3010）*
6. 17（7210.7000）
7. 11（3401.3000）
8. 13（3701.2000）
9. 38（8481.8090）
10. 15（8510.1000）
11. 25（8516.3200）
12. 38（2008.1999）
13. 25（4802.5600）
14. 24（8214.9000）
15. 24（3003.9090）
16. 20（3904.4000）
17. 19（5801.3200）
18. 16（6117.1011）*
19. 12（6210.3000）*
20. 22（9018.1210）*

2005 年报关员资格全国统一考试商品归类试题答案

1．36/37（8528.7231/8528.7232）＊
2．24（8705.3010）
3．19（5209.2100）
4．19（4202.1190）
5．37（1212.9994）
6．14（3405.2000）
7．23（9018.5000）
8．16（3822.0010）
9．28（8476.2100）
10．25（7117.9000）
11．25（0306.2491）
12．10（2206.0090）
13．24（5516.4300）
14．14（2005.5119）＊
15．21（0902.1090）
16．24（3901.9020）
17．23（4818.2000）
18．25（3004.9090）
19．31（1602.3991）
20．24（9616.2000）

2006 年报关员资格全国统一考试商品归类试题答案

1．12（3204.1200）
2．17（3920.3000）
3．21（3306.9000）
4．25（3004.9090）
5．23（1904.9000）
6．15（1904.1000）
7．8（1211.2010）
8．29（0306.2990）
9．36（8423.8290）
10．25（8519.8131）＊
11．23（4412.9492）＊
12．26（7117.1900）
13．36（9018.9090）
14．39（8708.2941）
15．14（5510.3000）
16．22（9403.5010）
17．16（7214.2000）
18．20（5515.1900）
19．16（6302.4010）
20．20（6204.6200）

2007 年报关员资格全国统一考试商品归类试题答案

1．16（0902.3020）
2．12（3305.1000）
3．18（5402.3310）
4．12（9011.1000）
5．25（9506.3200）
6．20（7228.1000）
7．8（0403.1000）
8．24（8443.3110）
9．31（3208.9090）
10．13（6210.1030）
11．28（5903.2090）
12．23（7320.2090）
13．30（1605.6900）＊
14．22（3920.6200）
15．23（6302.6010）
16．20（8421.2300）
17．17（2852.1000）＊
18．18（3004.2090）
19．31（8517.7070）
20．19（4807.0000）

2008 年报关员资格全国统一考试商品归类试题答案

1．8471.3000
2．0402.2100
3．3004.2013
4．3903.3090
5．5514.1110
6．7404.0000
7．2005.9999
8．1602.5090
9．3506.9190
10．9401.4090
11．8518.9000
12．2202.1000
13．7009.1000
14．4411.1419
15．6307.9000
16．5404.9000
17．6105.1000
18．8531.1000
19．8526.9110
20．8705.9090

2009 年报关员资格全国统一考试商品归类试题答案

1. 4901.9900
2. 1902.3030
3. 4011.1000
4. 8703.9000
5. 7222.4000
6. 0210.9900
7. 6110.1200
8. 6302.1010
9. 4409.2910
10. 3920.9990
11. 8523.5110
12. 5109.1090
13. 9025.1990
14. 3307.2000
15. 5512.9900
16. 8543.7099
17. 3824.9099
18. 1604.1190
19. 4811.9000
20. 2106.9090

2010 年报关员资格全国统一考试商品归类试题答案

1. 0713.3190
2. 2005.6010
3. 4202.1190
4. 6912.0010
5. 3924.1000
6. 0307.9190
7. 5007.2019
8. 8509.8090
9. 3307.9000
10. 6204.4300
11. 2309.1010
12. 3824.9099
13. 8415.9090
14. 7616.9910
15. 8536.6900
16. 6307.9000
17. 0910.9900
18. 9506.9900
19. 9027.8099
20. 8413.2000

2011 年报关员资格全国统一考试商品归类试题答案

1. 1704.9000
2. 8471.3000
3. 1104.3000
4. 4808.9000
5. 6203.3200
6. 2530.9020
7. 4303.9000
8. 1604.2099
9. 2106.9090
10. 3822.0010
11. 6802.9190
12. 8438.1000
13. 0305.3000
14. 8542.9000
15. 5209.5100
16. 3403.9900
17. 8302.3000
18. 8514.2000
19. 5503.2000
20. 3920.9990